A HERESIA DOS ÍNDIOS

W9-ADW-146

RONALDO VAINFAS

A HERESIA DOS ÍNDIOS

Catolicismo e rebeldia
no Brasil colonial

1ª reimpressão

COMPANHIA DAS LETRAS

Capa:
João Baptista da Costa Aguiar
Tratamento gráfico da capa:
GraphBox
Preparação:
Marcos Luiz Fernandes
Revisão:
Ana Maria Barbosa
Carmen S. da Costa

Dados Internacionais de Catalogação na Publicação (CIP)
(Câmara Brasileira do Livro, SP, Brasil)

Vainfas, Ronaldo
    A heresia dos índios : catolicismo e rebeldia no Brasil
colonial / Ronaldo Vainfas. — São Paulo: Companhia das
Letras, 1995.

    Bibliografia.
    ISBN 85-7164-460-8

    1. Brasil - História - Período colonial. 2. Idolatria -
Brasil - História - Período colonial 3. Igreja Católica - História - Período colonial 4. Índios na América do Sul - Religião e mitologia 5. Inquisição - Brasil I Título.

95-1609   CDD-981.021

            Índices para catálogo sistemático:
    1. Catolicismo e religião indígena : Brasil : Período colo-
nial : História 981.021
    2. Religião indígena e catolicismo : Brasil : Período colo-
nial : História 981.021

1999

Todos os direitos desta edição reservados à
EDITORA SCHWARCZ LTDA.
Rua Bandeira Paulista, 702, cj. 72
04532-002 — São Paulo — SP
Telefone: (0XX11) 866-0801
Fax: (0XX11) 866-0814
e-mail: editora@companhiadasletras.com.br

*Povos e povos indígenas desapareceram da face
da terra como conseqüência do que hoje se chama,
num eufemismo envergonhado, o encontro de
sociedades do antigo e do Novo Mundo.*

Manuela Carneiro da Cunha, Prefácio à
História dos índios no Brasil, 1992

*Meu canto esconde-se como um bando de iano-
mâmis na floresta...*

Caetano Veloso, "Fora da ordem", 1992

SUMÁRIO

Parte 2
SANTIDADE
Morfologia da aculturação
na situação colonial

Parte 3
SANTIDADE
O teatro da inquisição

AGRADECIMENTOS

Adaptação da tese que apresentei no concurso para professor titular do Departamento de História da Universidade Federal Fluminense, este livro deve muito a instituições, amigos e colegas que, de diversas maneiras, contribuíram para a sua realização.

Agradeço à Capes e sobretudo ao CNPq, que, concedendo-me bolsas de pesquisa e auxílios-viagem entre 1989 e 1992, tornaram possível a pesquisa no Brasil e em Portugal.

Diversos colegas e amigos da UFF me apoiaram intelectual e afetivamente nos últimos anos: Ângela de Castro Gomes, Carlos Addor, Ciro Cardoso, Ilmar Mattos, Jorge Ferreira, Luciano Figueiredo, Magali Engel, Maria Fernanda Bicalho, Maria Regina C. de Almeida, Margarida Neves, Martha Abreu e Rachel Soihet. A alguns deles devo ajudas especiais: Edgard Ferreira Neto indicou-me Pierre du Jarric e Rogério Ribas esclareceu-me sobre a "Bula da Ceia", informações preciosas para o trabalho. Cecília Azevedo, Gladys Ribeiro e Fátima Gouvêa também me apoiaram muitíssimo: além da colaboração intelectual e amizade, delas recebi, em momento crucial, uma ajuda inestimável nas lides do computador.

Não me faltaram, ainda, contribuições de colegas e amigos de outras instituições. Stuart Schwartz indicou-me textos importantes com a sua conhecida erudição. Jorge Couto, da Universidade de Lisboa, indicou-me bons textos sobre o Algarve, terra de Fernão Cabral. Renato Venâncio, da UFOP, enviou-me de Paris artigo valioso sobre a difusão da varíola no século XVI. Ronald Raminelli, da UFPR, cedeu-me fontes inéditas de sua própria pesquisa, além de sugerir textos preciosos. Luiz Mott contribuiu, como sempre, para o apuro da leitura etnográfica das fontes e indicou-me importantes textos so-

11

bre a história baiana. Caio Boschi deu-me também grande estímulo em um de nossos encontros lisboetas. Mary del Priore e Laura de Mello e Souza deram-me o apoio carinhoso e a crítica apurada que sempre delas recebi, queridas amigas e companheiras de pesquisa há muitos anos.

Meus alunos de iniciação científica fizeram mais do que deles solicitei: Carla Coutsoukalis, Mário Teixeira, Rossana Britto, Úrsula Lautert e, especialmente, Juliana Beatriz Almeida de Souza. Sem a competência de Juliana, a pesquisa documental ficaria irremediavelmente incompleta.

A meus alunos de pós-graduação agradeço pelo apoio e estímulo do convívio intelectual: Christiane Laidler, Célia Tavares, Kátia da Mata Pinheiro, Eline Paiva, Vera Soares, Tânia Nery, José Roberto Góes e, sobretudo, Tereza Baumann, amiga que muito conhece a história de nossos índios.

À banca examinadora do trabalho, agradeço as sugestões e o estímulo para a publicação: Ana Maria Burmester, Eulália Lobo, Maria Yeda Linhares, Maria Luíza Marcílio e Sandra Pesavento.

A Jacqueline Hermann, enfim, devo um agradecimento especial. Pelo carinho, pela lealdade e pela leitura circunstanciada da primeira versão. Sem a participação de Jacqueline, muitos mistérios da santidade ficariam realmente insondáveis.

LISTA DE ABREVIATURAS E CONVENÇÕES ADOTADAS NAS INDICAÇÕES BIBLIOGRÁFICAS

Anais da Biblioteca Nacional	ABN
Academia Brasileira de Letras	ABL
Biblioteca Nacional do Rio de Janeiro	BNRJ
Confissões da Bahia	Confissões
Denunciações da Bahia	Denunciações
Hispanic American Historial Review	HAHR
História da Companhia de Jesus no Brasil	HCJB
Inquisição de Lisboa	IL
Revista do Instituto Histórico e Geográfico Brasileiro	RIHG

INTRODUÇÃO

Quando os portugueses chegaram ao Brasil em 1500, encontraram, além de uma natureza belíssima, terras férteis e rios caudalosos, uma numerosa população indígena que se encontrava no litoral não fazia muito tempo. Tinha se estabelecido ali, perto da praia, graças à destreza de seus guerreiros e ao incentivo de certos homens. Homens considerados especiais, que tinham o poder de conversar com os mortos, os espíritos dos ancestrais. A esses homens chamavam de caraíbas.

Os caraíbas tupis faziam suas pregações desde tempos imemoriais, sendo muito respeitados pelo seu estilo de vida errante, pelo que diziam e pela festa que promoviam nas aldeias tão logo chegavam. Costumavam pregar pela manhã, eloqüentes, "senhores da fala", estimulando os bravos a guerrear e a buscar, sem medo, a morada dos heróis antigos, a terra de bem-aventurança onde não se morria jamais. Pregavam em transe, após sorverem a fumaça de certa erva, e de conversar baixinho com suas cabaças mágicas, todas enfeitadas de penas, pintadas com olhos, nariz e boca, pois eram elas, afinal, que alojavam o espírito dos deuses — homens-deuses. Ouvindo a pregação de seus profetas, a aldeia toda dançava ao som de flautas e batuques, passos ritmados, e todos entoavam certa melodia monótona e triste.

Foi a esses rituais ou aos caraíbas que os protagonizavam que os portugueses chamaram inicialmente de *santidades*, o que faziam desconcertados e perplexos, já que todos costumavam dizer que não havia religião entre os "gentios do Brasil". Muitos disseram que os índios não pronunciavam as letras *f*, *l* e *r* porque não possuíam fé, lei ou rei, e outros, a exemplo de Nóbrega, disseram que o gentio não possuía "nenhum conhecimento de deus, nem ídolos". Com o tempo mudariam de opinião, e sobretudo diante das chamadas santidades, descreveriam festas verdadeiramente diabólicas, réplicas do sabá europeu, idolatrias rebeldes e heréticas. Passariam da perplexidade ao medo, do desconhecimento ao pânico.

O presente livro vai tratar, assim, dessas idolatrias luso-brasileiras, se assim posso chamá-las, assunto praticamente inédito em nossa bibliografia, ao contrário do que ocorre com a historiografia relativa à América espanhola, na qual o tema das idolatrias aparece com freqüência. Entre nós, estudiosos da cultura brasileira, a temática da religiosidade indígena só foi abordada pelos etnólogos,[1] ficando ausente da produção historiográfica. Ao fim e ao cabo, desde Varnhagen nossos historiadores se acostumaram a conceber o indígena principalmente como mão-de-obra, como objeto da catequese ou como bárbaro indômito que obstaculizava o avanço da colonização. Se alguns produziram trabalhos verdadeiramente brilhantes sobre esses tópicos, não resta dúvida de que seguiram o rastro e a lógica do próprio colonialismo. Praticamente ignoraram a cultura indígena do ponto de vista etno-histórico, e quase nunca utilizaram o etnônimo tupinambá, por exemplo, ao se referir à população nativa que predominava na costa brasílica no limiar do século XVI.

Se praticamente silenciou, durante longo tempo, diante da religiosidade tupinambá, a historiografia brasileira também praticamente desconheceu, até recentemente, o fenômeno das santidades ameríndias. Refiro-me às santidades em geral, consideradas como rituais ou festas rebeldes dos tupi, e sobretudo à Santidade de Jaguaripe, irrompida no sul do Recôncavo Baiano por volta de 1580.[2] Foi esta, sem sombra de dúvida, a santidade mais importante de nossa história quinhentista, autêntica seita herética que, comandada por um caraíba já marcado pela catequese jesuítica, desafiou o colonialismo, a escravidão e a obra missionária dos inacianos, incendiando engenhos, promovendo fugas em massa dos aldeamentos, pondo em xeque, enfim, o *status quo* colonialista da velha Bahia de Todos os Santos.

Além de ter sido a mais relevante historicamente, quase o último suspiro de resistência tupinambá no litoral baiano dos quinhentos, a Santidade de Jaguaripe é também a mais documentada de todas elas. Para seu estudo há mais do que o registro fragmentário da crônica européia ou da correspondência jesuítica, mais do que o registro frio de instruções régias ou documentos da governança colonial. Para o estudo da santidade baiana há copioso dossiê inquisitorial composto de confissões, denúncias e dezenas de processos manuscritos depositados na torre do Tombo, em Lisboa, o maior dos quais com 265 fólios.

A existência deste manancial de documentos se deve, na realidade, a um aspecto peculiar da história da Santidade de Jaguaripe que a torna extraordinariamente fascinante e complexa. Refiro-me ao fato de que, paradoxalmente, essa santidade foi cooptada por um poderoso senhor de escravos da Bahia daquela época. Chamava-se Fernão Cabral de Taíde, fidalgo português que alguns disseram descender de Pedro Álvares Cabral, nosso afamado "descobridor". Por razões misteriosas que tentarei desvendar no momento oportuno, um rico senhor de engenho do Recôncavo propôs aliança e proteção à seita que preconizava, no limite, a morte dos portugueses e o fim da escravidão, o que lhe valeu, no mínimo, o ódio dos demais senhores da região, desesperados por ver seus escravos índios fugir em massa para a fazenda de Jaguaripe.

Não tardaria muito para que os acontecimentos que tiveram lugar na Bahia durante a década de 1580 chegassem ao conhecimento do Santo Ofício lisboeta. Por ocasião da famigerada Primeira Visitação da Inquisição Portuguesa ao Nordeste brasileiro, entre 1591 e 1595, copioso número de denunciantes acusaram Fernão Cabral e seus acólitos de proteger uma "abusão herética chamada santidade" em suas próprias terras, dispensando-lhe proteção e favores, e inclusive participando de seus rituais, o que se fazia em prejuízo das lavouras da Bahia e da santa obra missionária da Companhia de Jesus. Dessas acusações e confissões de culpa resultaram, em muitos casos, processos completos, despachados em última instância na própria Bahia pelo visitador Heitor Furtado de Mendonça. Desnecessário dizer que são documentos de uma riqueza extraordinária, tanto histórica como etnográfica, não faltando descrições detalhadas sobre a mensagem rebelde da seita, sua organização clerical, suas crenças, seus objetos litúrgicos, seu templo e toda uma plêiade de ingredientes que mesclavam, de forma original, o catolicismo e a cultura tupinambá.

É principalmente sobre as fontes inquisitoriais que se encontra baseada a pesquisa sobre a misteriosa e instigante história da santidade, embora me tenham sido igualmente úteis a correspondência jesuítica, a crônica quinhentista, os papéis da governança e, surpreendentemente, dois tratados escritos na Europa que aludiram à seita rebelde dos índios brasílicos, a saber, *Relazioni universali*, do italiano Giovanni Botero, e *Histoire des choses plus memorables*, do francês Pierre du Jarric, ambos jesuítas.

O trabalho divide-se em três partes. Na primeira, intitulada "Santidades e idolatrias em perspectiva histórica", procuro vincular a irrupção das santidades ao contexto mais geral da resistência indígena ao colonialismo ibérico, reconstruindo, na medida do possível, a surpreendente história da santidade de Jaguaripe. No capítulo 1 examino o conceito de idolatria e procuro tecer um quadro geral das idolatrias no mundo ibero-americano, para o que me vali em boa medida do importante livro de Serge Gruzinski, *La colonisation de l'imaginaire* (1988). No capítulo 2, examino as santidades tupinambás em termos gerais, rediscutindo o que se escreveu sobre o "profetismo tupi" e detalhando os aspectos rituais do que foi esta festa rebelde dos índios no século XVI. No capítulo 3, particularizo a análise da santidade de Jaguaripe, sua história trágica, desde a sua cooptação por Fernão Cabral até sua destruição por ordens do governador Teles Barreto, em 1585.

Na segunda parte, intitulada "Santidade: morfologia da aculturação na situação colonial", empreendo um esforço de investigação histórico-antropológica. Dediquei o capítulo 4 às crenças, examinando as metamorfoses da mitologia tupi sob o impacto do colonialismo. O capítulo 5 dedica-se ao que chamei de "rituais do catolicismo tupinambá", debulhando os ingredientes indígenas e cristãos presentes na igreja de Jaguaripe. O capítulo 6 é um estudo das "ambivalências e adesões", abordando a atuação dos mamelucos e de outros colonos que freqüentaram o templo da santidade. No conjunto desta segunda parte, me guiei muito pela obra de Carlo Ginzburg, especialmente por *História noturna* (1991), na qual desenvolve o conceito de "formação cultural híbrida de compromisso" a propósito do fenômeno "similar" do sabá europeu.

Na terceira e última parte, "Santidade: o teatro da Inquisição", detenho-me basicamente na devassa da santidade pelo Santo Ofício, matéria do capítulo 7, bem como nas ressonâncias e persistências da idolatria brasílica, assunto do capítulo 8. Ressonâncias na Europa católica, vale dizer, e persistências na própria colônia, para desespero dos portugueses.

16

Devo dizer, para encerrar esta introdução, que o presente estudo deve muito aos principais trabalhos que realizei nos últimos anos. Nele retomo o problema das relações entre senhores, escravos e jesuítas no Brasil colonial, tema que abordei em *Ideologia e escravidão*, com a diferença de que ali tratei da escravidão africana, privilegiando o século XVII, e agora examino a indígena no XVI. O trabalho deve muito também, em vários sentidos, ao *Trópico dos pecados*, no qual examinei as contradições do "viver em colônias" no plano microscópico das relações afetivas e sexuais.

Foi no último livro, afinal, que aprendi a lidar com o Santo Ofício e os inquisidores, verdadeiros artífices, se não da idolatria ameríndia, pelo menos das fontes que permitem conhecê-la mais de perto. Na verdade, a própria estrutura espelha as três principais faces da santidade: na primeira ela é *rebeldia*; na segunda, *idolatria*; na terceira, *heresia*. É como dizia Ginzburg, que viu no inquisidor um virtual antropólogo, ou pelo menos etnógrafo, a abrir caminho para o historiador da cultura, sem deixar de ser inquisidor. Inquisidor-antropólogo, a travestir de roupagem herética ritos e crenças que conhecia mal... Foi realmente o "teatro da Inquisição" que me permitiu, afinal, conhecer melhor a santidade, cuja história é totalmente inseparável da passagem do Santo Ofício pelo Brasil.

Parte 1

SANTIDADES
E IDOLATRIAS EM
PERSPECTIVA HISTÓRICA

1

IDOLATRIAS
E COLONIALISMO

Sacrifício de jesuítas em cerimônia indígena.
(Jesuítas martirizados pelos Iroqueses. *Grégoire Huret, 1664.*)

L'idolatrie étale sa realité pluridimensionele, versátile, réversible, indifférente aux dichotomies et aux définitions rigides, sans pourtant glisser dans le chaos et l'arbitraire.

Serge Gruzinski

COMBATE COM A SOMBRA

Em 1550 celebrou-se uma grande festa em Rouen, presenciada pelo rei da França, Henrique II, por Catarina de Médicis e pela corte. Simulou-se nela um combate entre tupinambás e tabajaras, com a participação de cinqüenta índios recém-capturados no Brasil e um grupo de marinheiros franceses também nus — homens que "falavam tão bem a língua e exprimiam tão naturalmente os gestos e maneiras dos selvagens" que pareciam nativos do trópico. Ferdinand Denis, que relatou o evento, informa que a festa foi chamada de *sciamachie*, cujo significado é combate com a própria sombra, uma espécie de exercício, praticado pelos antigos, "que consistia em agitar os braços e as pernas como uma pessoa que lutasse com sua sombra".[1]

A encenação de Rouen não deixou de representar, em meio à festa da corte, os embates culturais deflagrados pela expansão européia na América: embates entre o europeu e o ameríndio; embates do europeu consigo mesmo. A descoberta das terras e povos americanos havia colocado o europeu diante do grave dilema entre reconhecer o outro — inventariar as diferenças que o separavam do homem cristão ocidental — e afirmar o ego, isto é, hierarquizar as diferenças, rejeitando o desconhecido por meio da animalização e da demonização. Combate com a sombra: a "descoberta" do Novo Mundo foi na realidade um processo de natureza dupla, pois o desvelamento de alteridade ameríndia parece ter implicado a (re)construção da identidade cristã ocidental.

Foi com originalidade que Michel de Certeau viu na literatura de viagem quinhentista (e diria, mais amplamente, nas representações européias sobre o Novo Mundo) o esboçar de um saber etnológico, os primeiros passos de uma disciplina que, fundada em 1836, se dedicaria a investigar, reconhecendo-o como diferente, o Outro cultural.[2] Certeau denominou essa proto-etnologia quinhentista de heterologia, limiar de um saber e de um olhar antropológico na cultura européia, ciente das dificuldades com que se depara o historiador contemporâneo, quer para extrair dos escritos europeus a informação histórico-etnográfica desejada, quer para examinar o pensamento de homens dilacerados e céticos. Homens que lutavam com a sombra, para usar o nome da festa de Rouen.

Em seu recente *Inferno atlântico*, Laura de Mello e Souza sugeriu que o próprio saber demonológico europeu — cuja produção viria a crescer justamente nos tempos modernos — "deve ser compreendido nos quadros do que Certeau nomeou de heterologia, e em conexão com os textos de viagem quinhentistas que fundaram o olhar antropológico — textos que revelam uma observação assombrada pelo seu outro, o imaginário, e que se constituíram no objeto de uma 'cultura' assombrada pela sua exterioridade 'selvagem'".[3]

Ao relacionar o saber demonológico emergente na Europa com a literatura de viagens e com o esboço de um "olhar antropológico" na velha cristandade, Laura de Mello e Souza considerou a demonologia como parte do que Michel de Certeau chamou de heterologia. No entanto, preferiu chamar de etnodemonólogos os missionários, os eclesiásticos e mesmo os conquistadores que escrevem sobre as populações do Novo Mundo no século XVI. Estudiosa da colonização ibérica, a autora percebeu muito bem que, no caso dos portugueses e sobretudo dos espanhóis, as atitudes demonizadoras acabariam por triunfar sobre o "olhar antropológico".

Quer-me parecer, portanto, que, se para Michel de Certeau é mais factível ver em Léry ou Thévet etnólogos *avant la lettre*, o mesmo não ocorre, rigorosamente, com o estudioso da colonização ibérica, ao deparar-se, por exemplo, com o bispo Zumárraga — perseguidor dos "idólatras" mexicanos —, ou mesmo com um Diego Durán — dominicano que considerava imperioso conhecer os índios para melhor habilitar os extirpadores de idolatrias no seu ofício.[4] É verdade que tanto Thévet como Léry demonizaram os índios (e o último chegou a falar em sabá para aludir a certas cerimônias tupinambás), mas nem um nem outro vieram para a América com a missão de catequizar ou extirpar idolatrias — ao contrário dos missionários e eclesiásticos ibéricos, agentes de uma "missão salvacionista", que o papa havia confiado aos reis de Espanha e Portugal. Etnodemonólogos, portanto, mais do que "heterólogos", eis o que, ao meu ver, foram os "observadores" ibéricos das culturas ameríndias no século XVI. Concordando, pois, com a nomenclatura de Mello e Souza (de preferência à de Michel de Certeau), faço minhas, igualmente, as palavras de Jean Delumeau, quando diz:

> Os espanhóis tiveram a convicção de tropeçar por toda parte, na América, no poder multiforme do Maligno, mas não desconfiaram de que era o seu próprio Lúcifer que haviam levado do Velho Mundo nos porões de seus navios.[5]

Retorno, aqui, ao combate europeu com a própria sombra, ou, como diz Laura de Mello e Souza, ao olhar europeu assombrado com sua própria exterioridade selvagem.

IDOLATRIA E DEMONOLATRIA

Não resta dúvida de que foram os espanhóis, como diz Delumeau, os maiores demonizadores da alteridade ameríndia dentre todos os europeus que sobre ela escreveram. Demonizaram-na através de palavras, imagens e práticas associadas, em última análise, a um conceito específico: idolatria.

Não quero dizer, com isso, que o conceito de idolatria tenha sido uma invenção dos colonizadores. A idéia de idolatria vinha de longe, na realidade, urdida e tecida na longa tradição judaico-cristã. É encontrada no Antigo Testamento, indicando as impiedades dos gentios que, ao contrário dos hebreus (povo eleito), adoravam estátuas, cultuavam ídolos, por não lhes ser dado enxergar o verdadeiro e único Deus (Jeová). Encontra-se também na pregação dos apóstolos, a exemplo de são Paulo, o qual associou a idolatria à "depravação dos homens", à loucura e à obscenidade (Rom, 1:18-27).

A Igreja medieval só faria adensar a estigmatização das idolatrias, estabelecendo uma virtual identidade entre idolatria e demonolatria. É o que se pode ver no célebre *Directorum Inquisitorum*, de Nicolau Eymerich (1376), por sinal um inquisidor aragonês: eram os sacerdotes de Baal os verdadeiros idólatras condenados no Livro dos Reis — escreveu Eymerich —, pois invocavam os diabos, ofereciam-lhes sacrifícios, adoravam-nos por meio de "orações execráveis", faziam-lhes voto de obediência.[6]

A diabolização conceitual das idolatrias era parte integrante, portanto, do corpo doutrinário e do imaginário cristão desde, pelo menos, a Idade Média — resultado do anátema lançado, nos tempos bíblicos, contra o culto dos gentios e os adoradores de estátuas. Transposta para a América, a idéia de idolatria iria funcionar como filtro na percepção das religiosidades e costumes ameríndios pelos europeus, enxertada naturalmente de significados que a própria realidade americana sugeria aos observadores. É como diz Giulia Lanciani, a propósito do maravilhoso na América: "[...] a percepção do novo pode manifestar-se também através de uma revisitação do antigo que, enxertado em húmus diverso, se constitui em representações inéditas que ajudam a penetrar os enigmas do mundo, transformando-se em instrumentos de conhecimento...".[7]

Embebida de elementos demoníacos, a noção judaico-cristã de idolatria encontraria, na América, o seu território privilegiado, orientando o registro etnográfico e as atitudes européias em face do Outro. No olhar dos colonizadores, a idolatria, como o diabo, estaria em toda a parte: nos sacrifícios humanos, nas práticas antropofágicas, no culto de estátuas, na divinização de rochas ou fenômenos naturais, no canto, na dança, na música... Os missionários e eclesiásticos, em geral, em quase tudo veriam a idolatria diabólica com que estavam habituados a conviver no seu universo cultural.

Nos primeiros momentos da Conquista, sobretudo no caso hispânico, a noção de idolatria seria ainda colorida pela tradicional repulsa ao infiel, ao inimigo mouro que durante séculos assombrara os cristãos da península. É o que se pode perceber em Hernán Cortés, que chamou de "grande mesquita" ao templo maior de Tenochtitlán, onde se abrigavam os ídolos principais cultuados pelos astecas.[8] Vibrava, pois, entre os conquistadores hispânicos, a memória da Reconquista ibérica, veiculada na literatura de cavalaria e fermentada pela expectativa dos aventureiros de "ir a valer más" com feitos militares em nome de Deus e do rei.

Mas foi sobretudo no campo da demonolatria que os ibéricos enquadraram o sentimento religioso presente nos cultos ameríndios, incluindo os sacrifícios humanos e os rituais antropofágicos que vários povos praticavam. Referindo-se ao México, o jesuíta José de Acosta não teria qualquer dúvida em diabolizar a religiosidade nativa em sua *História natural y moral de las Índias*: afirmou que Satã se havia refugiado na América, após perder seu domínio sobre o mundo antigo, fazendo das Índias um dos baluartes da idolatria. Para os colonizadores da América — em especial os eclesiásticos —, a idolatria não era apenas "uma forma errônea da religião natural", senão "o começo e o fim de todos os males".[9]

Foram raríssimos, entre os colonizadores, os que aparentemente superaram o estigma diabolizante das idolatrias. O exemplo mais célebre é o de frei Bartolomé de Las Casas, dominicano, que foi capaz de enxergar nas idolatrias a expressão de sincera devoção religiosa. No entanto — como se pode ver na análise definitiva de Todorov —, Las Casas não compreendia os índios. Apesar de defendê-los com fervor — a sua liberdade, os seus costumes —, Las Casas somente os aceitava (e amava) por assimilação, depurando-os das exterioridades heterodoxas e fazendo com que se assemelhassem aos primitivos cristãos.[10] Las Casas não combateu a própria sombra porque não saiu de sua própria cultura. Não foi demonólogo — é certo —, mas também não foi etnólogo. Construiu uma imagem idealizada do índio — o índio puro que habitava o "paraíso perdido" —, preconizando, no fundo, o mito setecentista do "bom selvagem".

Las Casas foi, porém, uma voz dissonante em meio ao coro de etnodemonólogos que cuidavam da "conquista espiritual" dos nativos. Na América espanhola, esta outra conquista foi assumida com clareza e vigor. Autoridades seculares, eclesiásticos e missionários, sobretudo no México e no Peru, não tardaram a ver a força das idolatrias na persistência das religiosidades indígenas. Trataram-na como crime passível de pena secular, inclusive a morte, delegando-se aos bispos poderes inquisitoriais para julgar os idólatras à semelhança de hereges.

No México dos anos 1530, foi a "extirpação de idolatrias" que celebrizou o bispo Zumárraga, implacável perseguidor dos que ocultavam ídolos, dos que exortavam em favor dos "deuses antigos", dos adivinhos, dos que faziam sacrifícios humanos. Os principais "idólatras" eram considerados "dogmatizadores" e *"hechiceros"*, reservando-se-lhes castigos exemplares. Zumárraga condenou muitos índios ao degredo, aos açoites, a trabalhos forçados, obrigando-os a sair em autos-de-fé na Cidade do México; a outros (poucos, na verdade), Zumárraga condenou à morte na fogueira.[11]

A "extirpação das idolatrias" assumiu, portanto, no México e no Peru, características de grande violência, e prosseguiu mesmo depois da criação dos tribunais do Santo Ofício naqueles vice-reinados, entre 1570 e 1571, apesar de as idolatrias terem sido então retiradas do foro inquisitorial. À guisa de exemplo, cito a visita geral ordenada no Peru pelo vice-rei Toledo, entre 1570 e 1575, na qual, apesar da documentação lacunosa, sabe-se que pelo menos três "idólatras" foram queimados por crimes de feitiçaria e heresia.[12]

À diferença dos espanhóis, os portugueses não desenvolveram nenhuma campanha de extirpação de idolatrias que pudesse lembrar os feitos de Zumárraga, no México, ou de Toledo, no Peru. Não quero dizer que os lusitanos tenham poupado os índios de massacres, que tanto celebrizaram nossos governadores quinhentistas, mas tãosomente frisar que faltou à colonização portuguesa aquilo que sobejou na espanhola: a perseguição implacável aos povos ameríndios por razões estritamente religiosas.

É verdade que, também no Brasil, não faltou quem demonizasse a terra e os índios, a exemplo de frei Vicente, que, à semelhança de Acosta, diria que o diabo transferira o seu reino para a América, uma vez expulso da velha cristandade — do que resultaria, inclusive, o triunfo do nome Brasil sobre a Terra de Santa Cruz, homenagem ao "pau de cor abrasada e vermelha" que abundava no litoral. Mas, afora essas diabolizações genéricas e alegóricas, e sem falar na detração dos costumes indígenas pelos jesuítas, a demonização dos índios foi, entre nós, muitíssimo pálida, em matéria de religiosidade, se comparada com o furor persecutório dos hispânicos.

E não é de admirar a ausência de uma "campanha extirpatória" ao estilo hispânico na América portuguesa, se nem mesmo a palavra idolatria era comumente usada pelos lusitanos ao se referir à religiosidade indígena. Pelo contrário, jesuítas e colonizadores foram useiros em dizer que o gentio do Brasil não pronunciava as letras *f*, *l* e *r* porque não possuíam fé, lei e rei — sugerindo com isso que os índios viviam numa espécie de anomia, e num estado de descrença em matéria de religião.

Nóbrega foi explícito, diversas vezes, ao negar a existência de religião entre os índios tupi: "é gente que nenhum conhecimento tem de Deus, nem ídolos"; "esta gentilidade a nenhuma coisa adora, nem conhecem a Deus; somente aos trovões chamam de Tupã, que é como dizer coisa divina". Embora detratasse os índios de várias maneiras (indômitos, impudicos etc.), Nóbrega neles veria um "papel branco", em matéria de fé, onde se podia "escrever à vontade". A postura de Nóbrega seria também a dos outros jesuítas no século XVI: "não têm adoração nenhuma, nem cerimônias ou culto divino", escreveu Cardim; "não têm comunicação com o demônio", ajuizou Anchieta.[13] No entender dos jesuítas, e no da maioria dos cronistas do século XVI, os tupinambá não eram idólatras; não criam em Deus nem no diabo; não possuíam qualquer espécie de religião. É como diz Viveiros de Castro: "Antes de serem efêmeras e imprecisas estátuas de murta, os tupinambás foram vistos como homens de cera, prontos a receber uma forma".[14]

A explicação para tamanho contraste entre o olhar hispânico e o português em matéria de religião indígena deve ser buscada, antes de tudo, nas diferenças entre os povos ameríndios que cada qual encontrou na sua porção da América. Refiro-me menos às diferenças de religiosidade — pois estou longe de endossar a opinião jesuítica de que os índios tupis eram descrentes de tudo —, e sim às características ergológicas da religiosidade nas duas Américas. No México e no Peru, os espanhóis se depararam com templos, variada gama de sacerdotes, profusão de ídolos, máscaras e cultos que se encaixavam perfeitamente no seu modelo de idolatria, quando não sugeriam o próprio sabá diabólico. Desnecessário dizer que nada de parecido havia entre os tupinambás.

Acrescento, também, a escassa tradição demonológica da cultura portuguesa em contraste com a espanhola — o que certamente pesou na leitura que uns e outros fizeram da religiosidade ameríndia. No caso da Espanha, embora o alcance do saber demonológico fosse ali menor do que na Europa do norte, foram publicados dez tratados contra superstições entre 1510 e 1618, a maioria dos quais no século XVI. Laura de Mello e Souza informa, a propósito, que a Espanha chegou a produzir uma geração ilustre de demonólogos, a exemplo de Afonso de Salazar Frías, Pedro de Valencia e outros. Havia, pois, alguma tradição demonológica na Espanha que foi transportada para a América, inclusive na pessoa de alguns "extirpadores", como o próprio Zumárraga, homem que participara da perseguição de bruxas na Biscaia antes de tornar-se o primeiro bispo do México.[15] Nada disso, convém frisar, se pode perceber na história portuguesa: nem a ocorrência de uma tratadística contra superstições, nem qualquer furor persecutório contra bruxas. Enquanto na

América espanhola montou-se desde cedo uma estrutura eclesiástica poderosa, com quadros treinados na perseguição à feitiçaria, a América portuguesa praticamente se limitou à ação jesuítica — sendo a maioria dos padres oriundos de Portugal (quando não nascidos no Brasil), homens mais preocupados em evangelizar do que "extirpar demônios" dos ameríndios.

Tudo me parece indicar, portanto, que também no domínio da demonização operou-se o contraste que Sérgio Buarque de Holanda viu na postura edenizadora de portugueses e espanhóis. Experientes no contato com outras terras e povos, e ainda desprovidos de uma "cultura do maravilhoso" tão presente em outros países europeus, os portugueses seriam parcimoniosos na edenização da cena brasílica, ao contrário dos espanhóis, que buscaram El Dorados, paraísos e seres fantásticos em sua Ofir americana.[16] Em compensação, se os hispânicos viam demônios em toda parte, e despenderam enormes recursos para extirpar as idolatrias dos índios, os portugueses mal falavam em idolatria, julgando que os tupinambás nem sequer possuíam religião.

Não pretendo dizer, com isso, que o demônio estivesse ausente na fala dos portugueses ao se referir aos índios. Pelo contrário, consideravam quase tudo diabólico nos ameríndios que habitavam o litoral, mormente a nudez, as lubricidades e o canibalismo — que a todos apavorava —, costumes fartamente demonizados pelos jesuítas. Mas, em matéria de religião, predominou uma visão complacente, mistura de otimismo evangelizador com uma postura pouco "idolatrizante" — com perdão pelo neologismo — da religiosidade ameríndia. A única exceção nesse domínio foi a leitura que fizeram os jesuítas do "profetismo tupi" — assunto que tratarei no capítulo seguinte. Diante da pregação de certos pajés (os caraís ou pajés-açu que andavam de aldeia em aldeia a falar aos índios possuídos pelos espíritos), jesuítas e outros cronistas não deixaram de ver feitiçaria e até idolatria, contrariando completamente a sua opinião de que os tupi não criam em coisa alguma.

A idolatria não tardaria a se revelar na América portuguesa, sacudindo os demônios que os lusitanos também haviam trazido para o Brasil. Quisessem ou não, os portugueses acabariam, também eles, obrigados a combater a própria sombra no trópico.

A IDOLATRIA COMO RESISTÊNCIA

Pelo que foi até aqui exposto, é forçoso reconhecer que falar em idolatria é usar a linguagem do colonizador, especialmente quando se utiliza o termo apenas no seu sentido estrito, associando idolatria e culto de ídolos. No imaginário do Ocidente cristão, não resta dúvida de que o culto de ídolos estava, havia séculos, impregnado de estigmas diabolizantes, além de vinculado a gentilidades.

No entanto, devo dizer que, considerada historicamente, a idolatria foi mais do que aquilo que nela viram os europeus. Fenômeno complexo, que ultrapassava o domínio meramente religioso que o epíteto ocidental sugeria, a idolatria pode também ser vista como expressão da resistência social e cultural dos ameríndios em face do colonialismo. Concebida mais amplamente como fenômeno histórico-cultural de resistência indígena, a idolatria pode se referir a um domínio em que a persistência ou a renovação de antigos ritos e crenças se mesclava com a luta social, com a busca de uma identidade cada vez mais destroçada pelo colonialismo, com a reestruturação ou inovação das relações de poder e, inclusive, com certas estratégias de sobrevivência no plano da vida material dos índios.

Basta examinar a vastíssima bibliografia sobre as idolatrias no mundo hispano-americano para se perceber, com nitidez, esta dupla dimensão histórica da idolatria na situação colonial: exprimia, de um lado, a rejeição do europeu pela religiosidade e a cultura indígena, justificando as ações persecutórias da Igreja e do Estado; expressava, de outro lado, o obstinado apego dos povos ameríndios às suas tradições e crenças, quando não projetavam uma revanche contra o invasor estrangeiro. Os próprios colonizadores (alguns, ao menos) perceberam por vezes esse caráter abrangente e perigoso das idolatrias para o sistema colonial. Cito apenas o exemplo do chamado império neo-inca refugiado em Vilcabamba, no Peru, que constituiu o maior foco de luta contra a dominação colonial naquela região, além de tentar restaurar as tradições do antigo Império do Sol. Muitos espanhóis não tiveram dúvida em chamá-lo de ''a universidade da idolatria''...

Mas não só de ações extremadas e agressivas se nutriram as idolatrias, senão de atitudes cotidianas de boicote e transgressão à Igreja e à dominação colonial. Os próprios contemporâneos perceberam essa resistência obstinada dos índios em aceitar os ditames do clero,

31

para limitar-me à esfera religiosa, não obstante aceitassem, de público, os sacramentos da Igreja. Foi o que sugeriu o dominicano Diego Durán, em sua *Historia de las Índias*: "Não encontrarão Deus enquanto não tiverem arrancadas as raízes, até o menor vestígio, da antiga religião. Contentamo-nos com as aparências cristãs que os índios fingem para nós (esquecendo) que a mínima reminiscência da antiga religião pode perverter inteiramente o culto novo (e único verdadeiro) [...] Certas pessoas dirão que essas coisas são insignificantes. Eu digo que é uma forma sutil de idolatria".[17]

Referindo-se a esta idolatria "invisível", Héctor Bruit percebeu, com acuidade, uma estratégia de simulação, na qual o forte apego ao passado — fenômeno clandestino — se via encoberto por atividades aparentemente insólitas dos índios diante dos espanhóis: inexplicáveis silêncios alternados com puerilidades, a desnortear o espanhol, que pensava ver parvos onde havia, no fundo, rebeldes.[18]

Serge Gruzinski, por sua vez, foi quem melhor percebeu o sentido global da idolatria, concebendo-a, no limite, como barreira ao processo de ocidentalização projetado pelo colonialismo. Gruzinski definiu-a "como uma aproximação especificamente indígena do mundo" — e não apenas como expressão de sua religiosidade: a idolatria "tecia uma rede densa e coerente, consciente ou não, implícita ou explícita de práticas e saberes nos quais se inscrevia e se desenvolvia a totalidade do cotidiano [...]. Falar de idolatria é também tentar — através de referência à materialidade do objeto/ídolo e à intensidade do afeto (latria) — não se ater a uma problemática das 'visões de mundo', das mentalidades, dos sistemas intelectuais, das estruturas simbólicas, mas considerar também as práticas, as expressões materiais e afetivas de que ela é totalmente indissociável".[19]

Gruzinski considera, assim, o embate entre extirpadores e idólatras no pós-conquista não apenas um confronto entre "duas religiões", senão expressão de um conflito cultural o mais amplo possível. Conflito que entrelaçava os domínios religioso, afetivo, político, ético, material, cotidiano, e no qual a idolatria tendeu forçosamente a recuar, alojando-se nos interstícios da sociedade colonial, despojada pelo colonialismo cristão do controle integral — outrora incontestável — do espaço e do tempo.

Trata-se, ao meu ver, da melhor definição para o fenômeno real da idolatria, exatamente por abranger a totalidade social e evitar rótulos simplificadores. Afasto-me dela, no entanto, ao constatar que

Gruzinski admite a ocorrência de idolatrias pré-coloniais. Concebendo a idolatria como manifestação de resistência ao colonialismo, considero-a um fenômeno historicamente novo, não obstante ancorado no passado pré-colonial.

Quer pelo nome — uma projeção européia —, quer pelo que significava na prática — resistência e hostilidade ao europeu —, a idolatria era filha do colonialismo. Pensá-la fora do contexto colonial significaria associá-la meramente ao "culto de ídolos" — culto diabólico no olhar europeu dos quinhentos. Pensá-la fora do contexto colonial significaria esquecer que, uma vez contatadas e submetidas pelo europeu, as culturas ameríndias não seriam jamais as mesmas de antes...

TIPOLOGIA DAS IDOLATRIAS

Adotando a concepção de idolatria como manifestação global de resistência ao colonialismo, esbocei, em artigos recentes, uma classificação dessas manifestações idolátricas, levando em conta sua morfologia específica e as relações que mantiveram com a sociedade colonial. Da aplicação dos citados critérios resultaram dois grandes tipos de idolatria: ajustadas e insurgentes.[20]

Falar em idolatrias ajustadas significa aludir a atitudes que muito se aproximam das descritas por Gruzinski no México dos primeiros séculos coloniais, ou às estratégias invisíveis de simulação que Bruit viu nos índios hispano-americanos. Refiro-me às práticas em que o indígena mostrava-se apegado ao passado e à tradição sem desafiar frontalmente, quer a exploração colonial, quer o primado do cristianismo. Resistência cotidiana, portanto, que buscava esquivar-se do olhar externo do colonizador, alojando-se na sombra, nos espaços pouco iluminados da sociedade colonial e, por isso mesmo, não tão vulneráveis à ação extirpatória. Numa palavra, a idolatria ajustada era praticada por índios cristãos submetidos ao sistema colonial e que, ao menos na aparência, vergavam-se diante da Igreja e de seus sacramentos.

Falar em idolatrias insurgentes significa referir-se, antes de tudo, a movimentos sectários, animados por mensagens francamente hostis ao europeu, sobretudo à exploração colonial e ao cristianismo, não obstante algumas delas tenham assimilado, em maior ou menor grau, ingredientes do catolicismo que tanto rejeitavam. Na dinâmica de tais idolatrias, organizadas em função da defesa das tradições ameríndias, as atitudes de resistência oscilavam da "guerra cósmica" à luta armada — mais factível esta última quando os movimentos ocorriam em regiões de fronteira, ou seja, em áreas incompleta ou precariamente dominadas pelos colonizadores.

A tipologia que ora apresento em linhas gerais não deve, contudo, ser entendida com rigidez. Entre o suposto ajustamento e a insurgência explícita, ocorreram diversas manifestações idolátricas que, seja no plano formal, seja em sua dinâmica histórica, aproximavam-se simultaneamente dos dois tipos apresentados como paradigmas. Na realidade histórica, idolatrias que, em princípio, estariam incluídas num mesmo tipo apresentaram, de fato, diferenças consideráveis. À guisa de exemplo, cito o caso peruano, no século XVI, no qual emergiram duas idolatrias que poderiam ser classificadas como insurgentes: a resistência neo-inca e o movimento do Taqui Ongoy.

No primeiro caso, tratou-se de um movimento armado levado a cabo por parte da dinastia inca inconformada com a dominação espanhola. Apesar de tudo, e da restauração do culto solar em benefício dos incas rebeldes, o império neo-inca conheceria fases, entre a década de 1530 e a de 1570, de conciliação com os espanhóis, chegando mesmo a receber missionários nos redutos rebeldes. No caso do Taqui Ongoy, movimento que pregava a ressurreição dos deuses ancestrais no próprio seio da sociedade colonial, a resistência cultural parece ter sido muito mais radicalizada, expurgando-se completamente o cristianismo da vida cotidiana dos sectários. Todavia, o Taqui Ongoy somente acenava com uma "guerra cósmica", prevendo um iminente combate entre as *huacas* andinas e o deus cristão no ar, do qual as primeiras sairiam definitivamente vencedoras.[21]

A tipologia apresentada possui, assim, como toda tipologia histórica, a intenção de fornecer coordenadas para a investigação. É tão-somente um ponto de partida, e uma tentativa de retirar as idolatrias do caos que lhe atribuíram os agentes do colonialismo.

IDOLATRIAS E MILENARISMOS

No caso das idolatrias que chamei de insurgentes, a mensagem rebelde aproximava-se, em vários sentidos, daquilo que muitos antropólogos e historiadores denominaram de milenarismo — assunto que examinarei nos capítulos 2 e 4. Mas não posso evitar algumas considerações gerais que certamente me guiarão nas reflexões sobre a matéria.

É de todo impossível, em primeiro lugar, falar de milenarismo sem abordar o conceito de mito, sobre o que há farta literatura antropológica. Evitarei, no entanto, esmiuçar controvérsias paralelas, externando logo a minha opção pela definição de Mircea Eliade. Definição que, como ele mesmo diz, talvez seja "a menos imperfeita, por ser a mais lata": o mito "conta uma história sagrada, relata um acontecimento que teve lugar no tempo primordial, o tempo fabuloso dos começos".[22]

História sagrada, o mito é também, diz Eliade, a "história verdadeira" dos povos arcaicos, sempre protagonizada por seres sobrenaturais e referida a uma "criação do mundo", à "origem das coisas e/ou da humanidade". Para o homem das sociedades que Eliade chama de arcaicas, aquilo que se passou *ab origine* "é suscetível de se repetir pelo poder dos ritos". Ritualizar o mito é portanto (re)vivê-lo, "no sentido em que se fica imbuído da força sagrada e exaltante dos acontecimentos evocados e reatualizados".[23]

Os chamados milenarismos, que obviamente supõem ritos de renovação, alicerçam-se, de um lado, nestes "mitos de origem" e, de outro, nos mitos escatológicos que fazem do fim do mundo o prelúdio da recriação. Trata-se da crença no "eterno retorno" ou na "perfeição dos primórdios", característica universal de todos os milenarismos, com a exceção, e ainda assim parcial, do milenarismo judaico-cristão. Inscrita na lógica do tempo cíclico, a estrutura dos milenarismos supõe que o "fim do mundo já aconteceu, embora deva reproduzir-se num futuro mais ou menos próximo", de sorte que a previsão apocalíptica implica necessariamente a indicação do "recomeço".

É nesse contexto que se podem inserir, ao meu ver, as pregações que tiveram lugar na América após a Conquista, ela mesma vista simultaneamente como apocalíptica e preconizadora da renovação do mundo. A ruína das tradições e do *modus vivendi* indígena foi capaz de alimentar, nas mais variadas culturas ameríndias, a crença na proximidade do retorno às origens e a uma era primordial: tempo dos ancestrais, tempo dos heróis. No caso das idolatrias insurgentes, cosmogonia e escatologia prolongavam-se uma na outra, adquirindo uma dinâmica de resistência cultural.

A morfologia dos milenarismos indígenas afigurou-se sobremodo complexa, pois, não obstante fossem eles ancorados nas tradições e sistemas cognitivos pré-coloniais, deixaram-se impregnar, em graus variáveis, por elementos ocidentais e cristãos. É novamente Eliade quem fornece um roteiro útil de questões para a reflexão sobre o que chama de "milenarismos primitivos". Roteiro profícuo o suficiente para reconhecer, com perícia, a absorção de elementos culturais europeus por movimentos que, a rigor, eram antiocidentais.[24] Convém citá-lo e comentá-lo:

1) Os movimentos milenaristas podem ser considerados como um desenvolvimento do cenário mítico ritual da renovação do mundo. Trata-se, aqui, do apego às tradições e à crença no eterno retorno, o que se pode associar à leitura indígena da conquista como sinal simultâneo do caos e da renovação do cosmos.

2) A influência, direta ou indireta, da escatologia cristã parece quase sempre indubitável. Considera-se, nesse ponto, a possível ocidentalização não só das crenças como do sistema cognitivo do colonizado — processo que, com efeito, ocorreu concretamente em diversas situações históricas.

3) Embora atraídos pelos valores ocidentais e desejando apropriar-se tanto da religião e da educação dos brancos como de suas armas e riquezas, os membros dos movimentos milenaristas são antiocidentais. Continua-se, aqui, no domínio da ocidentalização, apesar de haver certo exagero, penso eu, na formulação de Eliade. Mas não deixa de ser instigante a sua idéia de que a "ocidentalização" desejada é uma aculturação filtrada, seletiva, que não impede, no mais, o sentimento de repulsa pelo "outro" colonizador.

4) Esses movimentos são sempre suscitados por fortes personalidades religiosas de tipo profético e organizados ou ampliados por políticos ou para fins políticos. Sugere-se, aqui, o perfil de liderança característico dos milenarismos arcaicos: no mínimo, profetas ungidos; no máximo, homens-deuses. E deles afirmou Gruzinski com brilho: os homens-deuses não morriam, abandonavam o mundo; e também não nasciam, retornavam...[25]

5) Para todos estes movimentos, o milênio está iminente, mas não será instaurado sem cataclismos cósmicos ou catástrofes histó-

ricas. Eis-nos, enfim, no âmago da insurgência desses milenarismos que, na América colonial, se veiculavam através de seitas idolátricas. Quer pela expectativa de uma batalha cósmica, quer pela deflagração de resistências armadas, os milenarismos indígenas assumiram a feição de movimentos anticoloniais.

É com base nesse elenco de questões que vou examinar as santidades ameríndias no Brasil colonial — tema tão esquecido por nossa historiografia. Preocupa-se a estrutura das crenças, os ritos e a própria estética dessas idolatrias que os portugueses chamaram de "santidades". Preocupa-me, também, a sua dinâmica histórica, o significado de sua rebeldia, e o modo pelo qual os agentes da colonização a perceberam, trataram e registraram.

E devo dizer que, ao esposar as indicações de Eliade, procurei seguir, uma vez mais, os conselhos do grande historiador italiano Carlo Ginzburg: "Acerca da história humana sabemos e havemos de saber sempre muito pouco. Na falta de prova contrária, só resta postular, por trás dos fenômenos de convergência cultural [...] um entrelaçamento de morfologia e história — reformulação, ou variante, do antigo contraste entre aquilo que existe por natureza e aquilo que existe por convenção".[26]

2
SANTIDADES AMERÍNDIAS

*Caraíbas protagonizam a dança da Terra sem
Mal, sacudindo seus maracás e fumando tabaco.
(Ilustração de Theodor de Bry para* História de uma viagem,
de Jean de Léry, século XVI.)

De certos em certos anos vêm uns feiticeiros de mui longes terras, fingindo trazer santidade, e ao tempo de sua vinda lhes mandam limpar os caminhos...

Manoel da Nóbrega, 1549

PROFETISMO TUPI E COLONIALISMO

Em seu clássico *O messianismo no Brasil e no mundo*, Maria Isaura Pereira de Queiróz assinalou o clima de efervescência religiosa que grassava entre os nativos da costa brasileira no século XVI, verdadeiras explosões de entusiasmo coletivo que não passaram despercebidas pelos europeus. "Profetas indígenas iam de aldeia em aldeia apresentando-se como a reencarnação de heróis tribais, incitando os índios a abandonar o trabalho e a dançar", pois estavam para chegar os novos tempos "que instalariam na terra uma espécie de Idade de Ouro".[1]

A observação deste clima de religiosidade foi praticamente unânime entre os cronistas e viajantes quinhentistas, ainda que a maioria deles se inclinasse a negar, contraditoriamente, a existência de "alguma fé" entre os nativos. A Idade de Ouro de que trata Maria Isaura indicava, na verdade, um tempo e um lugar específico na cultura tupi-guarani. Um tempo de redenção dos homens, tempo de se obter a eterna juventude, quando não a imortalidade. E lugar de extraordinária abundância e felicidade, morada dos ancestrais e do espírito dos bravos que ali habitariam postumamente. Tempo e lugar sagrados, usufruído e povoado por homens-deuses. Homens-deuses que os "profetas indígenas" pareciam encarnar em suas exortações.

A maioria dos etnólogos dedicados ao estudo dos tupi-guarani tem relacionado esse horizonte utópico da cultura nativa com a busca da Terra sem Mal (*yvy maraey*), especialmente após os trabalhos de Kurt Nimuendaju no início do século atual.[2] Nimuendaju, etnólogo alemão, viveu nos anos 1910 entre os apapocuva-guarani, índios provenientes do Paraguai recém-chegados ao litoral de São Paulo naquela década. Decifrando-lhes a mitologia heróica à luz da história (ou etno-história), Nimuendaju sugeriu que a peregrinação dos apapocuvas constituía a última leva de um vasto movimento migratório iniciado em 1810, sob a inspiração de "profetas indígenas", e dirigido para a busca, no litoral, da "terra onde ninguém jamais morria". Foi Nimuendaju que desenvolveu, pioneiramente, a hipótese de que a mitologia guarani encontrava-se na base do deslocamento das populações nativas, sendo a migração de natureza fundamentalmente religiosa.

A partir de então, muito se tem escrito, entre os etnólogos, sobre a Terra sem Mal tupi-guarani, assunto que não tem passado sem controvérsias. O essencial do debate gira em torno, basicamente, de duas questões: 1) se a Terra sem Mal, núcleo da mitologia tupi-guarani, constitui uma estrutura autêntica e originalmente indígena que permaneceu intocada por séculos ou se, pelo contrário, viu-se impregnada de elementos do catolicismo ibérico; 2) se os movimentos indígenas de busca da Terra sem Mal documentados desde o século XVI guardaram alguma relação com a expansão colonialista ou se, de outro modo, explicam-se unicamente por razões intrínsecas à cultura tupi-guarani.

Foi baseado nas hipóteses de Nimuendaju e apoiado na farta documentação quinhentista do mundo colonial ibérico que Alfred Métraux interpretou o "entusiasmo místico" dos tupi-guarani quando da chegada de portugueses e espanhóis na América. Métraux viu na pregação dos profetas índios autênticas aspirações messiânicas ancoradas em suas legendas básicas, que gravitavam em torno da Terra sem Mal. Para Métraux, fora a busca desse "paraíso tupi" que estimulara as diversas nações dessa cultura a migrar do interior para o litoral antes que lá chegassem os portugueses. E também fora a obsessiva busca da "terra onde não se morria" o motivo da efervescência religiosa observada pelos cronistas do século XVI, provável prelúdio das migrações que daí em diante fariam os índios, embora no sentido inverso: do litoral para o "sertão".[3]

A magnífica obra de Métraux possui, entre outras virtudes, o mérito de desvendar os ingredientes da cultura tupi e relacioná-los à sua própria história, iluminando o sentido das migrações que diversos estudiosos confirmariam posteriormente. No entanto, seu empenho em acentuar as raízes pré-coloniais das migrações nativas, bem como de suas motivações, levou-o a insistir no caráter "puramente indígena" do "messianismo tupi", definido basicamente a partir de mitos tribais que nada deviam à cultura européia. Métraux está longe de negar o impacto do colonialismo e o possível caráter anticolonialista que a busca da Terra sem Mal porventura adquiriu nos quinhentos, chegando mesmo a assinalar a mensagem anticristã de diversas exortações proféticas. Mas sua preocupação em resgatar a "originalidade" da mitologia tupi que pulsava nas migrações fê-lo subestimar o possível cruzamento cultural que diversos movimentos nativos apresentavam no século XVI.

Diversos etnólogos radicalizaram a interpretação de Métraux sobre as relações entre mitologia e migração no universo tupi-guarani colonial, negando não só a presença de ingredientes cristãos na mensagem profética como o próprio impacto do colonialismo enquanto propulsor das migrações quinhentistas. É o que se vê no belo ensaio de Pierre Clastres — hoje clássico —, *A sociedade contra o Estado*, no qual a exortação dos profetas e as migrações dela resultantes aparecem unicamente vinculadas às tensões internas ao mundo indígena:

> O apelo dos profetas para o abandono da terra má, isto é, da sociedade tal qual ela era, para alcançar a Terra sem Mal, a sociedade da felicidade divina, implicava a condenação à morte da estrutura da sociedade e do seu sistema de normas. Ora, a essa sociedade se impunha cada vez mais fortemente a marca da autoridade dos chefes, o peso do seu poder político nascente.[4]

Está-se diante, evidentemente, de uma interpretação filosófica da mitologia nativa, situada no campo da filosofia política. Para Clastres, a busca da Terra sem Mal possuiria um sentido disruptivo, inibidor do poder crescente dos chefes guerreiros que, ao se fortalecerem, negavam as tradições políticas dos tupi-guarani. Contra o surgimento do poder político ou mesmo do Estado entre as nações daquela cultura nativa erigiam-se, segundo Clastres, os profetas errantes, os *caraís* que, em transe, estimulavam o deslocamento e a desestabilização do grupo. Nesta competição entre guerreiros e profetas, nosso autor percebe uma dialética de sentido autofágico, na qual a defesa de uma "sociedade contra o Estado" exigia a dissolução da própria sociedade.

Versão mais audaciosa — e menos consistente — dessa tese encontra-se no livro de Hélène Clastres, *Terra sem Mal*, publicado originalmente em 1975, um ano depois do ensaio de Pierre Clastres. A autora nega terminantemente o peso do colonialismo na irrupção mística e no surto migratório dos tupi no século XVI, insistindo em que a busca da Terra sem Mal precedeu à chegada dos portugueses e a ela sobreviveu, quase intactamente, por centenas de anos entre os índios. Comentando as conclusões de Nimuendaju sobre a religiosidade guarani, Hélène Clastres afirma, sem rodeios: "A despeito da perturbação trazida pela conquista européia, decifra-se justamente uma continuidade notável".[5]

Hélène Clastres nega, portanto, não apenas o possível viés anticolonialista dos movimentos nativos como também o seu caráter "messiânico", entendendo o messianismo como movimentos surgidos em sociedades que, em situação colonial, "se vêem fadadas a desaparecer, graças ao impacto da civilização branca". Retomando as idéias do autor de *A sociedade contra o Estado*, Hélène Clastres conclui com inabalável convicção:

> [...] Estamos longe do esquema clássico dos movimentos messiânicos, em que o religioso e o político convergem na realização de um projeto comum: a sobrevivência de uma sociedade ameaçada por outra na sua própria existência [...]. O profetismo tupi não é exatamente o inverso de um messianismo: nasce de uma cultura que segrega por si mesma seu próprio questionamento e na qual a religião, por ser o lugar dessa crítica, gera a dispersão. As migrações para a Terra sem Mal ilustram dessa maneira uma das possíveis saídas para a crise — manifestada pelas tendências inconciliáveis do religioso e do político — das sociedes tupi-guarani: a autodestruição dessas sociedades.[6]

Numa avaliação de conjunto do que até aqui se expôs, parece-me plausível a conexão entre as migrações dos tupi-guarani anteriores ao século XVI e sua busca permanente da Terra sem Mal. Métraux parece ter razão em sua conjetura de que aquelas "nações", "castas" ou "gerações" de índios — para usar expressões quinhentistas — haviam se deslocado no rumo do litoral sob a égide dos profetas. Na altura do século XVI, os tupi-guarani encontravam-se distribuídos pela bacia Paraná—Paraguai e o litoral, desde a lagoa dos Patos até Cananéia (caso guarani), e pela extensa faixa litorânea desde Iguape até o Ceará (caso tupi) de onde desalojaram progressivamente os que chamavam "tapuias". Às motivações religiosas, que longe estou de negar, caberia, no entanto, acrescentar as demográficas e sócio-econômicas, que de todo modo dependiam do sistema religioso daqueles grupos. É o que nos sugere o trabalho clássico de Florestan Fernandes, para quem a guerra, o parentesco, a relação com a natureza, toda a organização social tupinambá, enfim, "se subordinava estreitamente ao sistema religioso tribal".[7]

Por outro lado, seria demasiado imprudente reduzir as manifestações religiosas dos tupi relatadas na crônica quinhentista, à simples assimilação, à moda indígena, do cristianismo colonialista. Impossível negar as "origens indígenas" da busca da Terra sem Mal, embora também seja difícil desconhecer, como se demonstrará adiante, que diversos movimentos absorveram elementos ocidentais em sua mensagem e estrutura. Estaria, de qualquer sorte, de acordo com Carlos Fausto, para quem chamar tais movimentos "simplesmente de sincréticos [...] não nos leva a refletir sobre a estrutura do profetismo tupi-guarani sobre a qual se assentam, nem sobre a compreensão indígena da simbologia cristã".[8]

O que mais aproxima, porém, a minha posição da de Fausto em seu recente artigo é sua crítica às teses de Hélène e Pierre Clastres. A ênfase exagerada que ambos dão ao caráter "autêntico" do profetismo leva-os a diluir o xamanismo no profetismo, e este numa antropologia política. Na verdade, creio ser insustentável a idéia de que o profetismo tupi — incluindo a multiplicação das cerimônias que lhe davam forma, bem como as migrações que dele resultavam — não guardava relações diretas — históricas, vale dizer — com a irrupção do colonialismo. A própria inversão do sentido das migrações — que se antes visavam o litoral passaram a buscar o interior — sugere com a máxima eloqüência quão decisiva foi a chegada dos portugueses nas manifestações e práticas religiosas dos nativos, para não falar no conteúdo anticristão e antiescravista presente na exortação dos profetas.

Endosso, nesse particular, a posição tradicional de Egon Schaden, cuja especialização na matéria dispensa comentários:

A nosso ver, as manifestações xenófobas [dos tupi-guarani] — que constituem um aspecto quase geral do messianismo — devem-se principalmente a uma situação de desequilíbrio provocado pelo contato com a civilização ocidental.[9]

45

A mitologia heróica dos tupi não desconheceu a história, embora lutasse contra ela. Deu sentido, pela boca de seus profetas e xamãs, e por meio de cerimônias que reforçavam as tradições ancestrais daquela cultura, a atitudes de franca resistência e hostilidade ao colonialismo nascente. Assumiu, portanto, função de mensagem anticolonialista típica das idolatrias, conforme expus no capítulo precedente. Idolatrias concebidas teoricamente como recusa da situação colonial, e idolatrias pensadas também no sentido estrito de culto e cerimônia idolátricas. A busca da Terra sem Mal mudaria, assim, de caráter, sem prejuízo de sua originalidade ou do sistema cognitivo indígena. Erigir-se-ia como barreira à sujeição dos ameríndios e ao processo de ocidentalização, alentando, quando menos, fugas em massa do que para os índios tornava-se "a terra dos males sem fim".

TERRA DOS MALES SEM FIM

"Terra dos males sem fim", feliz expressão de Mário Maestri para aludir, na verdade, à trágica situação das populações nativas do litoral luso-americano no século XVI, sobretudo a partir dos anos 1530, quando nosso "rei colonizador", d. João III, optou por explorar e povoar o território brasileiro.[10]

Não é o caso, aqui, de inventariar em detalhe os movimentos e estratégias da colonização nascente na América portuguesa, sob o risco de repetir o que outros já fizeram com mais competência. Impossível, todavia, não recordar alguns aspectos gerais do ímpeto colonialista tão incrivelmente negado por alguns estudiosos do profetismo tupi.

Mencione-se, antes de tudo, a introdução da lavoura canavieira e da produção de açúcar, difundida com mais vigor no litoral de meados do século em diante, o que se fez sabidamente à base da escravidão indígena. Já Celso Furtado advertira para a importância capital assumida pelo trabalho índio na montagem da empresa açucareira luso-brasileira, o qual predominou até o fim do século nos engenhos e lavouras do litoral.[11] Desnecessário lembrar o impacto que a introdução da agricultura escravista causou na população indígena, rompendo o precário equilíbrio que se manteve nas primeiras décadas dos quinhentos entre europeus e índios envolvidos no extrativismo do pau-brasil.[12]

Com a introdução da economia açucareira, desenvolveu-se a feroz e rendosa empresa de caça ao indígena, e com ela o tráfico de nativos "descidos" para os núcleos de colonização. É certo que, como indica Stuart Schwartz, o trabalho indígena foi explorado não apenas através de cativeiro (lícito ou ilícito), mas também do escambo e do assalariamento, o que pouco amenizava, na verdade, a desdita dos tupi na economia colonial.[13] Na prática, as populações indígenas foram progressivamente sugadas pelo sistema colonial nascente e se tornaram, no vocabulário da época, "negros da terra", "negros brasis", fórmulas então utilizadas para diferenciar os índios dos "negros da Guiné", uns e outros escravos.

No contexto da implantação da lavoura tipicamente colonial multiplicaram-se as "revoltas do gentio", os assaltos aos núcleos de colonização e, conseqüentemente, a reação dos colonizadores, mormente após a instalação do governo geral, em 1549. Já no "Regimento de Tomé de Souza", de 1548, instruía-se o governo para submeter os índios hostis aos portugueses, destruindo-lhes as aldeias, e matando ou cativando os rebeldes como castigo e exemplo. Tomé de Souza cumpriu à risca as ordens régias, movendo ataques contra os tupinambá aliados dos franceses, do que resultaram escravizações "lícitas", uma vez que efetuadas em "guerra justa", como rezava a legislação da época.

Seu sucessor, Duarte da Costa, recrudesceria ainda mais a ofensiva contra os índios nos anos de seu governo, entre 1555 e 1558. Por qualquer pretexto ordenava massacres contra as aldeias vizinhas de Salvador, a exemplo do ataque à aldeia da Porta Grande, em maio de 1555, e do incêndio de cinco aldeias que haviam levantado cercas nas bandas do rio Vermelho — tarefa que delegou a seu filho, Álvaro da Costa. Em junho do mesmo ano, treze aldeias foram destruídas nos arredores da capital no espaço de apenas uma semana, o que levou à morte, ao cativeiro e à expulsão cerca de 3 mil ameríndios.

Mas nem Tomé de Souza, nem Duarte da Costa puderam igualar-se a Mem de Sá na arte de massacrar. Entre as façanhas de nosso terceiro governador geral, destacou-se a chamada Guerra do Paraguaçu (1558-9), que resultou na destruição de "cento e trinta e tantas aldeias", nas palavras do governador, ou pelo menos "mais de sessenta", nos dizeres do célebre frei Vicente. Nada ilustra melhor a belicosidade desse potentado quinhentista do que o "Instrumento dos serviços de Mem de Sá", datado de 1570: de 26 capítulos alusivos a seus serviços, nada menos do que doze dizem respeito a empresas de "combate ao gentio" — indicação reveladora do que mais ocupou a atenção do afamado governador.[14]

Mem de Sá celebrizou-se, de fato, pelo que alguns denominam, sem a menor complacência, de "pacificação da Bahia": um sem-número de massacres que obstinadamente perpetrou em seu governo. Recebeu, por isso, rasgados elogios dos contemporâneos, a exemplo de nosso Gabriel Soares de Souza, forte partidário da escravidão indígena. O autor do *Tratado descritivo* louvou sem pejo a figura do insigne governador, "que destruiu e desbaratou o gentio que vivia derredor da baía, queimou e assolou mais de trinta aldeias, e os que escaparam de mortos e cativos fugiram para o sertão e se afastaram do mar [...]".[15] Trinta aldeias destruídas, mais de sessenta, 130, quantas teriam sido as povoações vitimadas pela sanha do governador?

O certo é que, como observou Gabriel Soares, os índios tupi se afastavam do mar, para onde se tinham dirigido em busca da Terra sem Mal. E quando não fugiam do cativeiro e das carnificinas lusitanas, faziam-no dos jesuítas, dos aldeamentos da Companhia de Jesus que, coincidentemente, começaram a ser instalados na mesma época em que se instituiu o governo geral, ganhando impulso exatamente no governo do implacável Mem de Sá. Também por isso, o governador receberia o louvor dos inacianos, e de ninguém menos do que Anchieta, autor do poema laudatório "De gestis Mendi de Saa", feitos de Mem de Sá.

Governo geral e jesuítas, Mem de Sá e Anchieta, duas faces da opressão que se abateu sobre a população indígena no século XVI. Muito já se escreveu acerca dos efeitos destrutivos da catequese nas culturas ameríndias, embora o erguimento de aldeamentos por vezes funcionasse como barreira à rapinagem escravocrata dos colonizadores. Não insistirei no assunto, limitando-me a recordar a introjeção do cristianismo por meio de culpabilizações e estigmas das tradições indígenas, a imposição dos sacramentos (alguns, ao menos), a proibição de usos e costumes ancestrais, a disciplina de horários, ofícios divinos e serviços, a tentativa, enfim, de vestir os índios — com algodão ou o que fosse —, pois nada repugnava mais a um jesuíta do que o corpo do "gentio": sua nudez, sem dúvida, mas também suas aparentes lubricidades e seu apego ao canibalismo — o pior dos males. Com fina sensibilidade, Baeta Neves afirmou que a missão tencionava, "efetivamente, corrigir o corpo do brasil", condição *sine qua non* para sua "salvação espiritual".[16]

Cativeiro, massacres, catequese: traços definidores do que chamei, com a licença de Maestri, a "terra dos males sem fim", desdita da população tupinambá no litoral luso-brasileiro dos quinhentos. Mas em matéria de flagelos, nada se pode comparar com os diversos surtos epidêmicos que assolaram as aldeias, sobretudo as da Companhia, a ceifar a vida de milhares de índios no século XVI. E, dentre todas as moléstias — e não foram poucas —, a pior foi a varíola, a "peste das bexigas".

Na Bahia, cenário privilegiado da peste, a varíola chegou pelo mar, embarcada num navio lisboeta que lá chegou em 1562. Em três ou quatro meses extinguiu cerca de 30 mil índios, sobretudo os escravos e os reduzidos na missão. No transcurso das décadas seguintes romperam novos surtos epidêmicos, de modo que os 40 mil índios cristãos contabilizados pelos jesuítas em 1564 mal passavam de 10 mil, em 1585. Em várias partes do litoral se pôde observar desastres semelhantes, sendo as bexigas precedidas por crises de pleurites, terçã maligna (malária), disenterias e gripes fatais. A própria epidemia variólica, sem dúvida a mais drástica, espalhou-se por toda a costa, de Pernambuco a São Vicente, passando por Ilhéus, Espírito Santo, o planalto de Piratininga, e até os sertões que confinavam com os núcleos coloniais.[17]

E, quanto ao horror da morte pela varíola, os jesuítas nos deixaram depoimentos impressionantes, o martírio da doença agravada pela quase total impossibilidade de se tratarem os enfermos. Os infectados, escreveu o padre Antônio Blasquez em 1564, se diziam tomados por um "fogo no coração" — alusão às febres que acompanhavam a penetração do vírus no corpo, matando em cerca de duas semanas, após espalhar lesões e pustemas pela face, mãos e pés. O jesuíta Blasquez se referiu às feridas como "tão asquerosas e hediondas que não havia quem as pudesse suportar com a fetidez que delas saía".[18] Impressão idêntica foi a de seu colega de Companhia, Pedro da Costa, que viu as bexigas "tão nojosas e de tão grandes fedores que punham espanto e muitas vezes se estava arrenegando a carne de podre".[19]

Inúmeras cartas jesuíticas informam, a exemplo das citadas, o quadro de espanto e pavor que marcava o cotidiano da varíola nos aldeamentos. O grito dos doentes, a tentativa vã dos padres em tratar dos feridos, o amontoado de cadáveres mal enterrados, a servir de comida para os porcos. O alastramento da doença muitas vezes reforçava o poder dos pajés, que se não extirpavam a bexiga, pelo menos contestavam os padres, sobretudo quando dos batismos *in extremis* que os inacianos ministravam junto aos moribundos. Os curandeiros indígenas diziam, então, que o "batismo matava", e não deixavam de ter alguma razão ao dizê-lo, ao que retorquiam os padres, dizendo que era o profeta dos nativos, feiticeiro que se passava por santo, o responsável por tantas "fomes e mortandades", ao promover "carnalidades e vícios diabólicos" castigados por "Deus Nosso Senhor".[20]

O impacto da colonização acabaria, na realidade, por reforçar a busca da Terra sem Mal. Na pregação dos profetas encontra-se amiúde o ímpeto guerreiro com que várias tribos tupi enfrentaram os portugueses, ou deles fugiram, no rumo dos "sertões". Alterava-se a rota, mantinha-se o mito. O paraíso tupi se deslocaria lentamente do mar para o interior, pois era no litoral, sem dúvida, que se achavam os males e campeava a morte. Não havia de ser na costa, salvo por azares da história, que os tupi buscariam, doravante, a sua velha "morada dos ancestrais".

A SANTIDADE COMO RITUAL

O ambiente de frenesi religioso que os europeus observaram entre os tupi no século XVI — embora quase todos negassem haver religião entre os índios — relaciona-se historicamente com a implantação do colonialismo, seus flagelos, cativeiros, massacres. Os mitos eram decerto antigos, notadamente o da Terra sem Mal, mas é por meio do registro europeu que deles temos notícia. Registro colonialista, portanto, insisto em dizer. Além disso, como tentarei mostrar adiante, a própria busca da Terra sem Mal, mensagem central na pregação dos profetas índios, absorveria, com o passar do tempo, significados fracamente anticolonialistas e anticristãos. Reatualizarse-ia o mito pela incorporação da história — e contra a história.

Seja como for, os europeus nos deixaram inúmeros registros, por vezes detalhados, da efervescência religiosa dos índios. Registros de várias procedências: ibéricos, franceses, alemães; religiosos e laicos; católicos e protestantes. Registros alusivos a diversas regiões habitadas por tupi nos séculos XVI e XVII: Bahia, Rio de Janeiro, Pernambuco, Espírito Santo, Maranhão, São Paulo. Do conjunto deles, não obstante sejam fragmentários, podem ser extraídas informações de valor etnográfico e histórico inestimável sobre a religiosidade tupi no momento do encontro. Por outro lado — convém não esquecer —, são os olhares europeus que presidem a coleta das informações e a estrutura das narrativas: olhares em parte etnográficos, em parte demonizadores. A decifração de tais narrativas não é, portanto, tarefa fácil, movendo-se insegura em terreno pantanoso.

No cruzamento dessas duas possibilidades de leitura da narrativa européia acerca da religiosidade ameríndia, entre aquela que busca as crenças nativas e a que descortina o olhar ocidental, percebo, primeiramente, que o chamado profetismo tupi foi dimensionado quer em termos de ritual, quer em termos de movimento — dimensões que não se excluem necessariamente, não obstante me pareçam distintas. E percebo, em segundo lugar, uma curiosa recorrência na qualificação desta religiosidade indígena, seja em sua dimensão cerimonial, seja enquanto movimento de massa, a saber: o uso da expressão *santidade* para descrevê-la. É certo que a palavra *santidade* ou *santo* aparece utilizada na crônica de diversas maneiras, tendo ainda múltiplos referentes. Mas a recorrência da expressão na crônica quinhentista não deve passar sem registro, no mínimo porque não tardou muito para que a palavra *santidade* se convertesse, no vocabulário dos colonizadores, em completo sinônimo de revolta e/ou heresia indígena.

Ocupar-me-ei, por ora, da santidade enquanto ritual, tal como foi retratada pelos observadores do século XVI e início do XVII, para em seguida examiná-la enquanto movimento. Há quatro relatos que são, ao meu ver, os registros fundadores (ou pioneiros) na descrição das cerimônias tupis denominadas de santidades, todos eles datados de meados do século XVI. Referem-se, portanto, a rituais tupis em grande parte originais, isto é, ainda não impregnados de quaisquer elementos cristãos. O primeiro é o relato de Manoel da Nóbrega, "Informação das terras do Brasil", escrito na Bahia, em 1549, pouco depois de os primeiros jesuítas chegarem ao Brasil, de sorte que a catequese não passava, então, de um esboço de projeto. O segundo relato é o de André Thévet, autor, entre outros escritos, de *Les singularités de la France Antartique*, publicado em Paris, 1558. Thévet foi, como se sabe, historiógrafo da expedição de Nicolas Durand de Villegaignon ao Rio de Janeiro, onde permaneceu três meses, de 10 de novembro de 1555 a 31 de janeiro de 1556, tempo em que conviveu com os tupinambá e deles recolheu inúmeros mitos e costumes. O terceiro relato é o do alemão Hans Staden, arcabuzeiro que serviu aos portugueses e, por quase dez meses, esteve prisioneiro dos tupinambá no Rio de Janeiro, em 1554, escapando por pouco de ser por eles devorado. Staden escreveu *Warhaftige Historia und Beschreibung Eyner Landschafftwilden...*, publicado em Marburgo, em 1557, traduzido entre nós como *Duas viagens ao Brasil*. O relato derradeiro é o de Jean de Léry, calvinista, que esteve no Rio de Janeiro entre 1557 e 1558, presenciando *in loco* as cerimônias em questão. Léry escreveu *Histoire d'un voyage fait en la terre du Brésil*, publicado em La Rochelle, em 1578, e várias vezes reeditado.

Quatro relatos, portanto, um relativo aos tupinambá da Bahia, os demais aos tupinambá do Rio de Janeiro, lavrados por observadores muito diferentes: um jesuíta português; um francês católico (e capuchinho); um arcabuzeiro alemão; um francês huguenote — diversidade de autoria que aumenta a confiabilidade das informações etnográficas. A descrição de Nóbrega, por ser a pioneira, merece ser citada na íntegra:

[...] De certos em certos anos vêm uns feiticeiros de mui longes terras, fingindo trazer santidade e ao tempo de sua vinda lhe mandam limpar os caminhos e vão recebê-los com danças e festas, segundo seu costume, e antes que cheguem ao lugar, andam as mulheres de duas em duas pelas casas, dizendo publicamente as faltas que fizeram a seus maridos umas às outras, e pedindo perdão delas. Em chegando o feiticeiro com muita festa ao lugar, entra em uma casa escura e põe uma cabaça que traz em figura humana em parte mais conveniente para seus enganos, e mudando a voz com a de menino junto da cabaça, lhes diz que não curem de trabalhar, nem vão à roça, que o mantimento por si crescerá, e que nunca lhes faltará o que comer, e que por si virá à casa, e que as enxadas irão a cavar e as flechas irão ao mato por caça para seu senhor, e que hão de matar muitos dos seus contrários, e cativarão muitos para seus comeres, e promete-lhes longa vida, e que as velhas se hão de tornar moças, e as filhas que as dêem a quem quiserem, e outras coisas semelhantes lhes diz e promete, com que os engana, de maneira que crêem haver dentro da cabaça alguma coisa santa e divina, que lhes diz aquelas coisas, as quais crêem. Acabando de falar o feiticeiro começam a tremer, principalmente as mulheres, com grandes tremores em seu corpo, que parecem demoinhadas (como decerto o são), deitando-se em terra, e escumando pelas bocas, e nisto lhes persuade o feiticeiro que lhes entra a santidade, e a quem isto não faz tem-lho a mal.[21]

No relato de Nóbrega despontam, aqui e ali, juízos eurocêntricos e mesmo etnodemonológicos. Entre outros, a qualificação do profeta indígena como feiticeiro, não obstante a insistente sugestão de que se tratava antes de um embusteiro do que de um servidor do diabo; a certeza de que as mulheres ficavam possuídas pelo demo; a descrição da cerimônia através de imagens por vezes semelhantes ao estereótipo do sabá (possessões, sacrifícios), embora em momento algum o jesuíta utilize aquela expressão.

O relato contém, no entanto, informações preciosas sobre o profetismo tupi examinado anteriormente:

1) No plano das crenças, a mensagem veiculada pelo profeta/feiticeiro aludia, sem sombra de dúvida, à Terra sem Mal: lugar de abastança, onde os víveres não precisariam ser plantados, nem colhidos, e as flechas caçariam sozinhas no mato; fonte de imortalidade, de eterna juventude, onde as velhas se tornariam moças, espécie de *juventa* tupi. A associação com a guerra e a antropofagia aparece de forma evidente — e Nóbrega a percebe bem —, uma vez que os profetas prometiam o êxito total nos combates e, de fato, a valentia era condição essencial para ingressar na Terra sem Mal.

2) No plano das cerimônias, várias indicações da narrativa merecem destaque:

— a peregrinação dos ditos feiticeiros ou profetas — descritos alhures, mais apropriadamente, como caraíbas, caraís ou pajés —, homens dotados de singular capacidade de tratar com os espíritos e reconhecidos como portadores de mensagens divinas, razão pela qual transitavam livremente pelas aldeias, mesmo inimigas;

— a periodicidade de tais visitas, "de certos em certos anos";

— a ocorrência de bailes e festas comemorativas da chegada do profeta/caraíba, as quais, no entender de Nóbrega, preludiavam a cerimônia maior;

— a confissão das mulheres — e somente delas —, a qual, não obstante descrita em termos visivelmente cristãos, aparece registrada em outras fontes e, no relato de Nóbrega, parecia funcionar também como rito preparatório;

— a existência de certa morada especial, espécie de "maloca de culto", a "casa escura" onde o profeta/caraíba invocava os espíritos e tornava-se por eles possuído;
— a personificação da cabaça, que Nóbrega dizia aparentar "figura humana". Trata-se do maracá, instrumento mágico feito do fruto seco da cabaceira (*cohyne*), que funcionava como chocalho nas danças tupis, furado nas extremidades, perpassado por uma seta feita de brejaúba, enchido com milho miúdo, sementes ou pedras, e adornado com penas e plumas de arara. Esclareça-se que todo maracá (a começar pelo do caraíba, como frisa Nóbrega) possuía força mística produzida pelo som, energia que somente o mesmo caraíba lhe poderia dar. Ressalte-se, especialmente, a representação humana do maracá, indicativa de um esboço de idolatria *stricto sensu*, ou seja, de culto de ídolos. É Métraux quem o indica, comentando o culto dos maracás: "Dessas cabaças às verdadeiras estátuas, não faltava senão um passo";[22]
— o transe místico em que entrava o caraíba em contato com o maracá principal, modificando a voz e fazendo-se de espírito nele encarnado. O espírito de que o maracá era receptáculo apossava-se do pregador, habilitando-o a profetizar. Não é sem razão, portanto, que alguns tupinólogos afirmam que o maracá era a personificação mística do caraíba;[23]
— a possessão coletiva que tomava conta dos participantes da cerimônia — e Nóbrega a percebeu sobretudo entre as mulheres, com salivações, tremores, tombos, embora não esclareça de que modo a possessão do caraíba se transferia aos demais;
— as ameaças contra os que não aderissem à cerimônia, o que em Nóbrega não apareceu senão como reprimendas ("a quem isto não faz tem-lho a mal").

3) Quanto ao emprego da palavra *santidade* (santa), Nóbrega o fez em quatro diferentes acepções:
— santidade é a virtude do "feiticeiro", recebido com festa na aldeia por ser capaz de se comunicar com os espíritos e mesmo de encarná-los;
— santidade é o espírito (santo e divino) que a cabaça mágica abriga, o qual se transfere ao próprio "feiticeiro";
— santidade é a possessão coletiva que o "feiticeiro" transmi-

te a seus seguidores, concluída a pregação sobre as excelências da "terra da abundância";

— santidade é, também, um engano, um embuste, uma falsa
virtude de quem, parecendo ser profeta, não passa de agente do diabo.

Para tratar do segundo cronista, o capuchinho André Thévet,
recorrerei a dois de seus textos, o capítulo 36 de *Les singularités* e
certa passagem de *La cosmographie universelle* (Paris, 1575),
lembrando-se que a maior parte das informações deste francês resultou de contatos diretos que manteve com os tupinambá durante
cerca de três meses, no Rio de Janeiro.

No texto de *Les singularités*,[24] a exemplo da "Informação" de
Nóbrega, o relato de Thévet é francamente detrator do índio, e mais
demonizador do que a carta do jesuíta, a começar pelo título do capítulo: "Dos falsos profetas e magos desta terra, os quais se comu-
nicam com os espíritos malignos [...]". Ao longo do texto, a reforçar
semelhante juízo, Thévet considera "os pajés ou caraíbas pessoas
de má vida que se dedicam a servir ao diabo", e chega mesmo a falar em idolatria, ao aludir à reverência com que os nativos tratavam
os pregadores.

Apesar de tudo, o relato possui informações etnográficas de algum valor:

1) No tocante às crenças veiculadas na mensagem do caraíba,
Thévet acrescenta pouco, nesse texto, às informações de Nóbrega.
Nenhuma alusão dos atributos da Terra sem Mal, e apenas o registro do incentivo à guerra, de previsões vagas, e do poder do pajé
como curandeiro.

2) São melhores, por outro lado, as informações sobre a cerimônia:

— a vida itinerante dos caraíbas ou pajés (Thévet os considera
sinônimos), que andavam "errando aqui e ali pelas matas",
e "de raro em raro" visitavam as aldeias, sendo recebidos
sempre "com toda a honra e consideração", "alimentados
e sustentados de tudo";

— o isolamento do caraíba numa "choça nova" (a "casa escura" de Nóbrega), onde lhe armavam rede branca e limpa e
armazenavam víveres e cauim para seu consumo;

— o caráter secreto do contato entre o caraíba e os espíritos ("cerimônia desconhecida dos demais"), o que não se confirma em outros relatos quinhentistas. Thévet nos informa que a invocação do espírito durava cerca de uma hora, após o que o mesmo se revelava por meio de pios e assovios ("ao que dizem"). Admite o francês, no entanto, que o espírito podia "eventualmente" se manifestar "no meio do povo reunido";

— ao final da "cerimônia secreta", o pajé saía da cabana e, rodeado pelos índios, contava-lhes o que lhe haviam dito os espíritos.

Trata-se, evidentemente, de um relato mais pobre, omisso quanto aos maracás, às danças, à possessão coletiva e sobretudo às crenças. Bem mais rico é o texto da *Cosmografia universal*, no qual Thévet descreve em detalhe a mitologia heróica dos tupi em suas várias versões, e discorre sobre a instituição do caraíba, visto como profeta, se não como um deus similar aos heróis da mitologia. É neste texto intitulado "Institution du grand Caraíba [...]" que André Thévet menciona a palavra santidade, a propósito da comitiva que seguia o caraíba em suas andanças:

> Bien est vray, qu'il menoit toujours avec luy bonne compagnie, et menu epuple, qui le suyvoit pour opinion de sa saincteté de vie, et à cause que ce Caraibe disoit bien ce qu'il pretendoit leur persuader [...].[25]

A terceira narrativa, a do alemão Staden, encontra-se na segunda parte de sua crônica, capítulo 22, intitulado "Em que crêem".[26] Em Staden, vale dizer, é quase inexistente a demonização dos costumes tupinambás relatados no capítulo, seja nos juízos, seja na descrição, embora também ele considere a cerimônia um embuste ou, quando menos, uma tola superstição.

Informa-nos o arcabuzeiro:

1) Pouco sobre as pregações do profeta, ao qual chama apenas de pajé (*paygi*), e quase nada sobre a Terra sem Mal. Alude, no entanto, à afirmativa dos pajés de que portavam um espírito que "vinha de longe, de lugares estranhos", quem sabe da "terra da imortalidade", que o prisioneiro europeu não conseguiu compreender. No mais, limita-se, neste ponto, a dizer que o pajé exortava os índios a guerrear, apanhar prisioneiros e comê-los (assunto que decerto inquietava-o sobremaneira naquela altura dos acontecimentos).

2) Quanto aos rituais, os detalhes de sua narrativa são valiosos:
— os pajés eram pregadores itinerantes, tidos por "adivinhos", visitavam cada aldeia uma vez por ano, e seu poder residia na virtude de fazer falarem os maracás (*tammaarakas*);
— os bailes e cantos que precediam a cerimônia duravam dias, após o que o pajé marcava o dia exato para a cerimônia principal;
— a grande cerimônia tinha lugar numa "cabana" especial (a "casa escura", de Nóbrega, ou a "choça nova", de Thévet), da qual eram retiradas as mulheres e as crianças, enquanto os homens, de fora, pintavam seus maracás de vermelho e os enfeitavam com penas. Dirigiam-se, em seguida, para a cabana onde se encontrava o pajé, sentado em lugar alto com seu maracá fincado no chão. A ele ofertavam presentes, como flechas, penas e penduricalhos para as orelhas;
— o transe do pajé ocorria por meio do fumo de uma erva, o petim ou petum (Staden escreve *bittin*); isto é, o tabaco. O pajé defumava cada maracá, chocalhava-o e dizia: "Fala agora, e deixa-te ouvir; estás aí dentro?". E, assim, fazendo-se de intérprete dos maracás (do seu e dos demais maracás), o pajé exortava os índios à guerra;
— o derradeiro rito da cerimônia era a transformação dos maracás em ídolos pelo pajé (palavras de Staden), os quais eram fincados no chão e presenteados com cabana e comida. Staden não mencionou, porém, a "figuração humana" que Nóbrega (e outros) viram nos maracás, nem a possessão coletiva, exceto o transe do pajé. Tampouco utilizou a palavra santidade para qualificar algum aspecto do ritual ou do profeta índio.

O último relato, talvez o mais completo dentre as primeiras descrições do ritual da "santidade" tupinambá, encontra-se no capítulo 16 da *Histoire d'un voyage*,[27] do calvinista Léry. Sua narrativa é, de fato, valiosíssima, presenciada *in loco* na aldeia de Cotina (Rio de Janeiro), não obstante o francês tenha hesitado em adentrar a cabana principal, advertido pelos intérpretes normandos de que o risco era grande se o fizesse. Léry ousou, no entanto, observar de perto "*ce mystère*", abrindo com as mãos um buraco na tal maloca e nela entrando, por fim, sem ser molestado pelos índios.

Festejado por inúmeros historiadores como especialmente sensível à cultura do "outro" (o que não deixa de ser verdadeiro em numerosos aspectos), Jean de Léry foi, sem dúvida, o cronista que mais demonizou a cerimônia tupi dentre os primeiros que a descreveram. Basta dizer que considerou "possuídas pelo diabo" (a exemplo de Nóbrega) as mulheres tocadas pelos espíritos dos maracás e qualificou a própria cerimônia como sabá: "Et de faict, au lieu que du commencement de ce sabbat (estant comme i'ay dit en la maison des femmes [...]".[28] Além disso, considerou os caraíbas embusteiros e incentivadores de idolatrias — comparando-os, nesse caso, como bom huguenote, aos frades católicos que enganavam o povo com relicários de santos.

A descrição de Léry é, porém, a mais completa dentre as mencionadas até aqui:

1) Quanto à mensagem dos caraíbas (e Léry viu doze deles em ação) é nítida a referência à Terra sem Mal enquanto morada dos ancestrais e lugar de abastança onde os frutos e raízes cresciam sozinhos. Nítida também é a relação estabelecida pelos caraíbas entre as excelências da terra "que ficava além das montanhas" e passagens da mitologia heróica tupi alusivas ao dilúvio, à sobrevivência dos antepassados trepados no alto de árvores e outros tópicos que examinarei posteriormente. Nítido, enfim, o tom belicoso da pregação dos caraíbas, que incitavam os índios a combater seus contrários.

2) Quanto às características do ritual, Léry detalhou:

— os caraíbas, profetas itinerantes, percorriam as aldeias a cada três ou quatro anos, agindo a sós ou em grupo;
— ao chegarem os caraíbas, homens, mulheres e crianças eram separados em malocas diferentes, de onde se punham a cantar e a gritar. Alguns talvez entrassem em transe, pois Léry diz que as mulheres "urravam, saltavam com violência, agitavam os seios e espumejavam pela boca até desmaiar [...]", enquanto as crianças "se agitavam e torturavam" (contorciam-se);
— na maloca dos homens (a principal), todos dançavam em volta dos caraíbas "ricamente adornados de plumas, cocares, máscaras e braceletes de diversas cores". Dançavam unidos, embora de mãos soltas e fixos no lugar, formando roda e curvando-se para a frente; moviam somente a perna e o pé

direito, "cada qual com a mão direita na cintura e o braço e a mão esquerda pendentes". No centro da roda os caraíbas sacudiam os maracás, dançavam, sopravam um caniço em cuja ponta ardia um chumaço de petum, e pregavam, possuídos pelos espíritos;

— no final da cerimônia, dos bailes e cantos, os maracás eram transformados em ídolos (como dissera Staden): fincados no chão entre as casas, adornados com plumas e presenteados com farinha, carne, peixe e cauim. "Em geral", prossegue Léry, "deixam assim os maracás no chão durante quinze dias a três semanas, após o que lhes atribuem santidade e os trazem sempre nas mãos dizendo que ao soarem os espíritos lhes vêm falar".[29]

Inúmeros outros cronistas, na falta de melhor expressão, descreveram a mesma cerimônia tupi, quer vivenciando-a diretamente, quer tendo notícia dela em várias partes do litoral durante os anos 1550 e 1560. Diversas narrativas podem ser encontradas na correspondência e escritos dos jesuítas Anchieta, Cardim, Pero Correa, Leonardo do Vale, João Azpilcueta, Diogo Jácome etc.[30] Suas descrições confirmam, em geral, o que se viu nos relatos anteriores, havendo mesmo os que acrescentaram detalhes importantes. É o caso de João Azpilcueta, que viu ("espantado") a famosa cerimônia da santidade entre os índios de Porto Seguro, em 1555:

[...] No meio de uma praça tinham feito uma casa grande, e nela outra mui pequena, na qual tinham a cabaça figurada como cabeça humana, mui ataviada a seu modo, e diziam que era o seu santo e lhe chamavam Amabozaray, que quer dizer pessoa que dança e folga, que tinha a virtude de fazer que os velhos se tornassem moços. Os índios andavam pintados com tintas, ainda nos rostos, e emplumados de penas de diversas cores, bailando e fazendo muitos gestos, torcendo as bocas e dando uivos como perros: cada um trazia na mão uma cabaça pintada, dizendo que aqueles eram os seus santos, os quais mandavam aos índios que não trabalhassem porque os mantimentos nasceriam por si, e que as flechas iriam ao campo matar as caças [...].[31]

É também o caso de Pero Correa, descrevendo a festa dos índios de São Vicente, em 1551:

[...] Há entre eles grandíssima gentilidade e muitos errores, e de tempo em tempo se levantam entre eles alguns que entram neles espíritos que os fazem sabedores do que está por vir [...]. Estes fazem umas cabaças à maneira de cabeças, com cabelos, olhos, narizes e boca com muitas penas e cores que apegam com cera composta à maneira de lavores, e dizem que aquele santo que tem virtude para lhes poder valer e diligenciar em tudo, e dizem que fala, e à honra disto inventam muitos cantares que cantam diante dele, bebendo muito vinho de dia e de noite, fazendo harmonias diabólicas [...].[32]

À semelhança do que viram e descreveram os observadores quinhentistas, os capuchinhos franceses Claude d'Abbeville e Yves d'Evreux também retrataram "santidades" tupinambás no Maranhão, já no início do século XVII, parte das quais resultantes de migrações indígenas oriundas do Nordeste. Evitarei esmiuçar as importantes descrições dos capuchos, não só por se referirem a espaço e tempo diferentes do que escolhi para examinar, mas para não cansar demasiado o leitor com a repetição de informações. Basta dizer que também D'Abbeville e D'Evreux constataram a importância dos caraíbas itinerantes, a pompa da cerimônia em que pregavam, as alusões à Terra sem Mal e à mitologia heróica tupi, o transe coletivo, a ingestão do tabaco, a defumação, o caráter mágico dos maracás, as exortações à guerra. E, do mesmo modo que os cronistas dos quinhentos — sobretudo Jean de Léry —, também os capuchinhos carregaram nas tintas ao demonizarem a cerimônia ameríndia.[33]

Do conjunto dos relatos, malgrado as diferenças e incoerências que entre eles por vezes existem, podem-se extrair algumas características gerais dessa cerimônia de capital importância no profetismo tupi:

— eram cerimônias inseparáveis de bailes e cantos que congregavam a aldeia inteira, regadas a cauim e a petim. Bailes especiais, convém frisar, "grandes solenidades" (Métraux) que não se confundiam com as danças executadas corriqueiramente nas "cauinagens" noturnas, nos sacrifícios antropofágicos ou nos ritos fúnebres. Cantos igualmente especiais, entremeados de frases não cantadas (Léry), ocasião de "dizer as narrativas míticas, a ordem do mundo e a promessa da nova terra".[34] Danças especialíssimas, prolongadas, quase ininterruptas, a fim de dar leveza ao corpo para elevá-lo ao céu e colocá-lo em contato com os seres sobrenaturais (Métraux).

— a singularidade de tais cerimônias residia, ainda, na sua periodicidade mais espaçada ("de raro em raro" ou, no mínimo, "de ano em ano"), e sobretudo no fato de serem dirigidas e protagonizadas pelos caraíbas, profetas errantes que apregoavam as excelências da Terra sem Mal, narravam os mitos tupis e exortavam os índios para que os seguissem nessa eterna procura e lutassem contra os seus inimigos.

— tais cerimônias revelam à farta a importância crescente assumida pelos caraíbas, que na realidade eram pajés de grau superior, homens que não se limitavam a "curandeirar" ou a desempenhar o papel de conselheiros tribais. O caraíba ou pajé-açu destacava-se do comum dos pajés pela virtude de comunicar-se com os espíritos através dos maracás (encarnação mística do pajé), e de passar semelhante dom a qualquer indivíduo mediante a defumação com petim, que os portugueses chamaram "erva santa". Por tais virtudes estava habilitado a percorrer aldeias inimigas sem ser molestado, e a receber em cada uma o sustento e a hospedagem dos nativos. "Todo caraíba era pajé, embora nem todo pajé fosse caraíba", escreveu com razão Estêvão Pinto.[35] Se os caraíbas jamais chegaram a ser "reis divinos", como diz Florestan, passaram a ser reconhecidos como reencarnações dos heróis tupi. Na apropriada fórmula de Egon Schaden: "O pajé é um pequeno herói, como o herói é um grande pajé".[36] Em Nóbrega: "diziam que eram Deus, e que nasceram deuses" (1549). Em Métraux, definitivamente: caraíbas, homens-deuses.

— as cerimônias sugerem claramente a emergência, na religiosidade tupi, de formas particulares de idolatria, expressas na figuração humana dos maracás, sua entronização em malocas especiais a modo de templos, sua transformação em oráculos ou receptáculos de espíritos com os quais somente os caraíbas, em primeira instância, poderiam tratar. À luz do que foi exposto, não se pode concordar com Hélène Clastres, que, negando ter sido o maracá objeto de culto entre os tupi, considera-o unicamente "um instrumento musical destinado primordialmente a acompanhar e a ritmar danças e cânticos".[37] Com narizes, boca, olhos e cabelos? Na forma de cabeça humana que encarnava espíritos? Fincado no chão e alimentado com víveres e cauim? Prefiro repetir a afirmação já citada de Métraux: "Dessas cabaças às verdadeiras estátuas, não faltava senão um passo".

— os nomes tupis dessa cerimônia é Capistrano de Abreu quem indica e traduz: *caraimonhaga*, santidade dos índios; *acaraimonhang*, fazer santidade — derivando de caraíba, coisa santa. Mestre Capistrano seguiu de perto, ao traduzir os vocábulos tupis, o significado que a maioria dos europeus atribuiu à cerimônia. Santidade, o dom do caraíba; santidade, o poder mágico dos maracás; santidade, a festa extraordinária dos índios.[38]

A denominação de santidade que, de várias maneiras, os autores quinhentistas atribuíram à cerimônia indígena, julgada diabólica, não pode passar sem comentários inquietos. Por que chamá-la assim, se no Antigo Testamento a santidade permanecia "ligada a uma escolha direta e pessoal de Deus"? Para o cristianismo medieval e moderno, santos eram os homens de Deus e da Igreja; os taumaturgos que, tocados pela graça, curavam os enfermos; os continentes que fugiam do mundo; os soldados de Cristo que lutavam pela verdadeira fé.[39] Santos eram, como bem lembra John Bossy, os companheiros de Cristo, os apóstolos, os mártires, os parentes de Jesus, os escolhidos pela graça de Deus, elevando-se acima da vil condição humana.[40]

É certo que os europeus insistiram em considerar como falsa e enganosa a "santidade" que, no entender deles, os caraíbas apregoavam de si mesmos; falsas e diabólicas as cerimônias aparentemente santas em que se alimentavam os maracás — verdadeiro sabá, segundo Léry. Mas não é menos certo que quase todos usaram a expressão santidade para qualificar o caraíba, o maracá e a própria "festa diabólica" dos índios, mormente os jesuítas, os mais apavorados com a multiplicação e a visibilidade da cerimônia. Usaram-na a tal ponto que, ao longo do século XVI, santidade e religião indígena acabariam sinônimos no vocabulário dos colonizadores.

Instalou-se mesmo uma curiosa disputa entre jesuítas e caraíbas pelo uso da expressão que os próprios inacianos haviam atribuído à cerimônia tupi. A carta dos meninos do Colégio de Jesus da Bahia ao padre Domenech, em 1552, é muitíssimo elucidativa desta "batalha pelo monopólio da santidade" que acabo de mencionar. Alude a carta a certa expedição inaciana a uma aldeia baiana, e ao esforço de Nóbrega em dizer aos índios que a "verdadeira santidade" era a palavra de Cristo, e não os músicos, tocadores e cantores dos nativos, e que o "verdadeiro Pagé-Guaçu (caraíba), que quer dizer Padre Grande", era ninguém menos do que o bispo da Bahia. Verdadeira santidade era aquela que os inacianos pregavam em nome do bispo/pajé-açu, dizia Nóbrega, após o que punham-se os padres a "tanger e cantar" com o fito de doutrinar os índios na santa fé.[41] Promoviam, decerto, grande confusão nos espíritos, misturando bispos com caraíbas, no plano da linguagem, e prédicas com danças tribais, no plano dos gestos. Mas creio que também eles, os padres, eram prisioneiros de não poucos dilemas...

Santidade, cerimônia e baile diabólicos. O uso de semelhante expressão pelos jesuítas não é questão de somenos importância. Respondê-la não é fácil, mas o caminho talvez esteja no que escreveu Laura de Mello e Souza em seu recente *Inferno atlântico*, justo título, aliás, para a matéria em debate. Refiro-me às suas considerações, exaustivamente demonstradas, sobre a fluidez das fronteiras entre Deus e o diabo na época moderna, entre o amor divino e o amor demoníaco, entre a contemplação e o erotismo. Santa Teresa de Ávila esmerou-se em diferenciar, em seus escritos, a verdadeira visão — resultado da graça divina — da visão diabólica — fruto do engano, ardil do Pai da Mentira. "Falsas santas não poderiam ser confundidas com verdadeiras" — afirma Laura — "mas delas apartadas através da força e do método."[42]

A obsessão de inquisidores e teólogos europeus em separar o santo do diabólico sugere quão irmanados estavam Deus e o diabo no cotidiano da velha cristandade que aportou na América. Não é de admirar, neste sentido, que os jesuítas chamassem santidade a uma cerimônia julgada diabólica, embora também eles, a exemplo da santa de Ávila, procurassem distinguir, pela força e com método, a verdadeira santidade da falsa.

Prisioneiros da confusão entre céu e inferno que tentavam dirimir na velha cristandade, os europeus a reproduziriam no trópico. Afinal, lembra-nos Delumeau, foram eles que trouxeram para a América o seu próprio diabo nos porões de seus navios. Trouxeram o demônio, e também seus conflitos e dilemas religiosos, que não tardariam a projetar-se em seus discursos e imagens acerca do índio. Jean de Léry compararia, como se viu, os caraíbas aos frades católicos, uns e outros idólatras no juízo de um bom huguenote. Mas Anchieta, por seu turno, transformaria em diabos os índios aliados aos franceses, no *Auto de são Lourenço*, para glória d'el rei e para bem do catolicismo português na terra brasílica.

Foi talvez nesse contexto intelectual e mental que a cerimônia tupi e seu profetismo acabariam se tornando santidades. Na dialética entre o europeu e o índio — ego e *alter* — prevaleceria a imagem do espelho. Caraíba, coisa santa, assim o definiu Capistrano, baseado no que dele diziam os jesuítas. Santidade, "heresia e abusão do gentio do Brasil", assim o chamaria o Santo Ofício de Lisboa.

A SANTIDADE COMO MOVIMENTO

Descrita pelos europeus como cerimônia especial dos índios, as ditas "santidades" também foram percebidas como movimento, isto é, como ações coletivas dos índios quer no sentido de migrações em massa rumo ao interior, quer no sentido de rebeliões e assaltos contra o colonizador. Não é de surpreender que, ainda no século XVII, santidade e revolta indígena permanecessem praticamente sinônimos no vocabulário dos moradores do Brasil.

A primeira notícia de migrações fugitivas provém de Gandavo, que aludiu ao percurso de um grupo de índios que partiu do Brasil sertão adentro rumo ao Peru, acrescentando que o intento deles não era outro "senão buscar sempre terras novas, a fim de lhes parecer que acharão nelas imortalidades e descanso perpétuo".[43] Ao mencionar esse episódio, Gandavo se preocupava com as "grandes riquezas que se esperam do sertão" adentrado pelos índios, e não com suas migrações. Assinalou, porém, o "intento do gentio" em alcançar a "terra da imortalidade".

Sabe-se, hoje, que a migração referida por Gandavo foi chefiada por um caraíba chamado Viaruzu, homem que comandou cerca de 12 mil índios subindo o Amazonas, daí ao rio Maranhão, em seguida o Huallaga até chegar a Chachapoyas, no Peru. A migração se iniciara em torno de 1539, sendo concluída dez anos depois com apenas trezentos sobreviventes. Talvez tenha sido esta a mais antiga das migrações tupis registradas documentalmente pelos europeus. Importante observar, ainda, o sentido leste—oeste da viagem, deflagrada aliás no momento em que o colonialismo português começava a se implantar no litoral.

Outra grande agitação teve lugar na Bahia, em 1562, tempo em que a peste das bexigas começava a dar mostras de sua voracidade, Dois caraíbas insuflaram cerca de 3 mil índios a fugir para o sertão, utilizando, nas palavras de Simão de Vasconcelos, "embustes e razões diabólicas". Partiam, segundo Métraux, em busca da Terra sem Mal, mas foram impedidos pelos jesuítas que, apoiados por Mem de Sá (sempre ele), lograram convencer os índios a retornar para o litoral.[44] Inúmeras fugas coletivas seriam abortadas, aliás, pela ação conjugada da "persuação" jesuítica e da força dos governos coloniais, do que resultariam revoltas indígenas expressivas e cruentas.

Uma terceira leva de migrações que gostaria de lembrar é a que levou ao povoamento do Maranhão pelos tupi, entre fins do século

XVI e inícios do XVII. Dela nos falam Claude d'Abbeville e Yves d'Eureux, os capuchinhos franceses que estiveram no Maranhão no tempo de La Ravardière. É certo que há confusão sobre a identidade do caraíba que conduziu 8 ou 10 mil índios de Pernambuco ao Maranhão, sobretudo na migração de 1609: Abbeville afirmou tratar-se de um português que se havia apossado da personalidade e dos atributos dos caraíbas; Métraux supôs tratar-se de um mestiço; e não falta quem sugira que o líder da migração era o jesuíta Francisco Pinto.[45] Confusões à parte, pois tudo indica que ocorreram diferentes deslocamentos de tupi naqueles anos (do Nordeste para o Maranhão), os milhares de índios que partiram de Pernambuco, em levas sucessivas, iam em busca da Terra sem Mal, fugindo do colonialismo nascente.

Migrações desse gênero, e animadas pelo mesmo mito, sucederam-se, na realidade, por todo o período colonial, predominando o sentido leste—oeste. Evitarei a monotonia de citá-las à exaustão, limitando-me, porém, a sublinhar: a estreita relação entre fugas e busca da Terra sem Mal, mensagem do caraíba que pulsava nas chamadas "santidades" indígenas; a relação entre "santidades", migrações e guerras anticolonialistas.

Recorde-se, uma vez mais, o tom fortemente belicoso das pregações dos caraíbas registradas pelos autores quinhentistas, as exortações à guerra e a relação entre bravura guerreira, mitologia heróica e Terra sem Mal. "Para que vençais os vossos inimigos, recebei o espírito da força" — costumavam dizer os caraíbas aos guerreiros, após neles assoprar a fumaça do petim. A transferência da "santidade" — como diziam os portugueses — do caraíba aos demais nativos incluía, como parece óbvio, uma espécie de *anima belligerante* que não é possível desconhecer.

Por outro lado, não constitui novidade dizer que a guerra ocupava lugar central na cultura tupi-guarani antes mesmo do colonialismo e independente dele. Florestan Fernandes o demonstrou definitivamente em *A função social da guerra na sociedade tupinambá*, interpretando a guerra como o mecanismo central da reprodução social e manutenção do equilíbrio cosmológico dos tupinambá. Era por meio da guerra, e da captura de prisioneiros para o sacrifício antropofágico, que os nativos adquiriam o pleno *status* de membros do grupo, habilitando-se ao casamento e beneficiando-se do sistema de trocas e reciprocidades inter e intramalocas. Era por meio da guerra que se tornava possível a vingança antropofágica — recuperação simbólica do membro do grupo morto pela ingestão do inimigo, como se a morte do inimigo cancelasse a "morte do grupo". Ao decifrar o significado da guerra e do canibalismo tupinambá como forma de resolução de tensões internas à cosmologia e dos sentimentos diante da morte, Florestan superou de vez a interpretação simplista do canibalismo como meio de incorporar as qualidades do inimigo do grupo, além de indicar a pertinência da guerra/vingança ao sistema religioso tupinambá.[46]

Estou longe de negar, portanto, os significados da guerra intrínsecos à cultura tupi-guarani. Mas é de todo impossível concordar, uma vez mais, com Hélène Clastres, que, radicalizando sua incrível hipótese da intocabilidade e da autenticidade da mitologia tupi-guarani ("a despeito da situação colonial"), sugere uma desvinculação total entre a pregação dos caraíbas em busca da Terra sem Mal e as guerras anticolonialistas dela resultantes. Desconhecendo a história, Hélène Clastres diz que os caraíbas que incentivaram guerras contra os ibéricos "não prometiam imortalidade e juventude perpétua" aos índios, nem acenavam com a "Terra sem Mal", senão com a necessidade de reaver as terras expropriadas pelo colonialismo. O esforço da ensaísta em extirpar a história do mito leva-a, no extremo, a sugerir que as guerras anticolonialistas lideradas pelos profetas foram uma espécie de estratégia para reforçar sua autoridade perante os chefes guerreiros: "Tentaram aproveitar a situação criada pela presença de estrangeiros para garantir seu poder".[47] O colonialismo transforma-se, nesta tese, em mero pretexto para a resolução de conflitos internos à cultura indígena...

Nada disso encontra apoio, para dizer o mínimo, na documentação sobre a efervescência religiosa e as lutas dos tupi-guarani ao longo dos séculos XVI e XVII. O que se pode perceber, na verdade, é justamente a transformação do mito da Terra sem Mal, de suas cerimônias e do tradicional apelo dos caraíbas à guerra em cenário e instrumento de resistência ao colonizador. Caraíbas e guerreiros pareciam mesmo irmanados, e não rivais, na consecução desse projeto.

No caso do Paraguai guarani, diversos autores informam, baseados na crônica e nas ânuas jesuíticas, sobre uma plêiade de caraíbas e homens-deuses que, em nome das tradições que pregavam em transe, insuflavam os índios contra os missionários e colonizadores.[48] Foi o caso do caraíba Yaguaporo, na região do Paraná e do Uruguai, que dizia ter criado o céu e a terra, além de ser soberano da vida e da morte, capaz de produzir chuva e sol à vontade. Liderou expressiva seita de guaranis apregoando que os jesuítas deviam ser eliminados, "pois ensinavam uma doutrina falsa e comprometedora de sua autoridade". Passando das palavras à ação, apoderou-se do padre Cristóbal de Mendoza e mandou cortar-lhe o nariz e as orelhas antes de desferir-lhe o golpe fatal.[49] Foi o caso do caraíba Juan Cuara, originário de Guairá, que pregava (segundo Del Techo): "Vivei segundo os antigos costumes, entre danças e bebidas; celebrai a memória dos vossos maiores. Não adorai as imagens dos santos. Considerai a mim como a vossa divindade".[50]

Na América portuguesa, os melhores exemplos provêm da Bahia, destacando-se, de longe, o caso da Santidade de Jaguaripe, em 1585, cuja história examinarei no capítulo seguinte. Mas já em 1569, conta-nos Anchieta, a "fome e doença" levaram os índios aldeados à revolta, dizendo que lhes vinha falar um santo, "o qual lhes mandava que se fossem para suas terras", "matando alguns portugueses, pondo fogo a algumas fazendas, roubando o que podiam".[51] Antes disso, em 1559, Manoel da Nóbrega relatara o caso de uma "santidade" ocorrida entre os escravos de um engenho baiano, referindo-se a certo índio cativo que recebeu um afamado caraíba e reuniu gente para ouvi-lo pregar. O profeta dizia que "faria bailar o engenho e o próprio senhor com ele; que converteria em pássaros a quem quisesse, e mataria a lagarta das roças; que haveria de destruir a Igreja e o casamento dos cristãos, pois os índios precisavam ter muitas mulheres".[52] Os dois casos terminaram, ao que se sabe, com a intervenção truculenta dos senhores e das autoridades coloniais.

Muitíssimo eloqüente é, ainda, o caso narrado por Luíza Barbosa, mulher branca que se apresentou ao Santo Ofício na Bahia, em 1591. Contou que, quando tinha doze anos, na altura de 1566, alevantara-se na capitania uma "santidade" dos gentios da terra. Diziam os índios, com os quais chegara a conversar, que ninguém deveria trabalhar mais, pois os víveres nasceriam por si, e que a gente branca haveria de se converter em caça para ser comida. Diziam ainda que aquela santidade era verdadeiramente "santa e boa", "que a lei dos cristãos não prestava" e que os índios descrentes da santidade se transformariam em paus e pedras.[53]

Convertida em baluarte da resistência indígena ao colonialismo, a busca da Terra sem Mal absorveria no entanto elementos do catolicismo, com o passar do tempo, afastando-se da autenticidade nativa que alguns nela vêem. Inúmeros casos paraguaios ilustram à exaustão a ocorrência de sincretismos entre os guarani, o que muitas vezes decorria, em primeira instância, de serem os caraíbas índios meio cristianizados ou até colonos indianizados. Métraux nos conta, a propósito, o caso de um certo d. Rodrigo Yaguariguay, corregedor que levantou os índios de Arecaya contra os espanhóis. Dizia-se Deus-Pai casado com a Santa Virgem, apregoando que sua filha era Santa Maria, a pequena. Contrafazia os sacramentos do matrimônio e da penitência e "aconselhava o uso de abluções com infusão de cascas ou folhas de árvores, por meio das quais denotava quanto estavam corrompidos" os costumes dos índios.[54]

Outro caso extraordinário deu-se na região do rio Paraná, entre 1626 e 1627, onde um grande caraíba mandou erigir um templo para sua morada e de suas mulheres: os índios lhe obedeceram. Reverenciado como "santo", dizia ser o papa e nomeava bispos entre os adeptos. Contrafazia os sacramentos católicos e imitava os padres, embora os julgasse inimigos, misturando tudo isso com os costumes nativos.[55]

Na parte luso-brasileira da América, o caso mais notável foi, também nesse domínio de amálgamas e mimetismos, o da santidade baiana de Jaguaripe. Mas não pode passar sem registro a ocorrência de uma importante santidade paulista, assinalada por Alcântara Machado em *Vida e morte do bandeirante*. Relatada por Anchieta, irrompeu na aldeia inaciana de Nossa Senhora dos Pinheiros, em 1590, liderada por um índio com fama de caraíba. Reunindo numerosos adeptos, chegou a invadir a igreja da missão, decapitou a imagem da Virgem e entronizou-se no altar, dizendo ser não o papa ou Cristo, mas a própria Santa Maria. Acabaria exterminado pelos portugueses juntamente com seus adeptos.[56]

Santidade, ritual ameríndio que não pode evitar a assimilação ou integração de elementos cristãos. Santidade, movimento de migração ou de luta centrado na busca da Terra sem Mal que, cada vez mais, se tornaria a antítese do colonialismo. São essas hipóteses que tentarei aprofundar nos capítulos seguintes, examinando a história e a morfologia da santidade mais conhecida (ou que mais se permite conhecer): a de Jaguaripe, na Bahia dos anos 1580.

Reitero, porém, a minha avaliação de conjunto acerca das santidades ameríndias. Consideradas quer em suas crenças e rituais, quer enquanto movimentos de fuga em massa ou rebelião anticolonialista, as santidades expressaram o que chamei de idolatrias insurgentes, atitudes coletivas de negação simbólica e social do colonialismo. Assemelham-se, nesse ponto, malgrado as especificidades culturais dos diversos povos ameríndios, aos milenarismos que espocaram em toda a América no tempo do encontro e da conquista. O significado maior das "santidades" deve ser relacionado, assim, ao amplo contexto de expansão ibérica na época moderna e aos embates culturais dela resultantes na América — contexto que engloba e ultrapassa a "história noturna" do profetismo tupi.

3
HISTÓRIA DE UMA SANTIDADE

*Na alegoria da América, o cavaleiro cristão
indica o caminho que o préstito indígena deve seguir.
(Azulejo espanhol do século XVIII.)*

Tudo nascia desta abusão a que chamavam santi-
dade, que estava no sertão [...] para onde fugiam
todos estes índios.

Governador Manuel Teles Barreto, 1586

FONTES E FILTROS

Em meio ao forte declínio da população indígena no litoral — assolada por fomes e pestes, agrilhoada pela escravidão e pela catequese —, as santidades ameríndias parecem ter se revigorado na segunda metade dos quinhentos. Superaram o efeito devastador das epidemias dos anos 1560 e, estimuladas pelo desespero de tantos flagelos colonialistas, atravessaram todo o século, havendo notícias de semelhantes movimentos até as primeiras décadas do século XVII.

A mais conhecida das santidades é a de Jaguaripe — região localizada no sul do Recôncavo da Bahia. E a razão disso encontra-se na maior disponibilidade de fontes para o seu estudo, as quais ultrapassam, em número e qualidade, o registro pontual de jesuítas e viajantes ou a notícia burocrática das autoridades coloniais. No caso dessa santidade, tem-se copioso elenco de fontes em série: numerosas confissões e denúncias, e alguns processos incluídos na Primeira Visitação que o Santo Ofício de Lisboa enviou ao Nordeste brasileiro, entre 1591 e 1595. Em termos precisos, o visitador recolheu pelo menos setenta denúncias e 24 confissões de colonos relacionadas aos ritos e ao movimento daquela santidade, quando não à prática de "gentilidades", do que resultaram dezessete processos, o maior dos quais em 265 folhas manuscritas — um dos mais volumosos, aliás, daquela Visitação à Bahia.

A razão para a existência de documentação tão numerosa e expressiva já faz parte da história da santidade de que me ocuparei neste capítulo. Reside no fato de que ninguém menos do que um poderosíssimo senhor de engenho da região — Fernão Cabral de Taíde — resolveu atrair a santidade indígena para o seu engenho, dando-lhe sustento e proteção por alguns meses. Situação em tudo insólita, de que tratarei a seu tempo, que gerou grande perturbação na capitania, ações militares e pânicos coletivos até que a "heresia do gentio" fosse destruída por ordens do governador Teles Barreto, em 1585.

Mas o pouco tempo em que a santidade dos índios viveu no engenho escravista de Fernão Cabral parece ter sido suficiente para enraizar ódios, cristalizar rancores e medos. Anos depois da destruição da santidade pelo governador geral, chegaria à Bahia o visitador inquisitorial, Heitor Furtado de Mendonça, encarregado de averiguar não rituais indígenas ou "gentilidades", mas práticas judaizantes, bigamias, sodomias e desvios de fé conhecidos na metrópole. Surpreender-se-ia Heitor Furtado, no entanto, ao deparar-se com a profusão de depoimentos sobre a grande abusão do gentio apadrinhada em terra cristã por um de seus principais moradores. Inusitada intromissão do Santo Ofício em matéria de religiosidade indígena: eis a razão para a numerosa documentação disponível para o estudo do caso Jaguaripe — intromissão provocada pela não menos inusitada cumplicidade entre um senhor escravocrata e uma seita indígena considerada diabólica. Armadilha da história, fortuna do historiador.

Não obstante esta profusão documental, em vários aspectos preciosa, o estudo da Santidade de Jaguaripe possui fortes limitações, algumas intransponíveis. Relembre-se, antes de tudo, que no tempo em que a Visitação chegou à Bahia, em 1591, os índios que haviam estabelecido o seu culto no engenho de Fernão Cabral já lá não estavam, expulsos pela ação de Teles Barreto. Cinco anos se haviam passado, portanto, desde a destruição da "igreja dos índios". É certo que muitos depoentes tinham conhecido a santidade de perto, e até freqüentado suas cerimônias; outros, porém, só a conheciam de "ouvir dizer".

Além disso, não obstante os depoimentos nos forneçam detalhes sobre a história da santidade e suas cerimônias, as informações são (e serão sempre) discutíveis — e ninguém melhor que Carlos Ginzburg advertiu sobre as potencialidades e filtros culturais desse tipo de documentação. Considere-se, antes de tudo, o filtro anteposto pela própria Inquisição, que não poderia ver na santidade senão "abu-

Recôncavo Baiano no século XVI

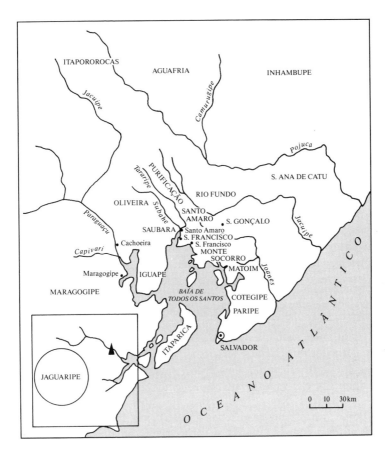

Na área enquadrada vê-se Jaguaripe, região da principal
santidade quinhentista

▲ Provável localização da fazenda de Fernão Cabral

⊙ Cidade de Salvador, sede do Governo Geral

são", "heresia" ou "erronia do gentio do Brasil", seguindo de perto o vocabulário que marcou a crônica quinhentista. No tocante às descrições da cerimônia, inúmeros detalhes se viram com efeito distorcidos, ao passarem da fala das testemunhas ou dos acusados para a pena do notário inquisitorial, além do que os próprios relatos, produzidos exclusivamente por brancos e mamelucos, são tão ricos em informações quanto em preconceitos. Por outro lado, não poucos depoimentos deixam entrever o medo dos colonos em face da ameaça que a Santidade de Jaguaripe representara para seus interesses e segurança, influindo em suas descrições, para não falar do que disseram os acusados de cumplicidade com a seita, homens apavorados, empenhados em se livrar da culpa por meio de confissões atenuadas ou anódinas. Nenhum índio, por fim, depôs na mesa da Visitação sobre a santidade que, de certo modo, era originalmente sua.

SANTIDADE REBELDE

É impossível precisar em que ano a Santidade de Jaguaripe se organizou no interior do Recôncavo Baiano. A documentação apenas nos permite estimá-lo entre 1580 e 1585; jamais em 1586, pois foi nesse ano que parte da seita se deslocou para o engenho de Fernão Cabral, onde acabaria destruída meses depois. Quanto ao local, a maioria dos informantes menciona o sertão de Frio Grande (*roigaçu*, em tupi), sobretudo o lugar de Palmeiras Compridas — nomes imprecisos, que se perderam com o tempo. Buscando esclarecê-los, José Calasans localiza Frio Grande em "algum trecho da serra de Orobó", certamente nas bandas do "sertão de Jaguaripe".[1] O foco de nossa santidade, como o de várias outras, era portanto o sertão — palavra que, na época, não possuía o significado atual (alusivo ao interior semi-árido da parte norte-ocidental do Brasil, mais seca do que a caatinga). Sertão, esclarece Morais, era o "coração da terra", referia-se ao mato, em oposição "à costa e ao marítimo".[2] Sabe-se pouco, na verdade, sobre os começos da santidade e sua localização exata no sertão, se é que algum dia a seita se fixou realmente em lugar certo naquelas matas. De fato, Palmeiras Compridas (o sertão que abrigava a santidade) é nome que mais diz respeito ao mito do que à geografia, para desalento do "historiador tradicional", sempre à cata das origens. Segundo a mitologia heróica tupi, cotejadas as versões que nos legaram os autores quinhentistas, fora no alto de uma palmeira, "a árvore mais alta da terra", que sobrevivera Tamandaré, ancestral direto dos tupinambá, escapando do dilúvio ordenado por seu pai, Maire-Monan, também conhecido por Sumé — o célebre herói tupi que os jesuítas adiante associariam à figura de são Tomé, o apóstolo.[3] Palmeiras Compridas, refúgio da santidade, a exemplo da palmeira alta que abrigara Tamandaré em seu olho... Impossível saber-se, portanto, a "origem histórica" da Santidade de Jaguaripe, pois é caso em que a história se verga diante do mito. E a origem de um mito é, como bem lembra Ginzburg, inacessível por definição.[4]

Do líder da santidade também pouco se sabe com precisão, especialmente no tocante à sua biografia anterior à organização da seita. Como personagem mitológico que o próprio líder dizia ser, sua origem é também obscura e inacessível. Mas o pouco que se sabe é significativo, e será explorado a seu tempo. Tratava-se de um índio, certamente um autêntico caraíba à moda tupi, homem que passara pelas mãos dos jesuítas no aldeamento da ilha de Tinharé, capitania de Ilhéus, de onde fugira para "alevantar os índios". Trânsfuga dos jesuítas, portanto, assim era o caraíba da santidade, batizado na aldeia de Tinharé com o nome de Antônio. Meio cristão, meio tupi, o caraíba Antônio deixaria a marca de suas ambigüidades na própria organização da seita e no conteúdo de sua mensagem profética.

Embrenhada nas matas de Jaguaripe, o núcleo da santidade parece ter reunido, quando menos, algumas centenas de índios. Homens, mulheres e crianças — que disso informam as fontes — de nenhum modo pertencentes a tribos ou grupos locais específicos. Muitos eram foragidos dos engenhos e fazendas do Recôncavo, outros fugitivos das missões, e não poucos egressos de aldeias ainda não reduzidas ou "descidas". Predominavam, por hipótese segura, os tupinambá, posto que prevaleciam na região, sendo possível admitir-se ali alguns de outras "castas e gerações" de tupi. Improvável, penso eu, que também abrigasse "tapuias" (nome pelo qual os tupi chamavam os "outros" índios, deles distintos pela língua e costumes), a exemplo dos aimorés. Improvável, disse eu, porque os aimorés não falavam a "língua geral", nem possuíam as mesmas crenças e costumes dos tupi; mas não impossível, já que a documentação menciona, entre os membros da santidade, até "negros da Guiné", não obstante tal registro seja raro.

Seja como for, a quase totalidade dos depoimentos indica que o "ajuntamento" era muito eclético em sua composição, reunindo índios "cristãos e pagãos", "cativos e forros", sem falar nos poucos africanos já mencionados. Organizada em Palmeiras Compridas, a santidade passou a funcionar indubitavelmente como refúgio para os índios escravizados ou aldeados de várias partes da Bahia, além de estimular a formação de núcleos secundários em vários engenhos do Recôncavo.

Inúmeros depoimentos aludem às fugas e revoltas incitadas pela santidade na Bahia inteira, a começar pelo que escreveu Manuel Teles Barreto, governador do Brasil entre 1583 e 1587. A "nova abusão a que (se) pôs nome santidade" — ajuizava o governador — "foi a causa de por esta terra haver muita alteração, fugindo para ela os mais índios assim forros como cativos, pondo fogo às fazendas...". Teles Barreto não exagerava: os índios haviam incendiado a fazenda do conde de Linhares, matando colonos, a fazenda de Garcia d'Ávila, grande potentado da capitania, e o aldeamento jesuítico de Santo Antônio, "aonde trataram mal os padres", para citar as revoltas mais afamadas. "Tudo nascia desta abusão a que chamavam santidade que estava no sertão" — asseverou Teles Barreto —, razão pela qual julgava necessário "arrancar esta raiz de que os ramos arrebentavam, (e) para onde fugiam todos estes índios...".[5]

Nas afirmações do governador ecoavam, de fato, os clamores do "povo da Bahia" — e não só o miúdo, também ele apavorado diante das sedições e incêndios, mas sobretudo os senhores de escravos e os jesuítas — que pelo menos neste clamor se irmanavam, unidos pelo medo e pela ameaça de ruína. Verdadeiro emblema da fúria senhorial contra a santidade encontra-se no depoimento de Álvaro Rodrigues, senhor de engenho da Cachoeira, filho mameluco de um português importante e rico. Após mencionar os incêndios, saques e mortes que os "seguidores da dita abusão" estavam perpetrando na Bahia, levantou a hipótese apavorante de que a santidade preparava "um motim e alevantamento geral contra os brancos", a fim de "destruí-los a todos", como estavam fazendo.[6]

Bahia, anos 1580: tempo de levante indígena, incêndios e saques, descontado o exagero fóbico de Álvaro Rodrigues. Mas, a bem da verdade, o fim do século XVI parecia indicar o clímax das hostilidades recíprocas entre portugueses e ameríndios na Bahia. Na mesma época em que a santidade promovia as citadas revoltas no Recôncavo, os portugueses experimentavam reveses dramáticos em suas "conquistas do sertão", a exemplo da malsinada expedição enviada por Teles Barreto a Cerezipe, futuro Sergipe d'El Rei. Comandada por Garcia d'Ávila, 150 soldados, brancos e mamelucos, e trezentos "flecheiros" acabariam trucidados pelos guerreiros de Baepeba (caeté, do grupo tupi) aliados aos franceses. A resposta portuguesa haveria de ser atroz, embora custosa: 150 soldados e 3 mil flecheiros, comandados por Cristóvão de Barros, responsáveis pela chacina de mais de 6 mil índios e pela escravização, em "guerra justa", de outros 4 mil.[7]

Foi no calor desses acontecimentos — dos quais dei apenas um exemplo — que ocorreram as diversas rebeliões da santidade, ou a ela atribuídas, bem como as pressões senhoriais sobre o governador para que montasse uma expedição contra a "abusão" do gentio. Teles Barreto aquiesceu, nomeando como chefes o citado Álvaro Rodrigues e seu irmão, Rodrigues Martins, homens que haviam participado da então recente campanha do Sergipe.

Foi essa a expedição oficial, a ordenada pelo governador para destruir a santidade no sertão de Jaguaripe, possivelmente nos inícios de 1585. Mas na mesma altura, talvez lhe antecedendo em dias, partira para o sertão de Jaguaripe uma outra expedição, composta de algumas dezenas de homens, sem contar os flecheiros, liderados por um tal Domingos Fernandes Nobre, de alcunha Tomacaúna, mameluco corpulento, experimentado nas lides de sertanista e preador de índios, homem de confiança do poderoso senhor de Jaguaripe, Fernão Cabral.

Dos objetivos da expedição de Tomacaúna muito se disse ao visitador do Santo Ofício, anos depois do episódio, não faltando versões desencontradas e tentativas de dissimulação de culpas. Evitarei, no momento, examinar o desencontro de versões, pois, sendo matéria inquisitorial, deixarei para tratá-la na seção correspondente. Basta dizer, por ora, baseando-me na leitura de todos os processos, denúncias e confissões (além da correspondência da governança), que a expedição de Tomacaúna fora mesmo enviada por Fernão Cabral, e não para destruí-la ali mesmo, como a de Álvaro Rodrigues, senão para atraí-la para o engenho de Jaguaripe.

Duas expedições, portanto, foram enviadas ao mesmo tempo em busca da santidade. A oficial, ordenada pelo governador, fora montada para destruí-la; e a particular, concebida por Fernão Cabral, visava trazê-la pacificamente para o litoral e precisamente para os seus domínios. Faltou pouco, aliás, para que as duas expedições se encontrassem e travassem guerra, pois há registro de que, a certa altura, Álvaro Rodrigues partiu no encalço de Tomacaúna para destruí-lo, sabedor dos objetivos que o animavam; sabedor, também, de que o mameluco de Fernão Cabral finalmente encontrara o "gentio da santidade".

Álvaro Rodrigues fracassou, no entanto, seja na perseguição que moveu a Tomacaúna, seja na tentativa de desfazer a Santidade de Jaguaripe. Em primeiro lugar porque Tomacaúna logrou fugir, especialista que era no caminhar pelos matos, afastando-se "sertão adentro mais de cinqüenta léguas". Contribuiu para tanto o aviso que Fernão Cabral mandou dar a Tomacaúna de que a expedição de Álvaro Rodrigues estava no seu rastro. Em segundo lugar, a expedição oficial fracassou porque o próprio Teles Barreto mandou "correios" com ordens expressas para que Álvaro Rodrigues retornasse do sertão, suspendendo a operação de caça, quer à santidade, quer a Tomacaúna.[8]

A mudança de posição de Teles Barreto, governador muitíssimo vacilante e sensível às pressões dos principais da terra, resultou de gestões que junto a ele fez o próprio Fernão Cabral. Com rara habilidade, parece ter convencido o governador de que o melhor era atrair a seita para o litoral, incluindo os "maiorais da abusão", para depois destruí-la de vez, assegurando-lhe que Tomacaúna estava obtendo êxito em sua missão. Convenceu-o, também, de que se Álvaro Rodrigues prosseguisse na ofensiva, seu plano de atrair a seita fracassaria por completo, além do que a vida de seus homens correria perigo.

Não sei se por fraqueza e vacilação ou por julgar mais eficiente o plano de Fernão Cabral — homem que também prestara serviços militares à governança —, o fato é que Teles Barreto suspendeu a operação oficial. Nem por isso, vale dizer, Álvaro Rodrigues deixou de promover carnificinas no sertão, logrando atingir núcleos secundários da santidade. Seu depoimento é, neste ponto, eloqüente, ao mencionar que achara "muitos ajuntamentos da dita abusão", desbaratando-os, prendendo-os e os matando, enfim, "à força d'armas". Menciona que vários "feiticeiros de abusão" ousaram desafiá-lo na operação, dizendo que "haviam de voar para o Céu, e que não tinham medo das espadas, nem dos grilhões, que o ferro havia de se converter em cera", e não lhes faria mal. Álvaro Rodrigues não se fez de rogado: mandou degolá-los a todos ("que lhe parece foram 23"), e fê-lo para mostrar aos brasis que aqueles feiticeiros nada podiam, porque sua pregação era falsa.[9] O núcleo da santidade, porém, conseguiu escapar desse mórbido espetáculo de degolas em série.

Quanto à expedição de Tomacaúna, logrou êxito quase total. Não só porque escapou do rival Álvaro Rodrigues, mas sobretudo porque de fato alcançou o núcleo da santidade. Os inúmeros depoimentos que sobre isto há na Visitação são contraditórios, por vezes confusos — o que se explica pelo fato de terem sido feitos pelo próprio Tomacaúna e seus expedicionários na mesa inquisitorial; e sob a forte suspeita de que todos haviam aderido à santidade. Não é de estranhar, assim, a profusão de relatos disparatados, empenhados em minorar, aqui e ali, as suspeições do Santo Ofício.

Analisando detidamente o conjunto dos depoimentos, deparo-me com duas versões possíveis do encontro de Tomacaúna com a seita ameríndia. Na primeira, que julgo mais plausível, o encontro da seita teria ocorrido em duas etapas: inicialmente com um grupo de sectários aparentemente chefiado por uma caraíba — enviados todos pelo mameluco ao engenho de Fernão Cabral — e posteriormente, aí sim, com o caraíba-mor da santidade. Na segunda versão, de que tenho menos evidência nas fontes, se trataria de um só encontro, de que resultaria a citada migração de parte da seita para o engenho de Jaguaripe, exclusive o caraíba Antônio, que "fugira no meio do caminho".

A diferença entre as duas versões talvez seja mera questão de detalhe — uma ou duas etapas no encontro da expedição com o núcleo da santidade —, porque no essencial os fatos são os mesmos: deslocamento de parte da seita para o engenho e recusa do caraíba principal em seguir com o grupo, seja por prudência, seja por medo.

Inúmeros relatos[10] fornecem detalhes sobre o grupo enviado por Tomacaúna para o litoral, talvez antes, repito, de encontrar o caraíba-mor da seita — argumento porventura utilizado por Fernão Cabral para convencer o governador de que seu plano estava funcionando, sendo conveniente suspender a expedição de Álvaro Rodrigues. O grupo incluía membros destacados do "clero" da santidade, entre os quais uma caraíba, rara profetisa tupi a quem chamavam de Santa Maria ou Mãe de Deus. Tomacaúna estimou o grupo em cerca de sessenta pessoas (havendo, porém, quem fale em setenta, oitenta e até duzentos índios), alguns dos quais carregavam um ídolo de pedra que o mameluco reverenciou, ou simulou reverenciar, de modo a convencê-los de seu intento. Convencidos os índios — e Tomacaúna dominava com exímia competência a "língua geral" —, o mameluco fê-los seguir para a fazenda de Jaguaripe, inclusive o ídolo, escoltados por alguns expedicionários, entre os quais Domingos Camacho, feitor de Fernão Cabral, e outros mamelucos que serviam no seu engenho.

Do encontro com Antônio tem-se, igualmente, inúmeros depoimentos, mas nenhum deles é comparável, na riqueza de detalhes, ao próprio Tomacaúna na mesa inquisitorial. Segundo o mameluco, após despachar o grupo de sessenta índios para Jaguaripe, a expedição seguiu no encalço do caraíba principal. E, chegando em certo "passo de Palmeiras Compridas", recebeu o aviso de emissários de Antônio para que dali não passasse, "sob pena de obediência", pois logo o caraíba viria encontrá-lo. Tomacaúna não hesitou em obedecer e aguardar, tomando o cuidado de enviar pelos emissários de Antônio algumas roupas à guisa de presentes. Não tardou muito para que o líder da santidade aparecesse...

Antônio surgiu à frente de um grupo numeroso de homens, não sei se a pé ou carregado em rede ou tipóia, a exemplo de outros caraíbas tupi. Também não vinha nu, mas vestido com as roupas que lhe enviara Tomacaúna: "calções de raxa preta" (calça comprida e larga de pano grosso de baixa estofa); uma "roupeta verde", espécie de túnica; um "barrete vermelho na cabeça" e um traçado na mão, isto é, uma espada curta, curva e larga. Antônio vinha, pois, paramentado com vestes coloridas e armado, embora tenha sido o mameluco a lhe dar tudo isso, inclusive a espada. Atrás do caraíba alinhavam-se os homens, em fileiras de três em três, e por fim as mulheres e crianças, as quais andavam com as "mãos alevantadas" — separação de sexos e idades que Léry observara na cerimônia tupinambá do Rio de Janeiro. No préstito do caraíba, observou Tomacaúna, vinham todos fazendo "meneios com os pés, mãos e pescoços" e recitando coisas em sua língua. Bailavam, portanto, e entoavam seus cânticos cerimoniais.

Ao avistar o caraíba, Tomacaúna caiu de joelhos, assim como vários dos que acompanhavam o mameluco, procurando expressar a adoração que devotava àquele índio, chegando mesmo a se prostrar a seus pés como se fosse beijá-los. Diante disso o caraíba chorou — informam vários depoimentos — e balbuciou algumas frases, praticando a tradicional "saudação lacrimosa" dos tupi, manifestação de cortesia indicando que o visitante ou estrangeiro era "bem-vindo e estimado, pois passara tantas canseiras para vir visitá-los".[11]

Terminada a apresentação e saudações recíprocas, Tomacaúna e os seus aderiram à seita, saltaram, festejaram, bailaram, beberam cauim, cantaram, fumaram. Não lhes deve ter sido difícil tanger à moda dos brasis sendo quase todos mamelucos e sertanistas, a maioria dos quais afeitos aos costumes dos índios.

Tomacaúna permaneceu com a santidade no sertão, do mesmo modo que boa parte de seus companheiros. Por vários meses tentou convencer o caraíba-mor a ir com o restante da seita para as terras de Fernão Cabral. Tudo indica que não conseguiu seu intento, ou, se o fez, não deu resultado, pois há relatos de que Antônio "fugira no meio do caminho".

O certo é que Antônio jamais pisou nas terras de Fernão Cabral. Preferiu esconder-se no sertão para aguardar o destino do grupo que o precedera na migração para Jaguaripe. Quem sabe esperava o momento propício para assumir a chefia de sua "igreja" nas bandas do mar — antigo sonho tupi que o colonialismo estava desfazendo —, avaliando a promessa que lhe fizera Tomacaúna de que na fazenda de Fernão Cabral todos gozariam de ampla liberdade de culto e fartura de víveres.

Somente parte da seita rumou para a fazenda de Jaguaripe; sessenta índios, talvez mais de cem. Partiram, por suposto, em busca da Terra sem Mal, confirmando as tradições e migrações passadas. Partiram liderados por uma caraíba... A santidade ingressaria, então, na fase decisiva e derradeira de sua história.

COOPTAÇÃO DA SANTIDADE

Esta segunda fase da santidade ameríndia tem por protagonista, queira-se ou não, a figura de Fernão Cabral de Taíde, senhor de Jaguaripe, homem que, de certo modo, teve êxito em atrair a seita para os seus domínios. Por que o fez? Com que motivações atraiu para suas terras uma seita ameríndia que provocava revoltas em toda a Bahia?

Entra-se aqui na delicada questão das motivações que animaram Fernão Cabral a introduzir uma "abusão gentílica" em terra cristã. O principal argumento que utilizara junto ao governador para fazê-lo suspender a expedição de Álvaro Rodrigues em favor da sua, confiada a Tomacaúna, assentava numa estratégia militar. Melhor e mais seguro seria reunir a seita inteira no litoral, incluindo sua cúpula, do que sair desbravando os matos à cata dela. Fernão Cabral insistiria nisso anos depois, quando teve que responder pelos seus atos na mesa do Santo Ofício.

Não resta dúvida de que a lógica militar de Fernão Cabral possuía algo de razoável, e ele já havia dado mostras de competência neste campo no próprio governo de Teles Barreto. Pelo menos o governador parece ter confiado em sua estratégia, num primeiro momento, se é que não se deixou levar pelas pressões do senhor de Jaguaripe. No entanto, os acontecimentos posteriores fizeram cair por terra o argumento militar de nosso personagem. Fernão Cabral jamais destruiu a santidade e, pelo contrário, protegeu-a em suas terras durante meses. Não tardou muito para que o próprio Teles Barreto percebesse o logro do ânimo militar de Fernão Cabral e fosse novamente pressionado a tomar providências. Também a população da Bahia, homens bons ou gente rústica, logo perceberia que Fernão Cabral tinha outras intenções com a santidade que não a sua destruição. Não haveria de ser o Santo Ofício a crer, enfim, na sua fantástica intenção belicosa contra uma seita indígena que ele jamais ofendeu. A indagação inicial continua de pé: por que Fernão Cabral atraiu e protegeu a santidade?

Para decifrar semelhante enigma, ou pelo menos esboçar algumas hipóteses, é indispensável conhecer um pouco da biografia de nosso personagem. Fernão Cabral era cristão-velho que devia ter perto de 44 anos, em 1585, pois contava cinqüenta no tempo da Visitação. Casado com d. Margarida da Costa, cristã-velha de Moura, no Reino, com quem teve vários filhos. Em 1592 possuía já sete: Manoel Costa, que andava pelo Algarve; d. Beatriz, casada com o desembargador Ambrósio Peixoto de Carvalho, em Salvador; Diogo Fernandes Cabral, moço solteiro; d. Ana, donzelinha de onze anos; d. Francisca, menina de nove; Bernardo Cabral e Nuno Fernandes Cabral, "meninos de pouca idade", pouco mais que crianças de colo.[12]

Fernão Cabral era português, natural de Silves, no Algarve, cidade de ilustre memória no Reino, tomada aos mouros no século

XI, e dotada de privilégios iguais aos de Lisboa por d. Afonso III, no século XIII. Silves chegou mesmo a despontar como capital do Algarve e sede do episcopado durante séculos, até ser suplantada por Faro, em 1577. A Silves em que nascera Fernão Cabral deslizava, assim, para um plano secundário na geografia política e econômica do Algarve, eclipsada por cidades mais engajadas na expansão marítima portuguesa.[13]

Mas não só do prestígio de Silves, outrora glorioso, se nutria a forte personalidade que parecia ter Fernão Cabral — homem de fartos bigodes e barba, hábito comum aos europeus daquele tempo. Em sua "Crônica de Ilhéus", João da Silva Campos afirmou que Fernão descendia de Pedro Álvares Cabral, o célebre descobridor de 1500, embora não indique a procedência da informação. José Calasans admite, no entanto, que diversos indícios sustentam a hipótese deste ilustre parentesco. O pai de Fernão Cabral de Taíde chamava-se Diogo Fernandes Cabral, mesmo nome de um dos irmãos de Pedro Álvares, que havia sido prior dos povos e deão da capela de d. Manuel, o Venturoso. O próprio nome Fernão Cabral aparece com notável constância na família do descobridor do Brasil: seu avô paterno chamava-se Fernando Álvares Cabral, e seu pai Fernão Cabral. Enfim, há prova documental de que Pedro Álvares Cabral possuía parentes no Brasil: Branca Cabral, sua bisneta, casada em São Paulo com Simão da Costa.[14]

No caso de Fernão Cabral de Taíde — e seria importante verificar este último sobrenome para esclarecer de vez a questão —, nada de concreto permite sustentar aquela histórica ascendência, restando a remota hipótese de uma bastardia. Não resta dúvida, porém, de que o Fernão Cabral de Jaguaripe era homem nobre. Assim o viam e dele diziam os contemporâneos: fidalgo, "homem de boa geração", "de foro nobre". O próprio Santo Ofício reconheceria essa condição na lavratura de sua sentença.

Fidalgo, nobre, Fernão Cabral era também considerado homem sisudo, isto é, indivíduo que tinha juízo, de "bom entendimento", "discreto" — o que significa que não era louco, pois disso tratou de averiguar o Santo Ofício na inquirição das testemunhas. E houve mesmo quem considerasse Fernão um homem caridoso, um "esmoler" — elogio raro de se ver nos depoimentos sobre a pessoa de Fernão Cabral.

Além de nobre e sisudo, Fernão Cabral era poderosíssimo e muito rico. A imensa maioria dos depoentes destaca sua riqueza, sendo recorrente a informação de que sua fortuna beirava os 20 mil cruzados, quantia suficiente para adquirir em torno de quatrocentos escravos da Guiné, segundo a cotação média do século XVI.[15] Considerado homem "dos principais da terra", Fernão Cabral não possuía, no entanto, quatrocentos negros da Guiné, concentrando a maior parte de seus recursos na fazenda e no seu engenho de açúcar, em que trabalhavam majoritariamente escravos índios e forros, muitos deles seqüestrados das aldeias jesuíticas, conforme o padrão baiano da época.

Do engenho de Fernão Cabral, a melhor informação é de Gabriel Soares, que, descrevendo as riquezas da Bahia em 1587, forneceu a localização exata da propriedade:

[...] Navegava-se (o rio Jaguaripe) até a cachoeira que está cinco léguas da borda [...]. Junto da cachoeira, virando sobre a mão direita, para baixo, está um engenho de água de Fernão Cabral de Taíde.[16]

Tratava-se, pois, de um engenho hidráulico, e não de um simples trapiche, indústria das mais caras à época, o que bem atesta o poderio econômico de nosso fidalgo. "Obra mui formosa" — elogiou Gabriel Soares o dito engenho — "ornada de nobres edifícios e casas de vivenda e de outras oficinas, e de uma igreja de São Bento, mui bem acabada, o qual engenho está feito nas terras d'el rei que estão livres de todo foro que costumam pôr os capitães." Engenho caro, terras isentas de foro, oficinas e vivendas, a fortuna de Fernão Cabral não era nada desprezível, sem falar nos lavradores que viviam "desse engenho para baixo". Lavradores de roças e de canaviais, os quais, livres ou obrigados, deviam enviar sua cana para as moendas de Fernão.

Fernão Cabral era, pois, um modelo de senhor de engenho poderoso, pertencente à minoria dos grandes potentados quinhentistas. O número de escravos que possuía não me foi possível aquilatar, mas devia ultrapassar a casa dos cem, para dizer o mínimo. Apóio-me, nessa conjectura, nas dezenas de escravos citados na documentação inquisitorial, alguns inclusive pelo nome — fato raro nos papéis do Santo Oficio. Apóio-me, igualmente, no sem-número de criados, feitores e homens de armas — Tomacaúna à frente — que o serviam em Jaguaripe, sem falar na envergadura de sua propriedade. Alguns autores coloniais, a exemplo de frei Vicente, confirmam enfim a impressão que me sugerem as fontes: Fernão Cabral possuía "muitos escravos" e tinha "aldeias de índios forros".[17]

Fidalgo por nascimento, rico em bens materiais, Fernão Cabral devia ser portador daquele sentimento de superioridade que os senhores de engenho costumavam extravasar e ostentar, rodeados de escravos, serviçais e toda uma *entourage* de criados e dependentes que a eles rendiam homenagem. "O ser senhor de engenho é título a que muitos aspiram" — escreveria Antonil no século seguinte — "porque traz consigo o ser servido [...]."[18] Verdadeiros "reis" em seus domínios particulares, assim se julgavam os grandes senhores da Colônia, indiferentes a qualquer lei, exceto a própria vontade, arrogantes no privatismo que lhes atribuiu Gilberto Freyre.[19] A postura de nosso Fernão Cabral parece ser, também nesse domínio, verdadeiramente modelar.

Poderoso e rico nas bandas de Jaguaripe, Fernão Cabral não chegou a exercer, até onde sei, qualquer cargo na administração colonial, embora fosse ligado por laços de família a homens de poder. Sua filha d. Beatriz era casada, convém lembrar, com o desembargador Ambrósio Peixoto de Carvalho. Além disso, Fernão Cabral era muito próximo do governador Teles Barreto, como já observei antes. Prestara valiosos serviços militares, à própria custa, na gestão daquele governador, mormente em campanhas contra índios, assunto que interessava de perto nossos governadores gerais.

Das campanhas movidas por Teles Barreto, já mencionei as expedições enviadas ao Sergipe — a desastrada, de Garcia d'Ávila, e a vitoriosa, de Cristóvão de Barros. Foi também no seu governo que ocorreu a conquista da Paraíba em prejuízo dos mesmos índios caeté, destroçados em Sergipe. Notabilizou-se também Teles Barreto pela construção de fortalezas para a defesa da costa contra franceses e ingleses, a exemplo dos fortes de São Filipe, São Tiago e o de Nossa Senhora de Monte-Serrate.[20] O que talvez mais chamaria a atenção dos futuros historiadores para o governo de Teles Barreto seria, porém, a sua defesa dos interesses senhoriais contra a ganância dos mercadores — o que confirma plenamente a interpretação de Schwartz quanto à vulnerabilidade dos poderes colonialistas em face dos interesses senhoriais escravocratas.[21] Foi o que observou, no caso de Teles Barreto, o historiador baiano Luiz Henrique Dias Tavares ao comentar a intervenção de Teles Barreto "em favor dos lavradores de cana e produtores de açúcar" em débito para com os negociantes de Salvador, comissários dos mercadores lisboetas.[22] Confirma o que diz Tavares o nosso caro frei Vicente, que não nutria grande simpatia pelo sistema colonial.

Foi este governador mui amigo e favorável aos moradores para que os mercadores os não executassem nas fábricas de suas fazendas e, quando se lhe iam queixar disso, os despedia asperamente, dizendo que eles vinham a destruir a terra, levando dela em três ou quatro anos que cá estavam quanto podiam e os moradores eram os que a conservavam e acrescentavam com seu trabalho, e haviam conquistado à custa do seu sangue.[23]

Foi exatamente em matéria de conquista e sangue que Fernão Cabral auxiliou o governador, movendo guerra aos temidos aimorés ao lado de Diogo Correia de Sande e das companhias a soldo dos castelhanos Diogo e Lourenço de Miranda, além da guarda governamental. "Foram todos de Jaguaripe por terra ao Camanu e Tinharé" — relata uma vez mais frei Vicente — "e lhes armaram muitas ciladas, mas como nunca [os aimorés] saíam a campo a pelejar, senão à traição, escondidos pelos matos, mui poucos lhes mataram e eles flecharam também alguns dos nossos índios."[24]

O apoio de Fernão Cabral à campanha contra os "tapuias" aimorés e a lealdade do governador a Fernão nos episódios já relatados de caça à santidade no sertão, tudo isso me leva a crer que os dois eram muito próximos. Terei a oportunidade de demonstrar em definitivo essa cumplicidade entre Fernão Cabral e Teles Barreto no momento de analisar a desdita do senhor de Jaguaripe na mesa da Inquisição. Limito-me, por ora, a enunciá-la e exemplificá-la, lembrando que Teles Barreto não chegou a presenciar a Visitação de Heitor Furtado. Homem idoso e doente, nos dizeres de frei Vicente, viria a falecer em 1587, cinco anos depois de sua nomeação por elrei Filipe I, o primeiro Habsburgo de Portugal.

Amigo de Teles Barreto, Fernão Cabral era, como bom senhor de engenho, inimigo mortal dos jesuítas. Quem relata em detalhes os conflitos entre ele e os inacianos é nosso caro Anchieta, referindo-se a certo episódio ocorrido em 1571, tempo em que Fernão Cabral tinha apenas trinta anos. O futuro senhor de Jaguaripe simplesmente assaltara a aldeia e a igreja de São João, na Bahia, seqüestrando seis índios forros, "entre machos e fêmeas", embarcando-os para levá-los à sua fazenda. Alegou, para tanto, que os jesuítas haviam tomado uma índia de propriedade dele, recusando-se a devolvê-la por suspeitarem de que a escravidão era, no caso, injusta. O caso foi parar na justiça, e Fernão Cabral acabaria derrotado, lembrando-se que era Mem de Sá, amigo dos jesuítas, quem governava o Brasil naquele tempo. O episódio ilustra bem não só o desapreço de Fernão Cabral pelos jesuítas e sua missão, como a ambição desmedida dele. Sentindo-se lesado em uma escrava pelos padres, houve por bem ressarcir-se com seis forros. E mais significativo ainda é o que, segundo Anchieta, teria dito o jovem Fernão Cabral ao ser interpelado pela Justiça: afirmou "que não tinha ver com padres nem com governador, que maior era o seu poder que todas as justiças".[25]

Outro documento inédito que comprova a animosidade entre Fernão Cabral e os jesuítas é uma queixa que fizeram os padres ao rei, no século XVI, contra a ação de vários senhores do Recôncavo. Reclamavam os jesuítas da ação dos "capitães seculares" que, tratando os índios "não como filhos, senão como escravos", procuravam impedir os nativos de ingressar nos aldeamentos da Companhia. Mandavam espalhar que os jesuítas fariam deles escravos, e os enganavam, impedindo a "conversão de que os reis deste reino fizeram tanto caso". O documento menciona nominalmente Sebastião da Ponte, Diogo Correia de Sande, Gabriel Soares de Sousa, Cristóvão de Barros, João Batista, Antônio Ferras e nosso caro Fernão Cabral, dizendo que tais capitães tinham "mais olho no aumento de suas fazendas próprias" do que "na conservação das aldeias e índios".[26]

Fernão Cabral não era um caso isolado, como se vê, ao seqüestrar índios e atalhar o trabalho dos missionários, nisso agindo como a maioria dos senhores do seu tempo. Na Carta Ânua de 1584, Anchieta vociferava contra os portugueses que atraíam os índios, dizendo que fossem com eles para o mar, e que ali estariam "em sua terra". Desmanchavam as roças dos nativos e os "desciam" para logo os repartir entre si — e uns levavam as mulheres, outros os maridos, outros os filhos e os vendiam a seu bel-prazer. Anchieta contou que um desses senhores chegara mesmo a se disfarçar de padre com o fito de capturar índios, dizendo-lhes que os levaria para as missões, talvez porque tratasse com nativos que bem sabiam o que os aguardaria no litoral em mãos escravocratas.[27] Não me consta que tenha sido Fernão Cabral o senhor esperto que se fez passar por jesuíta para atrair os índios. Mas talvez não tenha sido muito diferente desse disfarce o seu gesto de atrair a Igreja da santidade para os domínios de Jaguaripe...

Prepotente, arrogante, ambicioso, não creio que exagero ao adjetivar desta maneira a Fernão Cabral de Taíde. Em matéria de religião católica, o mínimo que dele se pode dizer é que detestava padres, atitude nada incomum em senhores escravocratas da América portuguesa.[28] Zombava das missas e chegava mesmo a impedi-las em suas terras, o que fez confessadamente em certos domingos. Houve uma ocasião em que, debochando de seu capelão, Lucas de Figueiredo, e tolhendo-o no ofício da missa, disse que substituísse o vinho e a água por azeite e vinagre, pois tudo dava no mesmo. Dificultava, também, a aplicação dos sacramentos católicos em seus escravos, sobretudo a confissão, o casamento e até o batismo, razão pela qual muitos cativos seus "morreram pagãos", como ele mesmo admitiria adiante na mesa do Santo Ofício. E seu respeito pelos jesuítas e pela legislação régia em matéria indígena era, de fato, nenhum. Vendia e ferrava negros forros a seu bel-prazer, talante, arbitrário.[29]

Recompondo os fragmentos da biografia de Fernão Cabral, até onde me é possível fazê-lo, fica-me a clara impressão de que, excetuando-se o seu envolvimento com a santidade, sua vida nada apresenta de extraordinário. Reconstruindo sua face senhorial e escravocrata, tenho mesmo a impressão de já tê-lo estudado em *Ideologia e escravidão*, não como indivíduo, claro está, mas como membro de uma grei de senhores zelosa de seus privilégios particularistas, inimiga dos jesuítas, adversária do sentido missionário da colonização em favor do sentido mercantil, desde que sem impostos excessivos ou execução de dívidas, como bem lembrou frei Vicente.

Por outro lado, ao debruçar-me sobre a sua vida, digamos, afetiva — as aventuras amorosas e sexuais de Fernão —, reencontro-me com o universo de fornicação que tratei em *Trópico dos pecados*. E, novamente aqui, as atitudes de nosso personagem nada apresentam de excepcional. Aparecem narradas entre inúmeras outras de nossos colonos quinhentistas, seu apego ao sexo das índias, seu desprezo pela figura feminina, valores que vinham à tona em conversas masculinas, momentos em que homens de várias condições sociais falavam de suas aventuras, "tomados do vinho" ou sóbrios, discutindo em tom de galhofa e bazófia se lhes era lícito fornicar com mulheres solteiras ou públicas... Entra-se, aqui, no que Gilberto Freyre chamou de "domínio do erotismo grosso", "da opulência de palavrões e gestos obscenos",[30] matérias em que nossos colonos eram mestres. "Ninguém vai ao inferno por amor de mulheres", costumavam pensar nossos colonos, dizendo isso por meio de palavrões — palavras desonestas que o Santo Ofício, "por honestidade", evitava transcrever. "Fornicar, fornicar, que farte, [pois] que del Rei é a terra [e] que ninguém foi ao Inferno por fornicar...".[31]

Fernão Cabral era apenas um dentre a multidão de colonos que vivia à cata de mulheres, sobretudo de índias, para saciar seus desejos no mato, na beira do rio ou onde quer que fosse, para depois alardear suas proezas sexuais com vanglória de machos. No caso de Fernão Cabral, nenhuma mulher se podia sentir verdadeiramente a salvo de suas investidas, índias ou brancas, solteiras ou casadas, virgens ou já "levadas da honra". A todas procurava seduzir, quando não constranger, para o que fazia valer, além da conversa lasciva, a sua prepotência senhorial — e nem tanto sua fidalguia de foro nobre.

Assim ocorreu em certa ocasião, no ano de 1589, quando tentou seduzir a comadre Luísa de Almeida na capela do seu engenho, tencionando saciar-se ali mesmo, sem pedir licença a Deus. Luísa, que tinha então 26 anos, procurou dissuadi-lo alegando que, além de casada, ela era sua comadre, e a Igreja proibia cópulas entre parentes espirituais. Fernão não se fez de rogado, dizendo-lhe com deboche que tanto fazia "dormir carnalmente" com comadre ou qualquer mulher, e que o mais eram carantonhas, medos tolos, e "que com uma bochecha d'água se lavava tudo". Ainda assim Luísa resistiu, irritando Fernão, que de sedutor transformou-se no prepotente senhor escravocrata: que Luísa copulasse com ele ali mesmo, na igreja, pois do contrário faria amarrar seu marido numa árvore e dormiria com ela na frente dele. Disse-o aos berros, torcendo os bigodes, gritando que pelaria suas próprias barbas na forca se ele não cumprisse as ameaças que acabara de fazer...[32]

Se constrangia mulheres brancas, casadas e a ele unidas por compadrio, o que não faria Fernão Cabral com as índias? Os poucos dados de que disponho me parecem suficientes para responder a pergunta. O primeiro refere-se a episódio ocorrido no tempo em que a santidade se achava na fazenda de Jaguaripe, no qual Fernão Cabral agarrou uma "moça cristã de gentio da terra, virgem", e a possuiu pelo "vaso traseiro, consumando a cópula com poluição". Observe-se, em primeiro lugar, que a índia era "moça", palavra que na época significava rapariga de tenra idade, pouco mais que menina. Observe-se, em segundo lugar, que foi o próprio Fernão quem contou o fato ao visitador do Santo Ofício, que disso não foi acusado por ninguém, ocasião em que procurou se desculpar dizendo que "errara de vaso" ao ajuntar-se com a moça, residindo na sodomia a sua culpa. Caso só tivesse deflorado a menina, sem contudo sodomizá-la, sua consciência ficaria tranqüila...

O segundo episódio insere Fernão Cabral, plenamente, no universo misógino-racista do seu tempo. Refiro-me ao comentário que fez sobre seu vizinho Diogo Correia, o mesmo, creio eu, que o acompanhara na campanha contra os aimorés, em Ilhéus. Recordando as preferências sexuais do amigo, que gostava de dormir com índias, disse que o tal jamais iria ao inferno por semelhantes pecados, "pois nunca os fizera com mulheres brancas honradas, senão com negras..".[33] Negras da terra, índias: mulheres degradadas com as quais se podia copular à vontade, que Deus não se ofenderia por isso, eis o que pensavam Fernão Cabral e os lusitanos no trópico.

Uma última palavra sobre a vida amorosa de nosso personagem, esta sim alusiva a certa peculiaridade de Fernão. Refiro-me a seu hábito de dizer as palavras da consagração na boca das mulheres durante o ato sexual, *Hoc est enim corpus meum*, expressão por meio da qual a Igreja ritualizava a presença do corpo de Cristo na hóstia (aqui está o meu corpo).

Disse peculiaridade de Fernão porque, na verdade, este era um costume muito difundido entre as mulheres, sendo raro entre os homens, inscrito no universo mágico-erótico das "cartas de tocar", das beberagens afrodisíacas, das orações amatórias, das mezinhas e filtros que as mulheres soíam utilizar para arranjar ou amansar maridos. As palavras da Sacra possuíam exatamente, segundo se acreditava na época, este poder de "prender a criatura desejada", "fazê-la cumprir a vontade de quem as proferia" e, sobretudo, de evitar maus-tratos. Linguagem erótica predominantemente feminina, o uso daquelas palavras em atos sexuais era, porém, um código de domínio público, popular.[34] Fernão Cabral devia utilizá-lo para reforçar, magicamente, o seu ímpeto de sedutor, que parece ter sido freqüente, jamais para evitar maus-tratos femininos, que disso ele estava isento. Nosso personagem acreditava, portanto, em magias e encantamentos: magias ocidentais, vale dizer, e encantamentos proferidos em latim...

Não poderia concluir este perfil biográfico de Fernão Cabral, que julgo essencial para compreender o seu envolvimento com a santidade, sem mencionar o tratamento que dispensava aos escravos. As informações não são numerosas, mas creio que um só exemplo talvez seja suficiente para demonstrar a truculência de suas atitudes.

Refiro-me a certo episódio que causou escândalo na Bahia, ocorrido pouco antes de a santidade ingressar em sua fazenda: a execução sumária de uma escrava índia, de nome Isabel, que Fernão mandou lançar na fornalha de seu engenho. Em tempo de escravidão, violência e suplícios cotidianos, o gesto de Fernão Cabral parece ter ultrapassado todos os limites, a ponto de suscitar o rumor público e sentimentos coletivos de repulsa. Anos depois desse episódio, logo no início da Visitação à Bahia, várias pessoas foram a Heitor Furtado contar um fato que, a rigor, não era do foro inquisitorial, o que bem indica a forte impressão que deixou na memória dos contemporâneos.

Fernão Cabral mandou Isabel ao fogo por razão verdadeiramente pueril: a índia havia contado à esposa de Fernão, d. Margarida, "algo que dele sabia", possivelmente um mexerico sobre os "colóquios amorosos" em que Fernão era useiro. Irritado, deu ordens a seu feitor Domingos Camacho e ao negro guiné João, seu escravo, para que a queimassem viva, execução que até o Santo Ofício procurava evitar, garroteando antes os condenados. Os depoimentos sobre o caso são de causar horror: Isabel gritava, chamava por Deus, por Nossa Senhora, por todos os anjos e santos do paraíso, urrava para que lhe acudissem, tudo em vão. Fernão Cabral ameaçou jogar na fornalha qualquer um que ousasse acudi-la, chegando a destratar um homem que, estando presente, tentou salvá-la. Isabel, que começara a arder pedindo socorro a Deus, terminou chamando pelos "diabos do inferno".

Exageros à parte, pois muitos que relataram o caso não haviam presenciado a atrocidade, dando asas à imaginação, o suplício de Isabel foi mesmo terrificante, agravado pelo fato de estar a índia grávida. Todos são unânimes em dizê-lo, havendo mesmo quem contasse: "lançada no fogo [a índia] arrebentou pelas ilhargas e apareceu a criança".[35] Mais significativo do que a violência de Fernão Cabral em si mesma — se é que alguma coisa pode significar mais do que tamanha atrocidade — é o que o "rei" de Jaguaripe contou a Heitor Furtado na mesa inquisitorial, anos depois. Além de negar que tenha mandado lançá-la ao fogo, atribuindo o crime a subalternos, disse que somente ameaçara a índia de queimá-la para evitar que continuasse "comendo terra". Com rara habilidade e frieza, Fernão Cabral mencionara a geofagia suicida que vários índios costumavam praticar — costume relatado inclusive por Gabriel Soares —, com o fito de descaracterizar a prenhez da escrava supliciada.

Com o relato deste caso creio ser desnecessário indicar outros exemplos da violência do senhor de Jaguaripe no trato dos cativos. Fernão Cabral era especialmente cruel, não tenho dúvidas em afirmá-lo, tão cruel como muitos outros senhores ou a própria escravidão. A exemplo de Fernão Cabral, no mesmo século XVI um certo André Fernandes Margalho mandara "assar um negro em uma forja, que disso morreu".[36] Fernão Cabral e André Fernandes Margalho: ambos me lembram uma plêiade de senhores que conheço pelo nome, a exemplo de Francisco Serrão de Castro, escravocrata que matou quase vinte moleques (meninos negros) através de violências sodomíticas.[37] O assassinato da índia Isabel fez-me lembrar, sobretudo pelos requintes de crueldade e pela puerilidade da culpa da condenada, aquele que sem dúvida é o emblema dos senhores coloniais: Garcia d'Ávila Pereira de Aragão, descendente setecentista do grande clã luso-baiano, que mereceu de Luiz Mott um artigo de justo título: "Terror na Casa da Torre".[38]

Termino, com este relato, de traçar o perfil de Fernão Cabral de Taíde, retornando à questão inicialmente proposta acerca de suas motivações na cooptação da santidade. Na verdade, penso que jamais me afastei da questão proposta, apesar de me ter dispersado nas miudezas biográficas de Fernão.

A resposta exata à questão proposta, poderia sugeri-la logo de início, mencionando o que pensavam os contemporâneos sobre a proteção que Fernão Cabral passou a dispensar à santidade em suas terras. Fernão Cabral a atraíra, ao que muitos diziam, "para adquirir mais negros brasis", "em interesse de seu proveito temporal", "para enganar os ditos brasis em proveito próprio", para atrair cativos de outrem e forros dos jesuítas.[39] Jamais para destruí-la, como disse ao governador e ao visitador, e muito menos por acreditar no culto dos índios — gente que Fernão humilhava, desprezava, supliciava e perseguia. Mas devo dizer que o depoimento dos contemporâneos, muitas vezes eivado de ódio — sobretudo dos senhores que perderam cativos para Fernão Cabral —, não teria o mesmo peso explicativo sem a recuperação da biografia possível do senhor de Jaguaripe.

Como afirmei, a história da santidade nas terras de Jaguaripe passa necessariamente pela pessoa de Fernão Cabral de Taíde, senhor de escravos ambicioso, rico, violento e arrogante. Mais prepotente do que a maior parte dos senhores de seu tempo. Seu poder, dizia aos trinta anos, era maior do que todas as justiças. Não foi por acaso que, quinze anos depois, resolveu dominar o próprio governador para, em seguida, governar a caraíba tupi, trazendo para a terra cristã e escravista a santidade rebelde dos índios.

SANTIDADE PROTEGIDA E DESTRUÍDA

Os gestos de Fernão Cabral durante os meses em que parte da santidade permaneceu em suas terras bem poderiam sugerir, à primeira vista, que o senhor de escravos passou a crer nos caraíbas tupinambá. Não tivesse Fernão Cabral a biografia que esbocei anteriormente e se poderia aventar a hipótese de ele ter, de fato, aderido à seita, a exemplo do que fizeram outros colonos da Bahia.

Não é, certamente, essa hipótese da credulidade de Fernão Cabral a que vou defender nesta obra. Mas devo frisar que sua atitude de completa reverência, auxílio e proteção à seita inviabiliza por completo — como aliás perceberam os contemporâneos — o álibi que apresentou à Inquisição, em 1591, a saber: protegera e reverenciara a santidade fingidamente, objetivando ganhar tempo até que Tomacaúna trouxesse o resto da seita e a caraíba-mor para Jaguaripe, momento em que destroçaria de vez a "abusão".

Auxílio, reverência e proteção à santidade foi o que depreendi de inúmeros depoimentos compulsados, para não falar dos processos, incluindo os relatos do próprio Fernão Cabral e da sua esposa, d. Margarida da Costa,[40] que não esconderam de ninguém o tratamento que dispensavam aos sectários.

Fernão Cabral consentiu que os índios erigissem sua igreja a meia légua (ou cerca de três quilômetros) da casa-grande de Jaguaripe. Certamente era da sua propriedade a madeira utilizada para a feitura da cruz, do confessionário e outros adereços que compunham o instrumental litúrgico da seita. A manutenção do culto também foi de alçada de Fernão Cabral, "que amparava e mandava as cousas necessárias", a exemplo das velas que mantinham as "candeias acesas" dia e noite na igreja dos índios. Chegou a ponto de designar alguns de seus serviçais para ajudar os índios no que fosse necessário, a exemplo de seu criado Siqueira, a quem ordenava que fosse "espevitar as candeias do ídolo". Até mesmo os "paninhos velhos" que adornavam o ídolo foram presentes de Fernão Cabral para agradar os índios.

Se o amparo e o envio de "cousas necessárias" para os índios da santidade incluíam alimentação e sustento material regulares, eis algo que as fontes não esclarecem. Numerosos depoimentos sugerem, no entanto, que pelo menos a cúpula da seita era recebida na casa-grande de Jaguaripe. A própria d. Margarida da Costa admitiu ter agasalhado e dado farinha e peixe a duas índias e três índios, gente principal da santidade, em certa ocasião, sendo fama pública que Fernão Cabral "convidava, honrava e dava de comer aos maiorais da santidade em mesa levantada para os gentios" em sua casa.

Inúmeros depoimentos, incluindo o do próprio Fernão, indicam que o senhor de Jaguaripe e sua família não só procuravam dispensar o melhor tratamento possível aos sectários como davam mostras de respeitar os cultos da santidade. Fernão Cabral e diversos homens de sua confiança visitavam regularmente a igreja dos índios, tiravam o chapéu, reverenciavam o ídolo, ajoelhavam-se e faziam as cerimônias da santidade, algumas ao menos, segundo o próprio Fernão admitiu. D. Margarida da Costa permitiu, inclusive, que uma ou duas índias da casa-grande fossem ali rebatizadas, ao modo da seita, pela "gentia Mãe de Deus", mulher que parecia ser a dirigente das cerimônias indígenas na fazenda de Jaguaripe. Enfim, era grande a fama de Fernão Cabral fazer idolatria, que corria por Salvador e pela capitania "com grande escândalo, pasmo e mumuração de todos".[41]

Sendo o caso de alguns colonos, inclusive portugueses, solicitarem de Fernão Cabral permissão para visitar a igreja dos índios — e isto ocorreu diversas vezes —, ele os advertia de que, se lá fossem, jamais debochassem da cerimônia da santidade e procurassem dar mostras de credulidade: "[...] não rissem, nem fizessem escárnio, nem zombassem dos ditos gentios, nem [do] ídolo, e que o reverenciassem".[42] Assim advertiu Fernão Cabral a pelo menos cinco homens brancos que o procuraram para ver a igreja, frisando sempre que os índios deveriam acreditar na devoção sincera dos brancos ao culto do ídolo indígena.

É certo que, recebendo tamanhas demonstrações de apoio na fazenda de Jaguaripe, a santidade cresceu extraordinariamente em número de adeptos. Índios escravos de várias fazendas e engenhos do Recôncavo passaram a freqüentar a Santidade de Jaguaripe, alguns com a autorização de seus senhores, como no caso dos escravos de Ambrósio Peixoto, genro de Fernão Cabral, a maioria como fugitivos — índios que se revoltaram contra seus senhores ou contra os jesuítas e acabavam migrando para Jaguaripe. Não faltam notícias, ainda, sobre a adesão de negros da Guiné, mamelucos e até brancos que se converteram à santidade e praticaram suas cerimônias. A santidade se agigantava a olhos vistos no seu refúgio de Jaguaripe, incitando revoltas, incendiando a Bahia.

Aumentava a santidade e crescia também a mão-de-obra disponível na fazenda de Fernão Cabral. Já tive a oportunidade de assinalar a fama que disso correu na Bahia, sobretudo o clamor dos senhores lesados por Fernão Cabral. O senhor de Jaguaripe acobertava a santidade — diziam — "para adquirir mais escravos" ou "para seu proveito temporal". Cheguei mesmo a localizar nesta ambição desmedida de riqueza e poder a grande motivação de Fernão Cabral em atrair, sem destruir, a santidade para seu engenho. Devo dizer, no entanto, que pelo menos durante os meses em que a seita permaneceu na fazenda — algo em torno de três a seis meses, as informações variam — não encontrei notícia de que os índios da santidade trabalhassem para Fernão Cabral, pelo menos os que Tomacaúna lhe havia remetido do sertão junto com o ídolo.

É presumível que alguns estivessem prestando serviços na fazenda, sobretudo os escravos e forros que fugiam para Jaguaripe, mas as fontes são, nesse ponto, completamente silenciosas. Talvez Fernão Cabral procurasse ganhar tempo, protegendo e reverenciando a seita enquanto aguardava o regresso de Tomacaúna com o restante da santidade. E, como precisava obter a confiança dos índios recém-chegados, não lhe seria possível pô-los logo a trabalhar no eito e nas roças, submetendo-os ao cativeiro de que desejavam fugir. Seja como for, o que a documentação analisada sugere é não a exploração dos índios que aderiram à santidade, mas um frenesi religioso contínuo, candeias acesas dia e noite.

Fernão Cabral vivia, sem dúvida, uma situação de impasse, dilacerado entre a ambição de arregimentar cada vez mais índios para explorá-los e a necessidade de reverenciar a santidade. Vergar-se diante do ídolo, ajoelhar-se na igreja dos índios. Recorde-se, a propósito, a promessa que mandara levar ao caraíba-mor no sertão de "que ajuntaria a sua Igreja com a dos cristãos, e que daria lugar e terras onde largamente vivesse" junto com os seus e com plena liberdade de culto.[43]

Grave dilema o do senhor de Jaguaripe: manter acesa para os índios a ilusão de que sua fazenda era a "terra da imortalidade" tupi e, ao mesmo tempo, explorar o trabalho dos nativos. É possível que, caso o restante da santidade viesse a ter mesmo a seu engenho, Fernão Cabral, com o tempo, destruísse a seita e cativasse todos os índios: os seguidores da santidade, os escravos alheios, os forros das missões, todos os nativos, enfim, que se aglomeravam em Jaguaripe. O certo, porém, é que Fernão Cabral perdeu completamente o controle da situação: multiplicavam-se as fileiras de adeptos da santidade em seus domínios, e ele, em vez de explorá-los como supostamente desejava, só fazia adular o clero indígena e render culto ao seu ídolo. Não por acaso, há depoimentos de que o "gentio da seita" costumava chamá-lo de Tupã, o herói-trovão que, no mito tupi, avisara Tamandaré do dilúvio iminente, permitindo que o ancestral tupinambá se salvasse no alto da palmeira...

Se já não era fácil a sua situação no próprio engenho, obrigado a vergar-se diante dos que desejava como cativos, mais complicada ficariam as suas relações com Teles Barreto e os demais senhores da Bahia. A certa altura dos acontecimentos, o governador enviou o juiz Fernão Vaz, e mais dois escrivães do governo, para pressioná-lo a acabar com aquela "idolatria" que incendiava a capitania e sangrava os demais engenhos de sua preciosa mão-de-obra. Fernão Cabral os recebeu com aspereza: advertiu-os, como sempre, de que se fossem à igreja dos índios deveriam "reverenciar e adorar o ídolo", e finalmente os expulsou de Jaguaripe.

Manuel Teles Barreto acabaria por perder a paciência com as hesitações de Fernão Cabral. Pressionado pelos colonos da Bahia, instruiu a Bernaldim Ribeiro da Gram para que fosse ter com Fernão Cabral, e dele exigisse a destruição da santidade com a maior brevidade possível. Impossível esperar mais pelo retorno de Tomacaúna — escreveu o governador —, e que Fernão devolvesse logo a seus legítimos donos os escravos e forros que possuísse irregularmente em Jaguaripe. Os "clamores do povo" não permitiam mais delongas.

Teles Barreto instruiu em detalhe a Bernaldim Ribeiro, sem desconsiderar a hipótese de Fernão Cabral tentar impedi-lo de cumprir a missão oficial. O emissário do governo deveria, neste caso, pedir ajuda a Diogo Correia, antigo companheiro de Fernão na campanha de Ilhéus, e a Paulos d'Argollo, e que o fizesse "com muito segredo". Concluía o governador sua instrução recomendando a Bernaldim que jamais aceitasse protelações de Fernão Cabral ou vagas promessas de que ele próprio destruiria a abusão. Que se advertisse a Fernão Cabral que, em caso de resistência, a situação se agravaria mais, e dele seria pedido conta, por el-rei e pelo próprio governador, de "todos os insídios e alevantamentos e fugidas de negros forros e escravos" que estavam a se refugiar em Jaguaripe.[44]

As cautelas e suspeitas do governador Teles Barreto não eram infundadas. Fernão Cabral tentou mesmo dissuadir o emissário do governo de sua expedição repressiva — assim como dissuadira antes o próprio Teles Barreto de atacar a santidade no sertão. Preveniu Bernaldim Ribeiro de que, se fosse destruir a igreja da santidade, os índios o matariam, e negou gente para apoiá-lo no ataque. Tudo em vão. Bernaldim cercou a igreja, advertiu os índios de que era inútil resistir e, com efeito, destruiu o templo. Pôs-lhe fogo e confiscou os objetos de culto da seita, inclusive o ídolo. Emprazou, por fim, a Fernão Cabral para que, o mais rápido possível, levasse presos os índios e índias que se chamavam "santos", cabendo ao próprio Bernaldim Ribeiro conduzir para Salvador a escravaria alheia que se acantonara em Jaguaripe com o estímulo de seu poderoso senhor.

Fernão Cabral não teve como resistir desta vez. Assistiu, sabe-se lá de que modo, à destruição da santidade e de seu projeto megalômano de tornar-se o principal, se não o único, senhor de escravos da Bahia, dono de todos os índios, forros e guinés, governador de todos os mamelucos, verdadeiro rei da Bahia. Fernão Cabral urdira com método, não tenho dúvida, algum projeto desse tipo, ainda que para executá-lo fosse necessário ajoelhar-se diante dos índios e fazer-se passar por Tupã.

Derrotado em suas ambições, o fidalgo algarviense transformado em deus índio cuidaria de reconciliar-se com os potentados da Bahia. Do governador Teles Barreto conseguiu ao menos uma certidão que abonava a sua conduta, datada de 8 de agosto de 1586. Nela, Teles Barreto frisava os méritos de Fernão, que com grande denodo havia atraído a santidade do sertão, gastando "tudo à sua custa, sem da fazenda de sua majestade custar cousa alguma''.[45] Certidão abonadora, portanto, e francamente conciliatória, para dizer o mínimo, a confirmar a cumplicidade que sempre houve entre Teles Barreto e nosso personagem. Dela não constam, por conveniência, as sérias preocupações que assaltaram Teles Barreto quando delegou a Bernaldim Ribeiro a expedição repressiva, temeroso de que Fernão Cabral a impedisse...

Quanto aos demais senhores da Bahia, a tentativa conciliatória de Fernão Cabral não surtiria grande efeito. Nos papéis do Santo Ofício organizados cinco anos depois pelo visitador Heitor Furtado, percebe-se o velho clamor, quase em uníssono, dos potentados baianos contra a desmedida cobiça do senhor de Jaguaripe ''no tempo da santidade''.

No tocante aos índios, dos quais tratarei na parte seguinte deste livro, viram ruir num só momento, imóveis, sem esboçar reação alguma, o antigo sonho de encontrar a Terra sem Mal nas bandas do mar, sonho a que tinham renunciado ao se embrenhar nas matas com a chegada dos portugueses. Sonho que por vezes reabilitavam, ao ouvir colonos ardilosos lhes dizer que era no mar que ficava a terra do bem-viver. Na sua eterna luta contra a história, o mito sairia, uma vez mais, derrotado.

Parte 2
SANTIDADE
Morfologia da aculturação na situação colonial

4

CRENÇAS
O paraíso tupi e seu profeta

O índio cristianizado e transformado em um dos Reis Magos.
(Adoração dos Reis Magos.
Vasco Fernandes, século XVI.)

Crer é obedecer.
    Paul Veyne

TERRA SEM MAL, NOVA JERUSALÉM

A leitura de mais de uma centena de manuscritos inquisitoriais relativos à santidade, não obstante os limites e filtros desse tipo de documentação, permite captar, com alguma nitidez, as relações entre a mensagem da seita ameríndia e o tradicional profetismo tupi examinado anteriormente.

Aos olhos dos ameríndios, a santidade era, antes de tudo, uma cerimônia particular — *caraimonhaga* ou *acaraimonhang* —, na qual, por meio de bailes, transes, cânticos e ingestão de tabaco, os índios encenavam e vivenciavam o mais caro de seus mitos: a busca da Terra sem Mal. O rito do *caraimonhaga* e a peregrinação contínua que dela resultava permitiam aos tupi, liderados pelos caraíbas, sair do mundo dos homens e ingressar no mundo dos ancestraís; abandonar o tempo cotidiano e vivenciar o tempo eterno, o tempo dos deuses. O *caraimonhaga* tupi transformava, com efeito, os homens em deuses.

A Terra sem Mal que os tupi procuravam, encenavam e até vivenciavam nos ritos chamados de "santidade" pelos europeus exprimia, ao meu ver — e mais amplamente —, o que Mircea Eliade denominou de espaço e tempo sagrados do *homo religiosus* — o homem das "sociedades arcaicas". Espaço sagrado: o único concebido como verdadeiramente real, na medida em que encerra o "lugar de origem", a "morada dos deuses e heróis". Espaço sagrado, espaço cósmico: oposto a todo o resto, ao caos, à "extensão informe que o cerca". Tempo sagrado: tempo da origem e do fim, tempo que se renova eternamente, circularmente. Tempo sagrado: o tempo dos mitos cosmogônicos e escatológicos, tempo cíclico do "eterno retorno".[1]

Não resta dúvida de que as crenças veiculadas pela Santidade de Jaguaripe exprimiam o que Nóbrega, Léry e outros verificaram entre os tupi em meados do século XVI. A idéia da "santidade" significava para os índios a própria Terra sem Mal, e os cânticos que a celebravam, entremeados pela fala dos caraíbas, aludiam à "morada do pai grande", Monan ou Munhã, demiurgo que criara o fogo, o céu e a terra, destruindo-a depois por meio de um grande incêndio. Aludiam ao filho de Monan, ou seu duplo, Maire-Monan, Irin-Magé ou o nosso conhecido Sumé. Aludiam a Tupã, o herói-trovão que prenunciara o dilúvio, e aos gêmeos Tamandaré e Aricute, que a ele sobreviveram trepados nas árvores mais altas da Terra. Espaço e tempo sagrado, a Terra sem Mal narrada nos cânticos tupis exprimia o começo e o fim, que se sucediam a ponto de se converter em eternidade. O triunfo da santidade significava, assim, para os índios, o momento em que todos haveriam de "voar ao céu", a chegada ao lugar onde não faltariam "mantimentos ou víveres", "comeres e beberes": os frutos cresceriam sozinhos na terra, e as flechas caçariam por conta própria no mato; as velhas se tornariam moças e não haveria necessidade senão de bailar, cantar, festejar, beber e fumar.

Os depoimentos sobre a Santidade de Jaguaripe demonstram à exaustão a profunda identidade entre suas crenças básicas e aquelas veiculadas pelo profetismo indígena descrito por Nóbrega, Léry e outros. Não tenho dúvida em afirmar, em resumo, que santidade e Terra sem Mal eram praticamente sinônimos no universo cultural ameríndio ou, melhor dizendo, que o triunfo da santidade equivalia à descoberta da Terra sem Mal, tradicional obsessão dos tupi. A santidade era, pois, um mito, ou pelo menos ancorava-se no mito. Neste sentido — e somente nele — , desconhecia a história, radicando-se, imóvel, na tradição tupi e no passado pré-colonial.

Mas a Santidade de Jaguaripe, a exemplo de outras "santidades" menos conhecidas de que dei notícia, não limitava suas crenças à projeção de um lugar de juventude eterna, de "legumes abundantes" ou de bailes ininterruptos. A Santidade de Jaguaripe, se realmente desconheceu a história ao ancorar-se no mito, por outro lado recusou a história, insurgindo-se contra ela. Incorporou-a, enfim, para negá-la. O mito se fez história sem deixar de ser mito.

No plano das crenças, o que mais sobressai nos documentos sobre a referida santidade é a combinação entre os ingredientes da mitologia tupi e o sentido anticolonialista, antiescravista e anticristão que os caraíbas e sectários veiculavam em sua mensagem. A santidade, diziam, "vinha para emendar a lei dos cristãos", promover "um fogo novo", eliminar os brancos da face da Terra, fazer com que os escravos virassem "senhores de seus senhores". Incorporava-se a lei cristã para emendá-la; incorporava-se a escravidão para impô-la aos portugueses. O mito incorporava a história para negá-la e invertê-la.

O índio Silvestre, escravo de quarenta anos — e havia dezoito fora batizado pelos jesuítas —, aderiu como todos à Santidade de Jaguaripe. E, pregando à moda dos caraíbas, dizia que "era aquele o tempo em que tinham o seu Deus e os seus santos verdadeiros, e que eles índios haviam de ficar senhores dos brancos, e os brancos seus escravos".[2] A exemplo de Silvestre, que por dizer e fazer tais coisas acabaria açoitado e posto em grilhões pelo seu próprio senhor, diversos índios apregoariam o mesmo, fazendo da santidade uma idolatria antiescravista.

No plano das atitudes, a apologia da verdadeira santidade pelos índios não poupava a Igreja católica e os jesuítas. Os índios zombavam dos padres e dos sacramentos por eles ministrados, alardeando que a verdadeira fé era a sua, assim como deus era o seu ídolo, e santos os seus caraíbas. "Quando os brancos iam ouvir missa" — contou Álvaro Rodrigues — "eles [os índios] davam apupadas dizendo que os brancos andavam muito tempo errados naquela erronia de cristãos."[3] E certa "negra da terra", escrava de um ferreiro em Paripe, costumava zombar da hóstia consagrada e do próprio Deus cristão, "no tempo da santidade". Tomou de um papel, em certa ocasião, e, fazendo dele "uma figura redonda à feição de hóstia", pegou-a nas mãos, levantou-a como se fosse padre e disse: "Aquele era o deus dos brancos".[4]

Os adeptos da santidade escarneciam, pois, dos padres e do catolicismo, carnavalizando, como diria Bakhtin, as crenças e os ritos oficiais. Por outro lado, sem riso, nem escárnio, os pregadores da seita ameaçavam os índios que não cressem na santidade com as piores penas. Não com os suplícios do Inferno, que disso cuidavam de fazer os jesuítas, mas com algo que lhes parecia significativo: os que não aderissem à santidade se transformariam em paus, pedras, pássaros, peixes ou bichos do mato. Difícil compreender o rigor dessas penas que, à primeira vista, sugerem uma surpreendente desqualificação da natureza e do reino animal pelos tupi — o que não se confirma em outras fontes.

Pode-se, no entanto, extrair o sentido geral dessa metamorfose punitiva: os que não aderissem seriam excluídos do mundo dos homens e, por conseguinte, dos deuses, pois somente os membros da santidade poderiam aspirar, como heróis, à Terra sem Mal. Pode-se, ainda no plano geral, interpretar a metamorfose em pássaros, peixes ou "bichos do mato" como ameaça de transformar os índios traidores em "caça para ser comida" — lembrando-se que os tupi consideravam os animais caçados como inimigos tão reais e vingativos como os nativos contrários. Esta segunda interpretação, faço-a por analogia à penalidade que certos caraíbas reservaram aos portugueses, segundo a documentação inquisitorial. Diziam que, com o triunfo da santidade, "a gente branca" se converteria "em caça para eles comerem".[5]

Mas é perfeitamente possível, ou mesmo provável, que ao ameaçar os "índios traidores" com a metamorfose em pássaros, peixes ou bichos do mato, os sectários aludissem a animais específicos que eles repugnavam. Neste caso, ou os depoentes não souberam identificá-los, ou o visitador preferiu registrar a alimária em geral, já que ignorava por completo a natureza brasílica e os "costumes do gentio". O certo é que os tupi estigmatizavam certos animais — como a outros distinguiam. Entre os peixes, por exemplo, detestavam certa espécie de arraias, as quais não comiam de nenhuma maneira, pela mesma razão que não comiam tartarugas: "como este peixe caminha vagarosamente sob as águas", acreditavam que, se o comessem, ficariam lentos como ele, "tornando-se presa fácil do inimigo". Quanto aos bichos do mato, estigmatizavam os "veados ou corças", embora os caçassem. Cuidavam, no entanto, de cortar-lhes "as pernas e quartos traseiros", acreditando que, se os levassem "com todos os quatro membros, isto tiraria, deles e de seus filhos, a rapidez necessária para alcançar os inimigos em fuga". E também jamais comiam o quati, animal de corpo acinzentado, pêlo duro, cauda fina, malhado de branco e preto e com orelhas semelhantes às da raposa. Repugnava-lhes no quati o fato de o bicho viver "na beira dos regatos, alimentando-se dos restos dos animais mortos".[6]

Se os índios da santidade nomeavam esses ou outros bichos ao ameaçar os que não aderissem à seita com aquelas metamorfoses, eis algo que jamais se saberá ao certo. A comitiva inquisitorial não compreendeu o que porventura lhe foi dito pelos depoentes, e achou por bem registrar genericamente a ameaça que faziam os caraíbas aos demais índios. É o que inúmeras vezes ocorre com a documentação do Santo Ofício: fornece pistas valiosas — sobretudo quando os inquisidores ignoram a matéria —, mas, ao filtrar as informações, limita o historiador ao território das conjecturas.

Bichos e pássaros à parte, o que até aqui se expôs acerca das crenças da santidade confirma a transformação sofrida pelos mitos tupis sob o impacto do colonialismo, ao contrário do que sugeriram Hélène Clastrés e outros. Longe de permanecer intocado e de prosseguir estimulando migrações como se nada de novo tivesse ocorrido, o mito da Terra sem Mal adquiriu o nítido sentido de resistência cultural e social. Resistência capaz de identificar com clareza o inimigo dos índios, verdadeiros males que urgia extirpar: os portugueses, "a gente branca", o cativeiro, "a lei dos cristãos", a "Igreja dos padres".

A transformação dos mitos tupis seria, com efeito, ainda mais complexa. Além de adquirir esse novo sentido anticolonialista — e apesar de adquiri-lo —, a própria estrutura das crenças indígenas absorveria, paradoxalmente, ingredientes da cultura que os nativos almejavam destruir. Ingredientes do catolicismo, símbolos e nomes cristãos, liturgias católicas, nada disso faltaria à Santidade de Jaguaripe, como parece não ter faltado a outras santidades menos documentadas.

A própria idéia da Terra sem Mal embutida na profecia do triunfo da santidade assemelhava-se, em diversos relatos, ao modelo do paraíso celestial cristão. Os que aderissem à santidade, pregavam os índios, "iriam voar para o céu". A igreja dos índios — diziam — "era a verdadeira santidade para ir ao céu, porque a dos cristãos era falsa e não merecia que nela se acreditasse". "Bebamos o fumo" — exclamou certo mameluco da seita — "que este é o nosso Deus que vem do Paraíso."[7]

Seria decerto prudente rejeitar semelhantes analogias — ou mesmo homologias — entre santidade e Paraíso no universo religioso dos sectários, atribuindo-as à confusão das fontes, aos filtros dos depoentes, do visitador ou do notário inquisitorial. Mas isto seria desconhecer a complexidade do processo aculturador que se operava no Brasil quinhentista, especialmente no domínio da catequese, espaço onde diariamente se tecia menos a difusão da fé católica do que um amálgama cultural multifacetado. E convém não esquecer que boa parte dos índios da santidade, sobretudo seu "clero", havia passado pelas mãos dos jesuítas, adquirindo nas missões pelo menos alguns rudimentos do catolicismo, e de um catolicismo adaptado aos costumes locais.

Refiro-me, portanto, a um processo aculturador de mão dupla, e não à simples assimilação dos valores ocidentais pelos nativos, tendência que Nathan Wachtel atribuiu a situações de aculturação imposta.[8] No contexto da catequese, não resta dúvida de que os nativos assimilaram mensagens e símbolos religiosos cristãos, sobretudo por meio das imagens, mas é também certo que os jesuítas foram forçados a moldar sua doutrina e sacramentos conforme as tradições tupis. Recorde-se, por exemplo, a exortação de Nóbrega mencionada no capítulo 2: dizia aos índios que a "verdadeira santidade" era a dos padres, e não a dos caraíbas, e que o "verdadeiro pajéaçu" era o bispo da Bahia... Na batalha pelo monopólio da santidade, fundiam-se os sacerdotes, as crenças, os milenarismos.

Devo dizer, no entanto, que admitir essa possibilidade de uma fusão de crenças não implica sugerir, de nenhum modo, qualquer espécie de paralelismo cultural ou similitudes estruturais entre o universo religioso cristão e o tupi. Estou longe de sugerir, por exemplo, que os índios facilmente confundiram a sua Terra sem Mal com o similar paraíso celestial dos cristãos, que a isto se prestaria sem qualquer mediação.

As diferenças entre as culturas em jogo eram, de fato, abissais. No plano do espaço sagrado — que índios e cristãos possuíam respectivamente os seus —, basta dizer que a Terra sem Mal dos tupi era um *locus amoenus* que poderia ser atingido em vida, enquanto o paraíso celestial cristão era privilégio dos mortos — e de poucos eleitos. Diferença significativa, claro está, embora minorada por sensíveis proximidades: a Terra sem Mal a que se poderia atingir em vida era também a "morada dos ancestrais", dos parentes falecidos, dos bravos que, apesar de enterrados, não morriam jamais em espírito; o paraíso cristão a que os poucos eleitos poderiam chegar no *post-mortem* possuía uma réplica mundana: o paraíso terreal, a morada edênica de Adão e Eva que os cristãos procuraram obsessivamente no Oriente, na embocadura dos quatro grandes rios, e até na América.[9]

No tocante à noção de tempo sagrado, as diferenças não são menos eloquentes. Para os cristãos, herdeiros do judaísmo, "o tempo tem um começo e terá um fim. A idéia do tempo cíclico é ultrapassada. Jeová não se manifesta já no tempo cósmico (como os deuses das outras religiões), mas num tempo histórico, que é irreversível''.[10] Para os cristãos, o tempo sagrado é linear: da Criação ao Juízo Final. Para os tupi, como já disse, é a noção de tempo cíclico que prevalece: o fim do mundo preludia sempre um recomeço, a escatologia introduzindo a cosmogonia. As proximidades se localizam em algumas mediações temporais: no apocalipse parcial do dilúvio bíblico, do qual Noé teria sobrevivido, assimilável à inundação de que teriam escapado Tamandaré, pais dos tupinambá, e seu irmão gêmeo — e rival —, Aricute.

Foi, portanto, no plano informal e pragmático dos gestos e nos interstícios e mediações de cada universo de crenças que se foi operando a possível fusão católico-tupinambá de que a santidade ameríndia era portadora. Alguns depoentes afirmaram que os índios chamavam a igreja da santidade de ''Nova Jerusalém''. Jerusalém, centro do mundo no espaço sagrado dos cristãos, se tornaria, a confiar nesses relatos, o símbolo do ''fogo novo'' indígena. É realmente possível, ao meu ver, que alguns índios tenham pensado desse modo, sobretudo os que andaram pelas missões ouvindo os jesuítas falarem, na língua geral, da verdadeira Terra Santa, cidade sagrada da paixão e ressurreição de Cristo.

Comentando o ''recebimento do padre Marçal Beliarte'' na Bahia, Tereza Baumann comparou a encenação promovida por Anchieta para saudar o novo provincial, ''sumo pastor'', com a entrada messiânica do próprio Cristo em Jerusalém. Comparação apurada, devo dizer, pois Baumann demonstra a semelhança de estilo entre os ''recebimentos'' inacianos e as ''entradas'' européias, festas em que os reis eram assimilados à imagem de Cristo adentrando Jerusalém.[11] Por outro lado, diversos jesuítas, a exemplo de Cardim, exaltaram a celebração das festas da Ressurreição e de Ramos nas aldeias, lembrando que os índios a recebiam ''com grande alegria, aplauso e gosto particular''. Nóbrega, por sua vez, comentando a celebração da Semana Santa em aldeia de São Paulo, informa que ''fizemos a procissão de Ramos mui solene [...] e os índios, que da Paixão de Nosso Senhor Jesus Cristo já tinham alguma notícia, e movidos de grande compunção, se davam bofetadas mui asperamente derramando muitas lágrimas...''.[12]

Festa de Ramos na aldeia indígena: celebrava-se nela, como em todo o mundo católico, a entrada de Cristo em Jerusalém. Não seria de surpreender, portanto, que Nóbrega apregoasse, na Ressurreição ou na festa de Ramos, que a verdadeira "terra santa" era Jerusalém, e não aquela prometida pelos caraíbas. Afinal, não lhe custara nada dizer, noutra ocasião, que o bispo da Bahia era o pajé-açu... É presumível, portanto, que os catecúmenos da Companhia, transformados adiante em sectários da santidade, se apropriassem de Jerusalém para dar nome à sua igreja idolátrica. A batalha pelo monopólio da santidade não excluía, nem poderia fazê-lo, a disputa pelo espaço sagrado.

Seja como for, se o mito tupi logrou sobreviver ao colonialismo a ponto de se converter em sua antítese, impregnou-se vivamente do catolicismo que tanto repugnava aos índios, *malgré* a propaganda dos inacianos e também por causa dela. No domínio da morfologia religiosa, os nativos souberam integrar o que lhes convinha do "outro", chegando, no limite, a advogar como sua a "verdadeira Igreja" e a pretender "emendar a lei dos cristãos". No domínio da história enganaram-se definitivamente, sobretudo no caso Jaguaripe, ao acreditar que um senhor de engenho português lhes poderia abrir as portas da Terra sem Mal, erigindo uma Jerusalém tupi em fazenda escravocrata.

O CARAÍBA CATÓLICO E SUA CORTE CELESTE

Pouco se sabe da vida do índio Antônio, o grande profeta da santidade, cujo nome cristão adquirira na aldeia de Tinharé, litoral de Ilhéus, de onde fugira para o sertão. De como fugiu dos jesuítas para as matas de Jaguaripe, nada se conhece. De como iniciou suas pregações em Palmeiras Compridas, reunindo copioso número de seguidores, também sobre isto os documentos silenciam. As origens de Antônio e de sua santidade são como o mito: inacessíveis.

Seus primeiros passos como trânsfuga do aldeamento de Tinharé devem ter sido os mesmos dos caraíbas e pajés-açu de que falam os cronistas. Errantes, solitários, isolados, a peregrinar de aldeia em aldeia com sua mensagem guerreira e sua esperança na Terra sem Mal. Autêntico caraíba, o líder da santidade apregoava ser "deus e senhor do mundo", "deus que descera dos altos céus a este mundo e fizera todos os animais da Terra".[13] Era tido por deus e como tal reverenciado, assim disseram todos os mamelucos de Tomacaúna que com ele toparam em Palmeiras Compridas.

Dotado de poderes divinos, como os heróis da mitologia tupi, o caraíba-mor da santidade dizia ser capaz de metamorfosear os outros e a si mesmo, de transformar as velhas em moças, de fazer as plantas crescerem sozinhas. Ao reunir um número razoável de seguidores, Antônio passou, como todo grande caraíba, a deslocar-se em comitiva, na vanguarda de seu préstito, conforme o viu Tomacaúna ao encontrá-lo no sertão. Barrete vermelho, roupeta verde, calções pretos e traçado na mão, assim passou a se vestir o líder da santidade após o contato com os emissários de Fernão Cabral.

No seio da santidade já organizada, Antônio possuía mulher e filhos — é o que asseveram inúmeros depoimentos — , embora não fique claro quem era a sua mulher, dentre as "principais gentias da seita". Também neste ponto, o caraíba da santidade seguia de perto o modelo de conduta atribuído a tais pajés-açu, alguns dos quais ti-nham várias mulheres. E do mesmo modo que outros caraíbas, Antônio dizia descender dos deuses, dos heróis tupis, jamais de homens. É importante assinalar, a propósito, que os caraíbas diziam nascer só de mãe, não tendo pai — fórmula que significava, para os tupi, que tais homens não tinham parentesco (patrilinear entre os tupi), pairando acima das aldeias e de suas inimizades. Notável inversão das coisas, como bem observou Hélène Clastres, comentando o parentesco que os caraíbas diziam ter. Enquanto caraíbas míticos, admitiam ter pai, pois é de pai para filho que se sucedem os heróis na mitologia dos tupi; enquanto caraíbas terrestres, diziam ter somente mãe.

E nosso Antônio dizia mesmo ser deus, e ninguém menos do que Tamandaré, o ancestral dos tupinambá, o filho de Monan que escapara do dilúvio "metido no olho de uma palmeira" com sua mulher. Era Tamandaré que nele encarnava e por ele falava quando Antônio, em transe, anunciava o iminente triunfo da santidade.[14] Descendente dos deuses, e ele mesmo um homem-deus, Antônio Tamandaré ancorava seu discurso e legitimava o seu poder nas mais arraigadas tradições tupis: a mitologia heróica da criação do mundo e a busca da Terra sem Mal — o almejado refúgio eterno dos índios.

O caraíba fora, no entanto, catequizado pelos jesuítas. Seu próprio nome cristão era homenagem a um santo — hábito comum, aliás, nos batismos da velha cristandade. Recebera, portanto, o nome do célebre franciscano, santo Antônio de Lisboa (ou de Pádua), padroeiro de Portugal, afamado pregador que desafiara os hereges albigenses, patrono dos iletrados, achador de objetos perdidos...[15] O que teria ouvido nosso caraíba sobre santo Antônio de Lisboa no aldeamento jesuítico do Tinharé?

O certo é que Antônio fora educado pelos jesuítas. Não sei se desde "curumim" ou já adulto, aprendera com os padres alguma coisa sobre a vida de Cristo, sua entrada em Jerusalém, a existência do paraíso e do inferno, a criação do mundo, o dilúvio, o Juízo Final. Observara também a rotina dos sacramentos, o batismo, as confissões, bem como as orações "per contas"... Não é de admirar que a igreja da santidade viesse a ser chamada de Nova Jerusalém, e o próprio triunfo da seita fosse equiparado ao paraíso.

O caraíba da santidade, Antônio para os jesuítas, Tamandaré para os índios, dizia ter escapado do dilúvio como Noé, o patriarca bíblico, embora metido no alto da palmeira, conforme rezava o mito tupinambá. Absorveu alguns fragmentos dos sermões que ouvira em Tinharé para construir, enfim, uma identidade híbrida. Inúmeros depoimentos confirmam essa versão bíblico-tupinambá do dilúvio que o caraíba da santidade costumava apregoar. O próprio Fernão Cabral, que dele tinha boas informações, chegou a dizer que Antônio era por vezes chamado de Noé.[16] Dito pelo senhor de Jaguaripe, a informação é perfeitamente crível, pois Fernão Cabral sempre procurou descaracterizar o lado cristão da santidade em favor de sua face "gentílica", visando com isso minorar sua própria heresia diante do visitador.

O mais significativo, porém, é que o mesmo caraíba de tantas faces — Antônio, Noé, Tamandaré — dizia ser também o verdadeiro papa, chefe da verdadeira Igreja que levaria os índios para o céu. E por que Antônio não se intitularia de papa, se o próprio Manoel da Nóbrega dissera aos índios, décadas antes, que o bispo Sardinha era o verdadeiro caraíba? Por que não se veria como pontífice índio, se o próprio Anchieta saudaria o provincial Marçal Beliarte como "pai grande" em língua geral"?[17] A ambigüidade do caraíba, e da própria santidade que liderava, espelhava o hibridismo da catequese, e do seu método evangelizador, que traduzia o catolicismo para língua tupi e o moldava aos costumes nativos. Na "guerra de imagens"[18] e de palavras que se travou no Brasil quinhentista, santidade e idolatria se confundiram, o bispo tornou-se pajé-açu, e o caraíba virou papa...

E, do alto de seu pontificado em Palmeiras Compridas, Antônio Tamandaré nomeava bispos, vigários, sacristãos, presidia as grandes cerimônias de batismo, e dava nomes de santos a seus principais auxiliares. A documentação é rica na alusão a nomes de santos que o caraíba Antônio costumava atribuir: são Pedro, são Paulo, são Luís e outros que ouvira no aldeamento de Tinharé. Chamava alguns de Santinho ou Santíssimo, e as mulheres principais nomeava comumente de Santa Maria.

Há, com efeito, numerosíssimos depoimentos alusivos às índias Santa Maria na Santidade de Jaguaripe. Depoimentos que, infelizmente, são tão numerosos quanto obscuros. Alguns sugerem que Santa Maria era a "mulher do papa", e se dizia "mãe de todo o mundo" — a exemplo de Tomacaúna, que esteve com os índios no sertão. Outros depoimentos afirmam que "Santa Maria Mãe de Deus" era a mulher do índio Santinho ou Santíssimo — o segundo maioral da seita, homem que partira para Jaguaripe no grupo enviado por Tomacaúna. Fernão Cabral chegou a dizer que a índia Mãe de Deus tinha por marido o índio a que chamavam de "segundo papa" — depoimento que rivalizava com o de Tomacaúna, já que o senhor de Jaguaripe recebia o casal indígena em sua própria casa, e os conhecia bem.

Outro dado significativo, a corroborar o hibridismo cultural da santidade, é a informação de que o tal "segundo papa" ou Santinho possuía o nome indígena de Aricute, o irmão gêmeo de Tamandaré que também escapara do dilúvio metido no alto do genipapeiro, e não da palmeira. No mito eram irmãos rivais; na história, descartada a hipótese de que possuíam a mesma mulher, eram mesmo colaboradores e companheiros de seita.

Confusões à parte, lembro que a seita abrigava outras Marias Índias, embora menos afamadas que a chamada Mãe de Deus. É perfeitamente possível, além disso, que existissem duas índias com esse título: a mulher de Antônio e a do tal Santinho ou, na versão da mitologia heróica, as respectivas esposas de Tamandaré e Aricute que com eles escaparam do dilúvio trepados no alto das árvores. Mas este é um enigma que não tenho condições de resolver: os depoentes, alguns verdadeiramente confusos com a possível "aparição de Nossa Senhora entre os gentios", e todos com medo do visitador, forneceram dados contraditórios e incompletos.

O que mais importa, no meu entender, é destacar o prestígio da imagem de Santa Maria entre os índios, mormente porque foi a tal "Mãe de Deus" que passou a comandar a seita na fazenda de Fernão Cabral. Quanto a isso, não resta dúvida, as fontes são praticamente unânimes, sugerindo ter sido a igreja de Jaguaripe dirigida por uma caraíba.

A proeminência de uma caraíba em Jaguaripe não deixa de ser fato surpreendente, embora também não seja uma excepcionalidade do caso estudado. Alguns cronistas aludiram mesmo à existência de "feiticeiras" e "adivinhas" entre os tupinambá, para usar as expressões européias. É o caso de Hans Staden, que dedicou um capítulo de sua obra (uma página apenas) para tratar de como os índios tornavam as mulheres adivinhas. É o caso de Yves d'Evreux, que, mencionando uma velha tupinambá reputada bruxa no Maranhão, afirmou: "quando todos os feiticeiros já não sabiam o que fazer, então era ela convidada e trazida com segurança...".[19] As informações sobre caraíbas femininas não são todavia numerosas. Nos ritos das santidades ameríndias, inclusive os narrados na crônica quinhentista, as índias aparecem sobretudo como "possessas", a espumar pela boca convulsionadas pela pregação dos caraíbas homens. Não é surpreendente, afinal, que as mulheres caraíbas fossem raras entre os tupi: não havia qualquer figura feminina na mitologia heróica tupinambá, à exceção das esposas de Tamandaré e Aricute; os ancestrais eram todos homens, homens-deuses de uma cultura de linhagem patrilinear.

Tudo me parece indicar, portanto, que o crescente prestígio das mulheres na santidade ameríndia, especialmente o da Mãe de Deus em Jaguaripe, foi, uma vez mais, um legado dos jesuítas. É o que me sugere a leitura do instigante trabalho de Tereza Baumann, "A gesta de Anchieta", a começar pela informação de que os "recebimentos" à Virgem redigidos pelo jesuíta canarino eram "inteiramente compostos em língua geral". E neles, como no culto mariano difundido pela Contra-Reforma na própria Europa, celebrava-se a Virgem como a grande protetora dos homens, portadora da salvação eterna, rainha cuja imagem se associava "à regeneração física e espiritual" de seus adoradores.[20]

Alfredo Bosi percebeu, com brilho, que "a transposição para o Novo Mundo de padrões de comportamento e linguagem deu resultados díspares. À primeira vista, a cultura letrada parece repetir, sem alternativa, o modelo europeu; mas, posta em situação (colonial), em face do índio, ela é estimulada, para não dizer constrangida, a inventar''. O mesmo Anchieta de que falava acima aprendeu o tupi e ''fez cantar e rezar nessa língua os anjos e santos do catolicismo medieval...''. O mesmo Anchieta, prossegue Bosi, inventaria ''um imaginário estranho sincrético, nem só católico, nem puramente tupi-guarani'', ao forjar figuras míticas como Karaibebé, profetas que voam, ''nos quais o nativo identificava talvez os anunciadores da Terra sem Mal...''. Ou Tupansy, mãe de Tupã, para referir um atributo de Nossa Senhora...[21]

A Santidade de Jaguaripe parece situar-se no cruzamento desses dilemas, entre o afã evangelizador dos padres e a resistência ameríndia; entre a tradução do catolicismo para o tupi e a tradução tupi do catolicismo. Mãe de Deus, Santinho, São Pedro, assim era o clero da santidade, verdadeira ''corte celeste'', na feliz expressão de José Calasans.[22] Corte celeste governada no sertão pelo caraíba Tamandaré, também conhecido por Noé, Antônio ou, enfim, o verdadeiro papa dos tupi. Corte celeste governada em Jaguaripe pela índia Santa Maria Mãe de Deus, a Nossa Senhora ameríndia, talvez a ''Tupansy'' inventada por Anchieta.

Estou convencido de que Antônio passou a se intitular papa, e a promover o amálgama cultural que caracterizou a santidade, filtrando e refazendo, à moda tupi, o que aprendera com os jesuítas. Estou também convencido de que, não fossem os louvores à Virgem Tupansy encenados pelos jesuítas em ''língua geral'', dificilmente uma caraíba ficaria a governar, como rainha do mundo, as cerimônias idolátricas de Jaguaripe.

Minha suspeição maior — pois trata-se mais de intuição que de certeza — é porém quase tão ''herética'' quanto a santidade: a maior parte das crenças e hibridismos culturais urdidos na santidade ameríndia foi gerada não em Palmeiras Compridas, nem na fazenda de Fernão Cabral, mas nos aldeamentos da Companhia de Jesus. Na confusão entre bispos e caraíbas, entre ''pai grande'' e padre Marçal, entre ''terra sem mal'' e ''terra santa'', jesuítas e tupinambá teceram, juntos, a teia da santidade. Promoveram, juntos, a metamorfose da mitologia tupi, transformando-a, para desespero dos colonizadores, em idolatria insurgente. Parece ter sido no interior da missão, enfim, que se elaborou o exótico e surpreendente catolicismo tupinambá.

5

RITUAIS DO CATOLICISMO TUPINAMBÁ

*Na parte externa da paliçada que protegia
as malocas tupi, ergue-se a cruz com a inscrição*
JESUS NAZARENO REI DOS JUDEUS
(Ilustração da obra de Hans Staden, 1557.)

Con ciosia cosa que questa razza d'umini suscito nel Brasile una sorte de superstizione, e di tanto maggior pericolo e dano quanto era piú simile e conforme a riti e all'uso della Chiesa Santa.

Giovanni Botero, 1596

O BATISMO ÀS AVESSAS

Empenhada em purificar os índios dos males do colonialismo e prepará-los para a iminente regeneração, a santidade tinha no rebatismo o seu rito iniciático. Convém assinalar, a propósito, que embora sua mensagem anticolonialista possuísse forte conotação étnica e social — pois pregava a morte ou escravização da "gente branca" —, era no domínio religioso que a rebelião afirmava a sua identidade, construindo-a por oposição à Igreja católica. Utilizava-se, pois, um rito católico — o batismo — para invertê-lo e neutralizá-lo. Se o batismo dos jesuítas simbolizava o ingresso dos índios na comunidade cristã, o rebatismo da santidade procurava anular aquele trânsito cultural, limpando os neófitos da nódoa mortal do sacramento cristão.

No entanto, se a prática de rebatismo dos índios foi, no caso luso-brasileiro, uma invenção das santidades — a de Jaguaripe e as outras —, a rejeição do batismo cristão pelos tupi vinha de longe, sendo tão antiga quanto a chegada dos jesuítas no Brasil. Os próprios jesuítas assinalaram à farta este particular horror que os índios sentiam diante do sacramento católico, sobretudo dos batismos *in extremis*, usuais nos aldeamentos por ocasião das pestes variólicas. Os pajés proclamavam, então, que o "batismo matava", ao constatarem que os índios morriam tão logo recebiam os "santos óleos". Aos olhos dos índios, se o batismo dos padres lhes trazia a morte — morte real e simbólica —, o rebatismo da santidade significava para eles a vida — vida eterna na terra da imortalidade.

A prática do rebatismo foi, portanto, um rito essencial na liturgia das santidades quinhentistas, sendo absolutamente característica das idolatrias em geral. Observo que em praticamente todas as idolatrias organizadas de forma sectária na América — as que chamei de insurgentes — rebatizavam-se os índios, quer mimetizando, quer invertendo o rito católico. No Peru, por exemplo, a importante seita indígena do Taqui Ongoy exigia dos novos adeptos um ritual que combinava o rebatismo com alguns dias de jejum e abstinência sexual, após o que os índios estavam habilitados a cultuar novamente os ancestrais da comunidade, ali chamados de *huacas*. No Paraguai guarani, o caraí Nheçu rebatizava os seus adeptos revestido do hábito sacerdotal: deitava água quente na cabeça, no peito e nos ombros das crianças, a fim de "apagar a marca dos santos óleos", esfregava-lhes a língua com argila "para suprimir o gosto do sal" e por fim banhava-lhes os pés, e não a cabeça, numa perfeita inversão do sacramento católico.[1]

Interessante notar que, também na velha cristandade, diversos movimentos religiosos de caráter contestatório rebatizavam seus fiéis — o que bem mostra a importância daquele sacramento no imaginário e no cotidiano das populações cristianizadas. O caso mais célebre talvez seja o das numerosas seitas anabatistas que proliferaram na época das Reformas, seitas assim chamadas por rejeitar o batismo e rebatizar os sectários: "um meio de exprimir simbolicamente essa voluntária separação do mundo não redimido".[2] No caso anabatista, rebatizava-se o sectário em nome do verdadeiro e puro cristianismo; no caso ameríndio, para limpá-lo da mácula cristã.

Citei o caso anabatista não, evidentemente, com o fito de identificá-lo com as idolatrias ameríndias — pois trata-se, aqui, de uma alteridade radical —, senão para ilustrar um paralelismo ritual sugestivo. Afinal, o anabatismo é considerado pelos especialistas como exemplo expressivo dos milenarismos irrompidos na Europa quinhentista. Rejeitar o batismo e rebatizar os fiéis significava, para os anabatistas, separar-se da comunidade impura da Igreja e participar de uma seita que preconizava, no limite, a abolição da propriedade privada.

Paralelismos rituais à parte, o rebatismo da santidade foi assunto que ocupou a quase totalidade dos depoimentos sobre a seita ameríndia na mesa da Inquisição. São, como sempre, relatos repetitivos, por vezes contraditórios, mas suficientes para dar conta da importância desse rito na idolatria de Jaguaripe.[3]

No sertão de Palmeiras Compridas era Antônio Tamandaré, o papa da santidade, quem rebatizava o crescente número de adeptos incorporados pela seita — é o que asseveram os mamelucos da expedição de Tomacaúna, inclusive este último, que, à semelhança dos demais, deixou-se rebatizar. Já na fazenda de Jaguaripe, tal ofício passou à alçada da índia Mãe de Deus, dirigente-mor das cerimônias, embora alguns depoentes tenham visto outros maiorais da seita ministrando batismos. Rebatizava-se na igreja, que para isso tinha pia batismal, mas também fora dela: há registros de rebatismos ministrados na mata, à beira do rio e até na casa do próprio Fernão Cabral, com o aval de d. Margarida da Costa.

As controvérsias mais salientes dizem respeito ao modo de batizar e aos ingredientes utilizados na cerimônia. Nem tanto em relação aos rebatismos efetuados em Palmeiras Compridas pelo papa Antônio, pois quase todos os mamelucos de Tomacaúna que depuseram na Visitação afirmaram que o rito era feito à moda dos padres e com a aspersão de água benta. A melhor descrição encontra-se na confissão do mameluco Brás Dias, que, sem esconder do visitador que os índios contrafaziam o sacramento católico, disse que o papa rebatizava com vela acesa numa mão e com prato d'água na outra, benzendo-a e lançando-a sobre a cabeça do batizando.[4] O único a contradizer o depoimento dos mamelucos foi, significativamente, o português Pantalião Ribeiro, integrante da mesma expedição. Preferindo descartar o lado herético da cerimônia para fazê-la passar por rito gentílico, disse que a cerimônia nada mais era do que a troca de nome, sem água, nem palavras. Disse-o, claro está, por medo da Inquisição, já que também ele se havia rebatizado no sertão.[5]

Quanto aos rebatismos efetuados em Jaguaripe, os depoimentos indicam ora o uso de água benta, ora o de fumo. Fernão Cabral, por exemplo, tentou descaracterizar o uso de água benta, à semelhança de Pantalião Ribeiro, afirmando que o rebatismo era feito "sem água, pondo na cabeça a folha de erva santa fazendo fumo". A contrariar o seu depoimento, inúmeros outros aludem à existência de pia batismal e hissopes na igreja da santidade, em Jaguaripe, para não falar dos que viram a Mãe de Deus batizando índios com água benta, "jogando-lhes água e mudando-lhes os nomes".[6] Não resta dúvida, portanto, que se usava mesmo o estilo católico de batizar na Santidade de Jaguaripe, não obstante o empenho de Fernão

Cabral em negá-lo. No entanto, não creio que o uso do fumo estivesse totalmente excluído dos rebatismos da santidade, pois há registros que o confirmam, ainda que raros. Entre eles, destaco o de um certo Paulo Adorno, lavrador, que não obstante tenha acusado Fernão Cabral de proteger a santidade, afirmou que o uso de fumos era "o modo de batismo que eles entre si" usavam. Depoimento importante, vale dizer, prestado por testemunha ocular que observara a cerimônia, não na fazenda de Jaguaripe, mas na "praia da água dos meninos", à beira do rio, em Matoim.[7]

Seja como for, parece-me verossímil que o rebatismo da santidade tenha combinado, de alguma forma, a aspersão de água benta e a defumação com petim. Ao mimetizar e contrafazer o rito católico, os índios buscavam purificar-se da mácula cristã, neutralizando o sacramento que neles a Igreja ministrara para retirar-lhes da gentilidade. Não resta dúvida de que a santidade assimilou o sentido do rito cristão, a linguagem de exorcismo que nele viu John Bossy. Afinal, as palavras do batismo no "cristianismo tradicional" eram simplesmente: "eu te exorcizo, espírito impuro..." — fraseado inspirado na opinião de que o estado de inocência adâmica equivalia a uma possessão diabólica.[8] A santidade captou, pois, o sentido do rito cristão, mas o fez para invertê-lo: "batizo-te para tirar-te o batismo".[9]

Por outro lado, se os índios realmente acrescentaram, como penso, o "uso de fumos" ao rito cristão, não fizeram mais do que praticar o rito que marcava a transmissão da "santidade" pelo caraíba — momento especial da caraimonhaga tupi —, o que se fazia por meio da defumação e da ingestão do tabaco. Rito a um só tempo católico e tupi — assim parece ter sido o rebatismo da santidade. Rito compósito, a confirmar, no conteúdo e na forma, o hibridismo cultural insurgente que caracterizava a própria seita.

Idêntica mescla católico-tupinambá se pode observar na escolha de nomes para os adeptos da santidade, apesar da falta de critério que, à primeira vista, as fontes sugerem ao leitor. A bem da verdade, não foi este o caso de Fernão Cabral, que, longe de sugerir desordem na nominação dos sectários, procurou informar sobre os critérios que, no seu entendimento, a seita parecia utilizar. Segundo o depoimento de Fernão Cabral, os índios mudavam "os nomes de cristãos aos que os tinham" e "punham outros nomes aos que não os tinham", e davam "nomes de Jesus aos machos e de Marias às fêmeas, e a outros punham nomes bugios e papagaios".[10]

O depoimento de Fernão Cabral fornece, com efeito, pistas valiosas para a decifração deste enigma, apesar de nada esclarecer sobre os nomes de "santos", os maiorais da seita com os quais ele convivia de perto. Por outro lado, a expressão "nomes bugios e papagaios", evidentemente depreciativa, pode bem ter sido uma fórmula inquisitorial para simplificar o registro de nomes totalmente incompreensíveis para o visitador, se é que não foi o próprio Fernão Cabral que a usou para mostrar desprezo pelos índios. Mas o depoimento é relevante, ao sugerir que os índios batizados pela Igreja católica tinham seus nomes mudados, sendo ainda verossímil, embora esquemático, ao dizer que usavam nomes de Jesus e Marias.

Da leitura do conjunto dos depoimentos, parece-me que eram pelo menos dois os critérios utilizados para a nominação dos neófitos da santidade: aos que desempenhavam papel destacado no seu clero, ou aos indivíduos prestigiados pelo papa Antônio, eram dados nomes de santos católicos ou nomes como "Santíssimo"ou "Santinho", aos quais muitas vezes se acrescentavam títulos da hierarquia eclesiástica romana (bispos, vigários); aos indígenas que haviam sido já batizados pelos jesuítas davam-se nomes tupis — os tais nomes "bugios e papagaios" referidos no processo de Fernão Cabral.

Ao atribuir nomes de santos aos membros do clero da santidade, os índios parecem ter assimilado, e certamente exagerado, o que era de uso corrente na velha cristandade, sobretudo nos últimos séculos medievais, conforme a indicação de John Bossy.[11] Não resta dúvida, porém, que os sectários levaram tal costume ao extremo, não se limitando a homenagear os santos no ato de batismo, mas transformando em santos os principais da seita: São Luís, São Pedro, São José, São Paulo, sem falar na Santa Maria Mãe de Deus. Aprenderam com os jesuítas, certamente em língua geral, que os santos eram mensageiros de Deus, homens tocados pela graça, homens enviados por Jesus para pregar a verdadeira fé pelo mundo afora, parentes do próprio Deus feito homem... É compreensível que chamassem de santos aos caraíbas da seita — os homens-deuses da cultura tupinambá. A batalha pelo monopólio da santidade também não excluiu, pelo visto, a disputa pelos nomes sagrados.

Quanto aos nomes indígenas, encontrei alguns indícios que confirmam o segundo critério apontado, a exemplo do escravo nativo Luís, que passou a chamar-se "Unduari", ou de Domingos, que ganhou o nome de "Bujuri". No tocante ao uso dos nomes tupis — e a documentação sugere que muitos foram assim rebatizados —, possivelmente reeditava as tradições nativas. Ao comentar a escolha de nomes entre os tupinambá, Métraux afirmou que buscava-se o nome "capaz de exprimir a personalidade psicológica e mística do seu portador, assim como identificar qual dos seus parentes já falecidos teria ressuscitado entre eles".[12] Trata-se de uma explicação confusa, em parte anacrônica, mas indicativa de que a escolha de nomes ligava-se, de algum modo, ao culto dos mortos — presente também nas cauinagens, na saudação lacrimosa e mesmo na caraimonhaga.

No entanto, como informou Hans Staden, entre outros, os índios possuíam muitos nomes e os trocavam com freqüência. Cada um deles — dizia — "traz tantos nomes quantos inimigos matou, e os mais nobres entre eles são aqueles que têm muitos nomes".[13] Staden aludiu à cerimônia de renominação, acompanhada das incisões e tatuagens no corpo, a que se submetia o guerreiro tupinambá após o sacrifício ritual do prisioneiro que ele havia cativado. Mudar de nome era, portanto, um antigo costume dos índios, e motivo de grande honra para os tupi.[14]

É-me difícil, de qualquer modo, estabelecer com nitidez o que norteava a santidade quando atribuía nomes tupis a seus adeptos índios. Parece-me seguramente improvável que os nomes tupis escolhidos pela seita guardassem relação com os parentes falecidos do neófito, tratando-se de índios cativos dos portugueses ou trânsfugas dos jesuítas em fins do século XVI: os laços tradicionais de parentesco estavam, nesse caso, muito dissolvidos. Menos improvável é a relação entre a nominação tupi de índios recém-convertidos à santidade e a tradicional renominação de guerreiros, uma vez que, entre os adeptos da seita, muitos eram rebeldes e "matadores de gente branca". O certo é que os nomes tupis da santidade parecem fiéis à cultura nativa, compostos com nomes retirados do reino animal, vegetal ou mineral, quando não de alimentos ou objetos manufaturados — conforme perceberam Gabriel Soares e Jean de Léry.[15] E igualmente certo é que, ao extirpar o nome cristão do índio em favor de outro na sua língua, a santidade reeditava a sua cultura e extirpava a do "outro", exorcizando-a.

São Luís e Bujuri, São Pedro e Unduari: a ambigüidade na escolha de nomes pela santidade novamente confirma o hibridismo da seita e o cruzamento de matrizes culturais distintas nos ritos de nominação e renominação. O limite histórico desse hibridismo quanto à escolha de nomes localiza-se exatamente no caso de Fernão Cabral, a quem os índios chamavam de "Tupane". O limite lingüístico encontra-se no seu escravo Cão Grande, que passou a chamar-se "Jesu Pocu" (Jesus Comprido). Cão Grande, que já era uma versão portuguesa de nome tupi, transformou-se em criatura extraordinariamente híbrida: Jesus, o homem-deus dos cristãos; "pocu", adjetivo tupi que qualificava alguma coisa comprida, algum homem alto...

A IGREJA: O ÍDOLO E A CRUZ

Descrever a igreja da santidade é, sem dúvida, tarefa das mais difíceis. E isto não se deve à falta de documentos que a ela se refiram, pois trata-se de assunto presente na quase totalidade dos papéis inquisitoriais sobre a seita. O problema reside, uma vez mais, nos filtros culturais, quer dos depoentes, quer do Santo Ofício, ao que se pode acrescentar o medo de uns perante o visitador, e a ignorância deste último em matéria de "gentilidades".

O resultado concreto dessa complexa trama de filtros, medos e desconhecimento etnográfico aparece com nitidez nas descrições da Igreja: uma constelação de adjetivos — que examinarei a seu tempo — combinada a uma retratação desordenada do templo da santidade. A maioria das descrições da igreja de Jaguaripe — ou pelo menos o resumo das descrições que o visitador mandou anotar — sugere uma enorme confusão, verdadeiro amontoado de objetos litúrgicos (cristãos e ameríndios) misturado ao grito dos possessos, às danças em torno do ídolo e à fumaça da erva santa. Depoentes e agentes inquisitoriais produziram um discurso perspectivado do cosmos cristão, para usar a expressão de Eliade; logo, não poderiam ver na Igreja ameríndia senão o caos.

Convencido, porém, de que a Igreja da santidade era obviamente um espaço de culto, e não um galpão onde se armazenavam objetos bizarros, tratei de recolher, aqui e ali, indícios que me permitissem um esboço de reconstituição — devo dizer reconstrução, sem trocadilho — da Igreja ameríndia. Distava meia légua da casa-grande de Jaguaripe — cerca de três quilômetros, e provavelmente assemelhava-se a uma maloca. Utilizei verbo menos definitivo porque, na realidade, a palavra igreja é recorrente nos papéis do Santo Ofício que aludem ao templo indígena, o que tanto pode indicar os traços meio cristãos do culto ameríndio como o tipo da construção — as casas precárias daquele tempo, desalinhadas, irregulares, feitas de pedra e cal. Além do mais, a variedade de expressões utilizadas pelos depoentes para qualificar o templo da santidade é verdadeiramente impressionante, apesar da recorrência da palavra igreja.

No entanto, apesar de nenhum depoente ter utilizado a palavra maloca para descrever o templo — falavam, quando muito, em "igreja dos gentios" e "casa dos gentios" —, estou convencido de que aquele devia ser mesmo no estilo da maloca. Apoio-me, em primeiro lugar, no testemunho singular do mameluco Simão Dias — indivíduo que, devo adiantar, foi quem melhor descreveu o ordenamento espacial do templo ameríndio. Simão Dias mencionou que a igreja dos índios era um "tugipar" (grafa-se também tijupá, tijupar, tijipá, tejupá), cujo significado atual é "cabana de índios menor que a oca" (segundo o dicionário de Aurélio Buarque de Holanda). A reforçar a idéia do tijupá como pequena maloca, cito o comentário de Varnhagen sobre ninguém menos do que os pajés: "viviam em brenhas ou em tujupares longe do povoado".[16] A rivalizar com este significado restrito do tijupá como pequena oca, menciono a definição do tupinista Teodoro Sampaio, a meu ver definitiva: tejupá (*teyí-u-paba*) era "a estância ou pouso" onde vivia o povo, "a rancharia, pois que *teyi* é a comunidade, a gente em conjunto".[17]

Seja como for, o "tugipar" mencionado pelo mameluco parece indicar mais a idéia de comunidade ou rancharia (Sampaio) — e, portanto, uma maloca grande — do que a idéia de uma pequena cabana. E, se era mesmo uma construção no estilo de maloca, a "igreja dos gentios" podia abrigar, no mínimo, cinqüenta pessoas no seu interior, conforme afirma Florestan Fernandes, após examinar criteriosamente as variadas dimensões que os cronistas atribuíram à maloca tupinambá.[18]

Com efeito, o templo da santidade era espaçoso o suficiente para abrigar dezenas, senão centenas de índios, para não falar dos mamelucos, negros e até brancos que lá iam reverenciar o ídolo. Basta dizer que só a expedição de Tomacaúna enviara sessenta índios para o engenho de Fernão Cabral, segundo informou o mameluco, havendo quem tenha estimado em cem o número de sectários remetidos do sertão, a exemplo de Teles Barreto. Acrescente-se a esse grupo a escravaria de Fernão Cabral, os cativos de outros senhores e os forros que ali se refugiaram, e pode-se bem imaginar a multidão de índios que se reunia na igreja. A confirmar semelhante impressão de uma igreja espaçosa, relembro que a maioria dos depoimentos sugere que os índios viviam permanentemente dedicados a suas cerimônias — o que, descontado o exagero dos informantes, leva-me a presumir que, pelo menos em algumas ocasiões, o templo abrigava copioso número de sectários.

A igreja dos índios era, portanto, espaçosa, construída à moda indígena, não obstante os principais da seita a chamassem de "Nova Jerusalém". À semelhança da maloca, a igreja dos índios não possuía janelas, e somente uma abertura à guisa de porta (a maloca possuía de duas a três aberturas). Não possuía também nenhuma divisão interna, e por isso deve ter suscitado a mesma impressão de caos que a própria maloca tupi causara nos jesuítas, a exemplo de Cardim: "[...] parece a casa um inferno ou labirinto, uns cantam, outros choram, outros comem, outros fazem farinhas [...] e toda a casa arde em fogos". À semelhança da maloca, a igreja de Jaguaripe também "ardia em fogos", candeias sempre acesas, espevitadas a mando de Fernão Cabral.

Réplica de habitação indígena, a Nova Jerusalém tupi possuía certamente um ordenamento espacial específico. Ordenamento que mestre Florestan observou na própria maloca, não obstante o juízo demonizador de Cardim: "[...] ficava sempre repleta, mas o espaço era distribuído de modo racional e eqüitativo".[19]

Tenho me esforçado para recuperar, minimamente, o espaço sagrado da santidade, preenchendo com conjecturas, análise indiciária e informações de outras fontes as lacunas da documentação inquisitorial, que sobre o templo silencia ou dele fornece uma visão distorcida. Quanto aos objetos dispostos no interior da igreja, os depoentes mencionam altares, sacristia, mesa, pias de batismo e de "água benta", toucheiros ou castiçais de pau, livros de folhas de casca de árvore com riscos a modo de letras, cadeiras de um pau só para "confessar fêmeas", instrumentos de música, cabaça onde se punha água à guisa de hissope, cruzes, rosários de contas de paus, de sementes ou de pequenas frutas.

É certo que as informações sobre a existência daqueles objetos confirma, uma vez mais, o amálgama católico-tupi que marcava a própria santidade no conjunto: suas crenças, o rito de batismo e o próprio templo, meio igreja, meio maloca. Mas, na imensa maioria dos casos, os depoentes não compreenderam, quando não omitiram, o interior da igreja da santidade. E, se porventura a compreenderam e dela deram detalhes, nosso visitador preferiu resumi-los à moda inquisitorial, transformando o templo da santidade em desordem herética.

Pouco teria a acrescentar às considerações sobre a igreja dos índios, não fosse a confissão do citado Simão Dias, mameluco a serviço de Fernão Cabral, que visitou o "tugipar" em certa ocasião, dizendo-se curioso (ao visitador, é claro). Contou Simão Dias que, à porta do terreiro, na casa erigida como igreja dos índios, ficava uma cruz de pau; e no interior, penduradas pelas paredes, viam-se diversas tabuinhas de madeira, pintadas com riscados "que eles diziam serem seus livros". E, no centro do terreiro, aparecia uma estaca alta de madeira enterrada no chão, sobre a qual se postava o ídolo, "que tinha uma cara figurada com olhos e nariz, enfeitado com paninhos velhos". Uma "figura incerta" — arrematou a testemunha — guardada por um índio a que chamavam sacristão. Seguindo o conselho do guardião do ídolo, o mameluco o reverenciou, "fazendo mesura com o pé, inclinando-se e abaixando a cabeça e o corpo" — tudo em meio a uns sessenta índios que estavam no lugar.[20]

O mérito da descrição reside nem tanto nos detalhes, que vários deles Simão Dias não conseguiu explicar, senão na recuperação do ordenamento do espaço, matéria que felizmente o visitador mandou registrar, provavelmente perplexo. Interessa-me, especialmente, examinar a relação entre a cruz e o ídolo — relação dialógica, claro está, capaz de iluminar (ou reiluminar) o ponto nodal das crenças da santidade. A guiar-me nessa incessante procura do significado especial da igreja indígena encontra-se, no fundo, certa afirmação de Eliade: "No fim das contas, é graças ao templo que o mundo é ressantificado na sua totalidade. Seja qual for o seu grau de impureza, o mundo é continuamente purificado pela santidade dos santuários".[21]

A relação dialógica que, no meu entender, se estabelecia entre o ídolo e a cruz poderia sugerir, à primeira vista, alguma espécie de hierarquia de crenças: a cruz, fora do "terreiro", e o ídolo no centro da igreja. Poderia significar, quando não a exterioridade do catolicismo ameríndio, pelo menos a clara supremacia do culto idolátrico sobre o católico, pois era o ídolo, e não a cruz, o objeto preferencial ou mesmo exclusivo das cerimônias indígenas. Mas a relação entre os dois símbolos não me parece tão simples.

O fato de a cruz aparecer fincada, não meramente no exterior do templo, mas "à porta do terreiro", é, sem dúvida, significativo. A cruz situava-se, pois, na entrada da igreja, no limiar. E, como diria Eliade, "o limiar, a porta, mostram de uma maneira imediata e concreta a solução de continuidade do espaço; daí sua grande importância religiosa, porque são símbolos e, ao mesmo tempo, veículos de passagem".[22] A cruz emblematizava, com efeito, a "verdadeira santidade para se ir ao céu", o limiar da "terra da imortalidade" que se cultuava no interior do templo. Preludiava e anunciava o ídolo, identificando à moda cristã a natureza do culto que se lhe rendia. Mas a cruz e o ídolo não deixavam de manter relações de tensão entre si, colocados cada qual em espaços separados, como a indicar o embate cultural inerente ao colonialismo. Embate que o catolicismo tupinambá não conseguia ocultar.

No interior do templo postava-se o ídolo. Ídolo de pedra, afirmou Simão Dias (a exemplo de outros mamelucos), contradizendo os depoentes que o disseram de pau sem tê-lo visto. A confirmar o depoimento de Simão Dias, o próprio Fernão Cabral jamais negou que o ídolo fosse de pedra, ao qual presenteara, aliás, com os paninhos velhos de que estava vestido. Confirma-o, também, d. Margarida da Costa, esposa de Fernão, que chegou a ter o ídolo nas mãos, após a destruição da seita. Confirma-o Bernaldim Ribeiro da Gram, a quem o governador confiara a expedição repressiva, testemunha que seqüestrou o ídolo do templo, identificando-o como de "pedra-mármore". Confirma-o, enfim, Gaspar Dias Barbosa, cidadão de Salvador, homem que examinou o ídolo de perto, após a destruição da igreja, chegando mesmo a medi-lo ao lado de Teles Barreto: um côvado de altura, a saber, 66 centímetros.[23]

Ídolo comprido, como o "Jesu Pocu" de que falei anteriormente, e ídolo de pedra, adornado com nariz, cabelos, olhos e boca, do mesmo modo que se adornavam os maracás nas primeiras "santidades". Na Santidade de Jaguaripe, a transição do maracá para a estátua já se havia completado, confirmando a intuição de Métraux de que bastava só um passo para que os tupi se convertessem em idólatras.

O ídolo ficava, pois, no centro do templo e, como bem lembra Eliade, "o mundo situa-se sempre no centro" para o homem religioso. Davam-lhe o nome de Tupanasu (Tupã-açu), que significava exatamente "deus grande", assim como pajé-açu significava "grande pajé". Seria de fato tentador ver na entronização de Tupanasu o triunfo da cultura ameríndia na igreja de Jaguaripe. Afinal, era Tupanasu o "verdadeiro deus" dos índios, aquele que os levaria, enfim, à vitória sobre os brancos e à terra da imortalidade e da abundância. Tupanasu no centro da igreja — centro do mundo sagrado — e a cruz de Cristo no exterior: as tensões inerentes ao catolicismo tupinambá pareciam resolver-se, na igreja de Jaguaripe, em favor das tradições ameríndias...

Examinando o ordenamento espacial do templo e as cerimônias que ocorriam em seu interior, não resta dúvida de que a idolatria de Jaguaripe fazia pulsar o coração das tradições tupis: a busca da Terra sem Mal, o espírito dos ancestrais, o maracá feito estátua... Mas devo dizer que, não obstante a rebeldia dos índios e a entronização do ídolo, Tupanasu era, por origem, uma invenção cristã. Para poupar o leitor com inúmeros depoimentos da crônica quinhentista comprobatórios daquela invenção, limito-me a citar Métraux: "Quando os missionários quiseram encontrar na língua dos tupinambás uma expressão correspondente a Deus, escolheram, à falta de melhor, a palavra Tupan".[24]

Tupã, herói-trovão dos tupi, se converteria em Deus na linguagem e nas imagens da catequese. É certo que Tupanasu, ídolo que personificava o poder mágico dos maracás, não deixava de ser o símbolo da cultura nativa que se insurgia em face do colonialismo. Mas Tupanasu, o "deus grande da santidade", fora construído e elaborado nos aldeamentos jesuíticos. Elaborado ali como Tupansy, Nossa Senhora Mãe de Deus, ou como o próprio Tupã — *ad majorem Dei gloriam.*

Os sectários da santidade ameríndia, que já se haviam enganado ao julgar que um senhor escravocrata lhes abriria as portas da imortalidade, permaneceriam iludidos ao cultuar Tupanasu na fazenda de Jaguaripe. Iludidos, mas nem tanto, pois era a crença em Tupanasu, deus da santidade, que os fazia resistir, escarnecendo da Igreja católica, fugindo dos padres e "matando a gente branca". Ao traduzir o catolicismo em "língua geral" os jesuítas abriram espaço para a tradução tupi do catolicismo, daí resultando uma idolatria insurgente na terra brasílica.

Inúmeros desacertos, traduções culturais, equívocos, assim parece ser a morfologia do catolicismo tupinambá e a história da santidade. Mas é como afirma Eliade: "Os homens não são livres para escolher o terreno sagrado [...]; não fazem mais do que procurá-lo e descobri-lo com a ajuda de sinais misteriosos".[25]

GESTOS CRISTÃOS

Se a descrição da igreja de Jaguaripe a partir das fontes inquisitoriais é, como disse, tarefa difícil, a reconstituição dos gestos cristãos é praticamente impossível, com a única exceção do rebatismo já examinado. Refiro-me sobretudo à prática da confissão, às orações cristãs e à leitura dos "breviários da seita" — assuntos que, embora muito referidos pelos depoentes, aparecem descritos de modo genérico e confuso e, via de regra, somente citados *en passant.*

De qualquer modo, há registros de que gestos e símbolos cristãos, além do batismo com água, eram praticados tanto no sertão de Palmeiras Compridas como na fazenda de Jaguaripe. Tomacaúna, por exemplo, depois de sua aventura no sertão, andou dizendo que lhe fora perfeitamente possível tratar com o índio chamado de papa porque este "trazia contas e adorava cruzes".[26] Outro mameluco da expedição de Tomacaúna, o já citado Brás Dias, forneceu descrição mais precisa do cerimonial "cristão" adotado no sertão. Além de informar sobre o batismo feito com água benta, disse que os índios metiam cruzes no chão ("em montes de pedra") e ao pé delas faziam riscos "para todas as partes, em redondo". Contou também que os índios traziam contas de rezar feitas de pau e, portando suas cruzes, iam "passeando e bolindo os beiços [...] correndo as contas" e falando "na Santíssima Trindade".[27]

Apesar de confusa, a descrição de Brás Dias ilumina alguns aspectos importantes dos ritos cristãos praticados na santidade. Confirma, em primeiro lugar, a adoração das cruzes — rito observado em outras idolatrias ameríndias. No caso da santidade, a adoração das cruzes lembra a dos maracás, que, segundo Léry e Staden, também eram fincados no chão e ali reverenciados. E, no limite, como se viu, o culto terminaria por se cristalizar na fazenda de Jaguaripe por meio de um cruzeiro erguido à porta da igreja, limiar do templo da seita. Por outro lado, a descrição do mameluco sugere a introdução da oração "per contas" no baile indígena ("passeando e bolin-

133

do com os beiços [...]''), oração decerto praticada em língua geral, conforme os índios haviam aprendido com os jesuítas...

Quanto aos ritos cristãos praticados em Jaguaripe, prevalecem as informações genéricas. Há menções ao uso de rosários de sementes ou de pequenas frutas, embora faltem dados sobre como os índios rezavam, ou mesmo se eram rosários exatamente católicos, a enfiada de 165 contas para orar quinze dezenas de ave-marias e quinze padre-nossos. Afinal, os índios possuíam colares de búzios, diademas de pena e pedrinhas — usados "principalmente nas festas", escreveu Cardim[28] —, que bem poderiam ser confundidos com rosários. Mas creio ser verossímil que orassem "per contas", a seu modo, rogando a ave-maria e o padre-nosso, haja visto o prestígio da Mãe de Deus e de Tupanasu no panteão da santidade...

Há referências, ainda, a "cadeiras de um pau só para confessar fêmeas" — e somente elas —, ritual que Nóbrega observara em 1549, ao descrever a chegada dos caraíbas nas aldeias. As descrições sobre a prática da confissão em Jaguaripe são, no entanto, muitíssimo genéricas, não sendo possível determinar se contrafaziam, por meio dela, o sacramento católico ou se simplesmente mantinham o costume nativo. A referência à existência de um "confessionário" de um pau só não passa de uma pista vaga... Quanto aos "breviários" da seita a que alguns depoentes aludiram, quase nada se pode dizer. Houve testemunhas que afirmaram que alguns índios da santidade liam os riscos feitos nas tabuinhas de madeira penduradas nas paredes de sua igreja, sendo essa a informação mais precisa de que disponho sobre o assunto. A bem da verdade, os depoentes que os viram não puderam compreendê-los, nem descrevê-los a contento.

Em resumo, penso que a escassez e a vaguidade das descrições sobre os ritos católicos da santidade não só revelam a incompreensão dos depoentes ou sua hesitação em contar o que viram, mas indicam o predomínio das formas indígenas no cerimonial da seita. Com exceção do rebatismo, que sem dúvida mimetizava e invertia o sacramento católico, os cultos da santidade pareciam reeditar, em grande medida, as cerimônias tupis, "canibalizando" as do catolicismo. No coração do culto, pontificava o ídolo, que só não era totalmente indígena porque Tupanasu era uma invenção jesuítica expressa em "língua geral".

OS BAILES E A ERVA SANTA

É justamente o que se passava no interior da igreja de Jaguaripe o que mais atraiu a atenção dos que depuseram na mesa da Visitação, sinal inequívoco de que muitos brancos e mamelucos — a maioria esmagadora das testemunhas — andaram pelo menos observando a cerimônia ou, certamente, comentando o que lá se fazia. Isto não quer dizer que as descrições sejam detalhadas, pois também aqui os filtros, medos e desconhecimentos, seja dos depoentes, seja do visitador, empobreceram, no detalhe, os relatos sobre o culto.

Seja como for, fica-se com a forte impressão de que eram as reverências e homenagens ao ídolo, os bailes e a ingestão do petum (a erva santa) os ritos que polarizavam o culto da santidade. Todos os homens que penetraram naquela igreja disseram ser deles exigido ajoelhar-se, inclinar a cabeça, desbarretar-se, envergar o corpo, dar mostras, enfim, de reverência a Tupanasu — atitude que os mamelucos de Tomacaúna demonstraram, aliás, diante do próprio papa indígena no sertão, o caraíba Antônio. Ajoelhar-se, desbarretar-se, abaixar a cabeça: não resta dúvida de que existia algo da devoção e da contrição católica nos gestos que, pelo menos os colonos, rendiam a Tupanasu.

Por outro lado, e disso Fernão Cabral cuidava de advertir aos visitantes, não se podia rir, nem zombar em hipótese alguma das cerimônias que lá se praticavam. Sinal de que os índios "macaqueavam", como muitos diziam, a liturgia do catolicismo? Sinal de que carnavalizavam, como em alguns domínios se pôde ver, os ritos da Igreja romana? O certo é que os ingredientes católicos "canibalizados" pela seita davam-lhe uma feição peculiar, nem católica, nem tupinambá, ou, melhor dizendo, uma feição compósita das duas religiosidades. A cruz "na porta do terreiro", os hissopes, os "breviários", a oração "per contas", talvez por isso Fernão Cabral avisasse a alguns para não rir da santidade. Digo isso porque não eram propriamente riso e escárnio as atitudes que as "gentilidades" costumavam despertar nos observadores, senão espanto, estranhamento, repulsa, medo...

No interior da igreja os índios bailavam e cantavam sem cessar, é o que nos informam os documentos da Inquisição. Mas se um Léry, por exemplo, foi minucioso e detalhista ao descrever os cânticos e passos da dança tupinambá, o mesmo não ocorreu com os depoentes da Visitação. Por temer o Santo Ofício, pois muitos colonos também haviam bailado, ou por desprezar a seita *a posteriori*, os depoentes se referiram aos bailes de modo genérico e depreciativo. Nenhuma alusão aos tambores oblongos, às flautas feitas de tíbia ou fêmur (mimbi) ou àquelas maiores, feitas de taquara (bambu) a que chamavam torê.[29] Nenhuma alusão sequer ao maracá ou à entoação "eh, eh, eh..." que Léry tão bem detalhou no seu livro.

É de supor-se, contudo, que não mais se observasse nas danças a separação tradicional entre homens, mulheres e crianças que Léry assinalou no Rio de Janeiro, e Tomacaúna constatou na própria santidade, ao encontrá-la no sertão. A heterogeneidade crescente entre os freqüentadores da igreja e sobretudo o fato de o caraíba-mor de Jaguaripe ser mulher devem ter contribuído para a dissolução do baile separado por sexo e idade.

Adaptações à parte, eram as danças "à moda gentílica" que se praticavam em torno do ídolo. Danças ruidosas, cujos "gritos e alaridos" soavam longe.[30] Danças que davam leveza ao corpo, habilitando-o para o encontro com os deuses. Danças entremeadas de cânticos que narravam os acontecimentos míticos, celebrando Tupã, Tamandaré, Aricute. Danças tupis, em suma, malgrado a eventual utilização de rosários, das ave-marias e padre-nossos com que também homenageavam, *et pour cause*, o ídolo Tupanasu.

Mas era o uso do petum — rito tupi — que pontificava na cerimônia da santidade. Na igreja sempre iluminada pelos tocheiros e castiçais de pau, o ápice da cerimônia residia na defumação com as folhas da erva ou na ingestão de sua fumaça pelos freqüentadores e condutores da cerimônia. Razão de ser do culto, era a fumaça do petum que transmitia a "santidade" (caraimonhaga), inicialmente para os caraíbas e, por meio deles, para os adeptos da seita. Depois de sorvê-la, uns e outros começavam a dançar e a se movimentar "com todos os membros do corpo", embriagando-se "até caírem bêbados".

No coração da santidade, o centro de seu próprio mundo, pulsava a tradicional caraimonhaga tupi. Era o tabaco que propiciava o transe físico e espiritual dos índios, transformando-os em deuses. Tabaco que atordoava e embebedava (Cardim); que causava embriaguês (Thévet); que saciava e mitigava a fome (Léry); que permitia esclarecer a inteligência e conservar alegres e saudáveis os que utilizavam a erva, aspirando-a por meio de canudos (d'Évreux).[31] O tabaco, portanto, era o ingrediente mágico da santidade ameríndia, e uma espécie muito forte de petum, que dessa erva havia vários tipos na terra brasílica. Jamais a *cannabis sativa*, conhecida nos séculos passados como fumo-de-angola, que só mais tarde os africanos introduziriam na Colônia.[32]

De qualquer modo, seria equivocado buscar-se no maior ou menor poder alucinógeno do tabaco a fonte do transe ameríndio ou, como preferiam dizer os jesuítas, o "embuste dos feiticeiros". O transe místico é mais do que um problema de beberagem ou ingestão de alucinógenos, inserindo-se, na verdade, em teia cultural mais complexa. Mais do que embriagante, o fumo da santidade era divino, conforme exclamou, com fervor, certo adepto da seita: "Bebamos o fumo, que este é o nosso Deus que vem do Paraíso".[33]

Ao sorver o fumo, os índios recebiam o "espírito da santidade" e diziam que seu deus viria já livrá-los do cativeiro e fazê-los senhores da gente branca".[34] Diziam, pois, em Jaguaripe, algo próximo ao que costumavam dizer os caraíbas tupinambá quando transferiam poderes novos aos guerreiros, assoprando neles a fumaça do petum: "para que vençais os vossos inimigos, recebei o espírito da força".[35]

O fumo da santidade era, assim, uma erva mágica e rebelde. Talvez por isso, e por atentar contra a "gravidade e a modéstia", diversos países europeus condenariam em vão o seu uso nas metrópoles. No século XVII, pelo menos dois papas — esses da "linhagem" de são Pedro, evidentemente — proibiram o seu consumo em Roma, pelos eclesiásticos, ameaçando-os com a excomunhão maior, entre outras penas.[36]

Por ser mágico, perigoso e atentatório à modéstia, o fumo acabaria perseguido na Europa. Tornar-se-ia, porém, uma de nossas principais lavouras tropicais; estratégica mesmo para o tráfico lusitano de escravos na costa da África. O gosto pela fumaça do petum sobreviveria, portanto, aos índios que a saboreavam e à santidade que a cultuava como santa e divina. Enganar-se-ia, pelo visto, o nosso caro Antonil ao escrever, no século XVII, que os portugueses muito afeiçoados ao tabaco chamavam-no, por isso, de erva santa. Na realidade, o nome com que os portugueses batizaram o fumo datava do século XVI; datava do tempo em que a erva considerada "santa" pelos índios desafiava a colonização portuguesa no litoral do Brasil.

6

AMBIVALÊNCIAS E ADESÕES

Ajoelhado, o índio se aproxima do branco
e dele recebe uma fruta.
(Porcelana inglesa de Chelsea, século XVIII.)

Mamelucos ilegítimos e desalmados, com arcos, flechas e gritarias [...] desinquietando a vila contra os padres, espalhando de alguns deles crimes péssimos.

Simão de Vasconcelos, 1663

"[...] *Sempre teve em seu coração a fé católica, mas cuidava ele que este mesmo Deus, verdadeiro Senhor, era aquele outro que na dita abusão e idolatria se dizia que vinha.*

Confissão do mameluco Gonçalo Fernandes, 1592

AMBIVALÊNCIAS: MAMELUCOS E INDIANIZADOS

Na expedição enviada por Fernão Cabral ao sertão para atrair a santidade do caraíba Antônio, a esmagadora maioria dos soldados era composta de mamelucos, sem contar os índios "flecheiros" que costumavam integrar as campanhas lusitanas sertão adentro. É preciso, pois, conhecê-los de perto, e não só porque os mamelucos desempenharam papel essencial na transferência da seita para Jaguaripe, senão porque esses homens culturalmente híbridos — meio brancos, meio índios — expressavam um tipo de ambivalência por vezes mais disjuntiva que a da santidade ameríndia.

A própria origem da expressão *mameluco* (que no século XVI era grafada *mamaluco*) é razão de controvérsias. Maxime Haubert afirma que alguns ligam a palavra ao vocábulo tupi *maloca* (a morada dos índios), termo por vezes utilizado para designar a expedição apresadora que celebrizaria os próprios mamelucos. Outros lembram que o termo era de uso corrente no Portugal medieval, usado para designar os mestiços portugueses e mouros, e posteriormente adaptado para os mestiços de brancos e índias no Brasil. A opinião predominante é, contudo, a de que a palavra mameluco foi atribuída àqueles mestiços pela sua ferocidade na caça aos escravos.[1]

A última versão parece ser, com efeito, a mais consistente, o que não exclui a hipótese de a palavra ter sido usada no medievo português para designar os filhos de cristãos e mouros. Mameluco é palavra de origem árabe, *mamluk*, que significa "escravo, pajem, criado" — segundo Aurélio Buarque de Holanda — , mas é o arguto Antônio de Moraes Silva quem fornece a chave para esclarecer de vez a questão, ao dizer que mamelucos "eram turcos criados nas artes da guerra".[2] A palavra vulgarizou-se em Portugal possivelmente na Idade Média, derivando do termo árabe denotativo da facção de escravos turcos que, engrossando as fileiras do exército muçulmano no Egito, acabaria por fundar uma dinastia afamada por sua tirania na região.[3] Nossos mamelucos coloniais (para não falar dos mestiços reinóis) herdaram, pois, no próprio nome, a fama de violência dos guerreiros turco-egípcios.

Etimologias e histórias turcas à parte, são os mamelucos da colônia que pretendo examinar, pois seu papel foi realmente essencial na história da colonização portuguesa no Brasil. Foram eles, de fato, que alargaram as fronteiras lusas para além da linha de Tordesilhas, engrossando as bandeiras à cata de ouro, pedras preciosas e escravos índios, no que sempre despertaram a ira dos jesuítas — talvez os autores do nome que se lhes veio a dar. Foram eles, majoritariamente, que marcharam nas "conquistas" portuguesas do "gentio indômito", como se dizia à época, interiorizando a colonização. Neutralizaram, com isso, a tendência lusitana ao povoamento litorâneo, à colonização no estilo "feitorial" — muito distinta, aliás, da que fizeram desde cedo os espanhóis, e de *moto próprio*, ao se lançarem ao coração da América. Os mamelucos romperam, na prática, o apego dos portugueses à costa, nostálgicos do reino que viviam — como disse frei Vicente — , arranhando a praia como caranguejos.

Mas certamente não é minha intenção fazer, aqui, a apologia dos mamelucos. Tampouco pretendo recuperar-lhes a história, sobretudo depois do que escreveu nosso historiador maior — Sérgio Buarque de Holanda —, em seu *Caminhos e fronteiras*, texto de 1957.[4] Encontra-se ali o essencial de uma etno-história dos mamelucos, bandeirantes e sertanistas que se moviam com rara destreza diante dos perigos da mata. Enfrentavam não só moléstias, mas "a fome, a sede, o gentio brabo, os animais peçonhentos e agressivos", e todo um cortejo de ameaças que somente eles, com sua bagagem cultural híbrida, eram capazes de desafiar.

Criados por suas mães índias, quer no seio da cultura nativa, quer nos núcleos de colonização, os mamelucos herdaram dos nativos o *savoir faire* necessário às lides do chamado sertão. Herdaram o conhecimento da geografia, o modo prático de abrir trilhas na floresta, de contornar o perigo das feras e cobras, de utilizar ervas terapêuticas com a desenvoltura de curandeiros (pequenos pajés). Herdaram o saber e as técnicas guerreiras, em especial o manuseio do arco e flecha, arma por vezes mais eficiente que a espingarda ou o arcabuz europeu. Herdaram, enfim, o conhecimento da língua a que os jesuítas chamavam a "mais geral falada na costa do Brasil", o que fazia deles os intérpretes por excelência do colonizador português.

Mameluco intérprete, mameluco tradutor, assim foi Domingos Fernandes Nobre, de alcunha Tomacaúna, o chefe da expedição que o fidalgo Fernão Cabral mandou ao sertão para atrair a santidade. Tratava-se, na realidade, de sertanista dos mais experimentados da Bahia quinhentista, saudado por Pedro Calmon como "talvez o maior conhecedor dos desertos do Nordeste".[5] Apesar de confundir sertões com desertos, Calmon acertou no fato, pois Tomacaúna já tinha quase quarenta anos quando Fernão Cabral o enviou em busca da santidade na mata, dos quais no mínimo 23 haviam sido dedicados a conquistas e razias nos sertões da América portuguesa.

Nascera em Pernambuco, em torno de 1546, filho de um pedreiro português, Miguel Fernandes, e da índia Joana. Fora criado por sua mãe entre os colonos e, como tal, batizado e instruído na doutrina cristã. Tinha já dezoito anos quando resolveu abandonar o litoral e aventurar-se no sertão, onde viveria entre os índios até os 35 anos de idade. Desnecessário dizer que Domingos se "indianizou" completamente, pois, a exemplo do comum dos mamelucos, trazia do berço o atributo de falar a "língua geral". Sua mudança começou, aliás, pelo nome: se dos portugueses recebera o nome cristão de Domingos — homenagem ao santo —, entre os índios seria conhecido por Tomacaúna — nome que se incorporaria definitivamente ao primeiro por alcunha.[6]

Indígena por parte de mãe, pelo nome e por falar tupi, Domingos Tomacaúna o seria no corpo, todo ele tatuado, sinal de que o mameluco se transformara em grande guerreiro nativo. Guerreiro que fizera muitos prisioneiros e, conseqüentemente, os executara com tacape — cerimônia que preludiava a antropofagia ritual dos tupi. É Léry, entre inúmeros outros cronistas, que explicita a relação entre as tatuagens e a bravura:

> Os executores desses sacrifícios humanos reputam o seu ato grandemente honroso; depois de praticada a façanha retiram-se em suas choças e fazem no peito, nos braços, nas coxas e na barriga das pernas sangren-

tas incisões [...]. O número de incisões indica o número de vítimas sacrificadas e lhes aumenta a consideração dos companheiros.[7]

Eram incisões realmente sangrentas, feitas com dente de cutia pontiagudo; riscos cruzados na pele, e não lineares, "de maneira que ficam uns lavores muito primos" — escreveu Cardim — "e alguns gemem e gritam com as dores".[8] Em tais incisões, verdadeiras feridas, aplicavam uma tintura feita à base de jenipapo, de que resultavam tatuagens indeléveis de cor enegrecida.

Os rituais de incisão possuíam, com efeito, uma importância crucial para os tupi. Além de funcionar como uma espécie de condecoração do guerreiro que aprisionava e matava o inimigo, a incisão exprimia, segundo Florestan, "um ato expiatório": se o guerreiro não a fizesse, derramando o próprio sangue, tinha por certo que também ele morreria; o flagelo significava também o sentimento de pesar pela morte dos parentes devorados pelo inimigo; era, enfim, um protesto de vingança contra as ameaças que a vítima do sacrifício lançava ritualmente contra o próprio matador, antes do golpe fatal.[9] Era nesse contexto do sacrifício e das incisões que o guerreiro ganhava novo nome e títulos de valentia, a exemplo de "abaeté" ou "morubixaba" — signo de bravura e coragem.

Nosso Tomacaúna, "homem grande de corpo", era riscado nas coxas, nádegas e braços. Possuía inúmeras incisões tatuadas, a comprovar que prendera, matara e comera muitos inimigos nos quase vinte anos de convivência entre os tupi. Guerreara, praticara a antropofagia e participara ativamente das "cerimônias gentílicas", bailando, cantando, tangendo maracás, adornando-se com penas, bebendo cauim, tingindo de urucum e outras tintas o seu corpo nu. E, como valente guerreiro, fazia jus a várias mulheres, costume que Tomacaúna não hesitou em seguir em sua longa existência como índio, chegando mesmo a esposar sete índias.

Mas Tomacaúna não era só índio nem vivera somente o seu lado tupi nos dezoito anos de "gentilidades" confessadas ao visitador. Desde jovem, deixou-se levar pelo seu lado meio colono, e algumas vezes andou prestando serviços aos portugueses. Tinha apenas 24 ou 25 anos quando se aventurou nos sertões de Porto Seguro à cata de ouro. Tinha quase trinta anos quando seguramente integrou, pela primeira vez, uma expedição de "descimento de gentios" no sertão de Arabó (Bahia), a mando dos portugueses. E não faltam indícios, por fim, de que teria andado nos aldeamentos jesuíticos, pois fora padrinho de batismo de duas índias, por sinal irmãs. Seja como for, ao iniciar sua carreira de sertanista, Tomacaúna ainda costumava viver entre os nativos, possuindo mulheres e filhos em várias aldeias.

Foi somente aos 35 ou 36 anos que Tomacaúna se bandeou de vez para o lado dos colonizadores, sem prejuízo, na verdade, de suas relações com os índios. Pelo contrário, passou a usá-las a serviço dos portugueses, como aliás fazia boa parte dos mamelucos. Talvez date dessa época, perto de 1580, o seu casamento "à moda cristã" com Isabel Beliaga, mulher branca — fato indicativo do crescente prestígio de Tomacaúna na Bahia, pois eram raras as mulheres brancas na Colônia. Assumiu, então, o seu lado de Domingos Fernandes, apresando índios e participando de várias expedições de massacres ou resgates ordenados pelo governo geral. Numa dessas ocasiões, estando ele no sertão de Ilhéus junto com o senhor de engenho João de Remirão (para quem trabalhava na época), e vendo que os índios do lugar lhes criavam problemas, fingiu-se de pajé "com invenções e fingimentos para que eles assim o cuidassem" e não os matassem. Tomacaúna dominava, pois, a linguagem dos caraíbas, e a utilizava, se necessário, a serviço dos portugueses.

Mas Domingos Tomacaúna passou também a freqüentar a Igreja católica, quando não estava no sertão. Não era contudo um "bom católico", conforme ele próprio admitiu, já que por vezes comia carne em dias defesos e só confessava na quaresma por obrigação. Além do mais, desde os vinte e poucos anos pecara gravemente contra o sexto mandamento, "dormindo carnalmente" com as duas afilhadas de batismo, o que fizera, segundo disse, por desconhecer que nisso havia pecado. Afinal — convém não esquecer —, a cultura tupinambá não conhecia a instituição do compadrio...

Alonguei-me um pouco nesse esboço biográfico de Domingos Tomacaúna não apenas por ser ele uma personagem central da santidade, senão porque sua vida exemplifica a ambivalência cultural dos mamelucos. Herdeiros de Ramalhos e Caramurus — e um dos soldados de Tomacaúna descendia mesmo de Diogo Álvares —, os mamelucos eram homens culturalmente ambíguos: meio índios, meio brancos. Um pouco tupi, outro tanto cristãos, quer em busca de sua identidade ameríndia, quer em defesa do colonialismo que os havia gerado. Usavam dos saberes indígenas para servir os portugueses, mas não hesitavam em fazer o contrário. Tudo dependia das circunstâncias, do lugar por onde passavam, do chefe a que obedeciam. A plasticidade e a aparente incoerência de suas atitudes acabava por espelhar, no fundo, a própria fluidez da situação colonial, fronteira incerta entre as culturas européia e ameríndia.[10]

À semelhança de Tomacaúna, diversos mamelucos expressam em sua biografia, no seu bilingüismo e no seu próprio corpo a ambivalência cultural que os marcava desde a origem. Examinei, com efeito, dezenas de casos relativos a mamelucos praticantes de "gentilidades", muitos dos quais envolvidos com a própria Santidade de Jaguaripe. Homens que, nascidos de mãe índia, haviam passado longos anos no sertão entre os nativos, e continuavam a fazê-lo a serviço do colonialismo.

Vivendo entre os índios, andavam nus, riscados, pintados, a beber cauim, a tanger maracás e a saudar lacrimosamente os visitantes; bailavam, cantavam, esposavam mulheres índias, das quais tinham filhos; adquiriam nomes índios, e ao lado deles guerreavam, fosse contra tribos inimigas, fosse contra os colonizadores; matavam, portanto, usando do arco e flecha em que eram destros; aprisionavam e atavam com muçurana os condenados; participavam ativamente, não tenho dúvida, dos ritos antropofágicos, comendo a carne do moquém à moda tupi. A profusão de riscos e incisões que traziam no próprio corpo é, nesse sentido, reveladora de quão integrados à cultura nativa chegavam a estar os mamelucos.

O mameluco Marçal Aragão, conhecido entre os índios como Tomacaúna Merim, vivia despido na aldeia onde tinha parentes, com "pestanas depenadas", riscado de jenipapo, chegando mesmo a lutar contra uma expedição portuguesa de resgate comandada por Cristóvão da Rocha. Lázaro da Cunha também andava nu entre os seus, tingido de jenipapo, "cabelo capado e pestanas arrancadas", deleitando-se com "duas ou três mulheres"; guerreou diversas vezes ao lado dos índios "contra os brancos", chegando certa vez a cativar dois deles...[11] A lista seria, de fato, infindável: Bastião Madeira, Baltazar de Leão (o Jabotim), Francisco Pires, Francisco Capara, André Dias, Gaspar Gonçalves, Gonçalo Álvares, Lázaro Aranha, Manoel Branco (filho de francês), Domingos Dias (o Jocorutu, coruja)...

Mas os mesmos mamelucos que viviam nus, a esposar índias e a comer brancos, possuíam também apreciável currículo de sertanistas. Participavam de várias expedições de resgate de índios — como contaram ao espantado visitador —, e ora cativavam os nativos à força, invadindo as aldeias, ora comerciavam com os "principais" do lugar, adquirindo prisioneiros de guerra ou mulheres. Nessas ocasiões, forneciam aos chefes, em troca dos cativos, nada menos que cavalos, éguas, pólvora, espingardas, arcabuzes, espadas, facas, pistoletes, bandeiras, tambores... O movimento de aculturação — processo complexo e de mão dupla — acabava, no limite, por armar os índios contra a colonização escravocrata.

Meio índios, meio brancos, é certo que os mamelucos não eram rigorosamente observantes de vários preceitos católicos, no que talvez não se afastassem muito — para desespero dos jesuítas — do padrão de religiosidade da maioria dos colonos quinhentistas. Exemplo ilustrativo encontra-se num tal de Lázaro Aranha, mameluco que contava 45 anos em 1592, natural de Porto Seguro, filho de um português com sua "servente" índia. Era pequeno lavrador e casado com uma mameluca. Lázaro era useiro em chamar pelo diabo — o diabo cristão, convém frisar —, do que foi acusado por vários companheiros. Quando estava perdendo no jogo, gritava: "Diabos, ajuntai-vos todos e vinde aqui dar-me uma carta" ou "Diabos, vinde aqui todos, acabai já, levai-me!". Externava também opiniões sobremodo heterodoxas, no estilo do hoje célebre Mennochio, ao dizer "que neste mundo havia uma coisa imortal, que era o carvão metido debaixo da terra", e ao proclamar que "Mafoma (Maomé) era um dos deuses do mundo". E para completar sua biografia incontinente, Lázaro era infamado de pecar no nefando (sodomia) com outro mameluco, de nome Gabriel, o qual "era agente", e Lázaro "paciente"...[12]

As irreverências e blasfêmias de Lázaro Aranha, mameluco que também andava pelos sertões, em nada se diferenciavam das que faziam os portugueses, para não falar das sodomias, que essas também os índios praticavam chamando de "tibiras" os "homens que se faziam de mulher". Blasfemos como Lázaro Aranha havia muitos, entre os portugueses, a chamarem pelos diabos, a escarnecerem das procissões, como se pode ver no clássico *O Diabo e a Terra de Santa Cruz*.[13] E quanto aos sodomitas, contumazes ou eventuais, arrolei mais de uma centena de casos, extraídos da mesma Visitação quinhentista, expondo-os em detalhe no *Trópico dos pecados*.[14]

E, assim como havia mamelucos que transgrediam o catolicismo à moda cristã — e não gentílica —, não faltaram brancos agindo como mamelucos, reproduzindo com exatidão os feitos de Ramalho e Caramuru. Limito-me a dar um só exemplo, entre alguns que encontrei na documentação, a saber: o de Gaspar Nunes Barreto. Baiano, filho de um ferreiro português com mulher branca — sendo que o pai ascendera à categoria de senhor de engenho e ele mesmo tinha uma "casa de meles" —, Gaspar era também riscado na perna com incisão pintada de jenipapo. Riscara-se aos dezesseis anos — e Gaspar tinha já quarenta, em 1592 —, dizendo ao visitador que o fizera "sem tenção gentílica, simplesmente como moço ignorante...".[15] Sabe-se, no entanto, em que circunstâncias e rituais os guerreiros tupis faziam seus riscados no corpo...

Gaspar Nunes Barreto, homem branco, português, fizera na juventude o que outros portugueses com certeza faziam entre os índios, isto é, a prática do canibalismo. É o que assevera Nóbrega, criticando os moradores de São Vicente: "[...] sempre dão carne humana a comer não somente a outros índios, mas a seus próprios escravos. Louvam e aprovam ao gentio o comerem-se uns aos outros, e já se achou cristão a mastigar carne humana, para darem com isso bom exemplo ao gentio".[16] Do mesmo modo que alguns portugueses, também os franceses às vezes praticavam a antropofagia, como disse Léry. Deplorando, "com pesar", os costumes dos intérpretes normandos ("há vários anos residentes no país"), informou que os mesmos não só viviam com várias mulheres índias como se vangloriavam de "haver morto e comido prisioneiros...".[17]

Portugueses e franceses no Brasil, assim como espanhóis ou ingleses noutras partes da América, quaisquer europeus estavam sujeitos a essa aculturação às avessas, "indianizando-se" ao invés de impor a sua cultura aos nativos. Contrariavam, portanto, a tendência ocidentalizante do colonialismo, reforçando a sua vocação sincrética. Mas, na verdade, sobretudo nos primeiros tempos de presença européia na América, eram todos muito dependentes dos índios, e da cultura nativa, para andar pelos matos, descobrir os caminhos, evitar as cobras, sobreviver, enfim, quando se aventuravam pela floresta ou quando, abandonados pela sorte, naufragavam e se perdiam na mata.

A "indianização" era — como muitas vezes ocorreu — uma possibilidade real para os europeus desembarcados na América — resultando, nesses casos, no que Guilhermo Giucci chamou com graça de "colonização acidental"[18] — a qual não raro preludiava a colonização efetiva, como bem exemplificam, entre nós, os Ramalhos e Caramurus. O que ocorria — ou podia ocorrer — com os europeus na América, lembra-me o caso dos "renegados" estudados por Benassar: os ibéricos que, aprisionados pelo corso muçulmano, "islamizavam-se" completamente, adotando a poligamia e seguindo o Alcorão, até caírem de novo, como nossos mamelucos, na teia do Santo Ofício.[19] Eis um resultado imprevisto da expansão ultramarina ibérica: antigos ou novos "infiéis" devoravam culturalmente os cristãos, e imprimiam sua marca nos aventureiros, quer transformando-os em "cristãos de Alá", quer tatuando seus corpos com tinta de jenipapo.

Mas em matéria de ambivalências culturais, nada parece superar os audaciosos mamelucos, que já eram ambíguos por origem e vocação. Ora lutavam junto ao índio contra os seus inimigos, ora ajudavam os portugueses em seus resgates e massacres. E, quando a serviço dos portugueses, esposavam o "sentido mercantil da colonização", em detrimento do "sentido missionário", enfrentando sem a menor cerimônia os padres da Companhia de Jesus.

Desacato aos jesuítas é o que se pode ver na denúncia do inaciano João Vicente, inglês de nação, contra Tomacaúna, Lázaro da Cunha, Francisco Pires e outros mamelucos, referindo-se a fato ocorrido no remoto ano de 1577. Queixou-se o padre de que, quando iam os jesuítas trazendo índios para os aldeamentos, interpunham-se os "mamelucos e línguas", tentando dissuadi-los de seguir para as missões. Pregavam os mamelucos, com rara habilidade, que se os índios seguissem para os aldeamentos, deixariam de ter várias mulheres, não poderiam mais sorver seus fumos, nem bailar, nem "ter os costumes de seus antepassados", "nem tomar nome nas matanças". Acenavam, em contrapartida, com a promessa de que se os índios fossem com eles, mamelucos, poderiam viver à vontade os seus costumes, que nisso não seriam tolhidos.[20]

Padre João Vicente não exagerava na sua queixa, reclamação parecida, aliás, com a que outros padres faziam contra os próprios portugueses — Fernão Cabral, Gabriel Soares —, useiros em atalhar a catequese desmoralizando os jesuítas e acenando aos índios com falsas promessas de liberdade. Confessando suas heresias ao visitador, o mameluco Francisco Pires admitiu que pregava mesmo aos índios para que não seguissem os padres, alegando que na missão seriam postos em "troncos para açoitar", proibidos de bailar, impedidos de seguir "os costumes de seus antepassados" e de "dormir com suas sobrinhas" (o matrimônio avuncular). Francisco Pires dizia aos índios, enfim, que os jesuítas haveriam de "fazê-los cristãos", opondo com grande lucidez a catequese às tradições tupis.[21] Queixa idêntica contra os mamelucos faria o próprio Anchieta, na sua Ânua de 1584, dizendo que alguns mamelucos ousaram dizer aos índios que os padres haveriam de torná-los escravos.[22] Verdadeira propaganda antijesuítica, eis o que faziam os mamelucos no sertão, desmoralizando o catolicismo por meio de uma catequese às avessas.

Sérgio Buarque nos conta, a propósito, um episódio surpreendente ocorrido em Pernambuco, no final do século XVII, fato emblemático do desencontro entre Igreja e sertanistas no período colonial. Refere-se o historiador ao encontro de Domingos Jorge Velho, o célebre bandeirante que destruiu Palmares, com o bispo de Olinda, que dele exigiu intérprete. "Nem falar sabe", afirmou o bispo do bandeirante, acrescentando que pouca diferença havia entre Domingos e o "o mais bárbaro tapuia"...[23] Se Domingos Jorge Velho mal falava o português ou se, por outra, era o bispo que não entendia a língua dos paulistas, eis algo que não posso esclarecer. O certo, porém, é que Igreja e mamelucos falavam linguagens diferentes, promovendo um embate de "catequeses" que os índios, atordoados, esforçavam-se por compreender e filtrar.

A ambivalência dos mamelucos e sua anticatequese; a indianização de europeus — irmã gêmea daquela ambivalência —, eis assuntos que não poderiam passar sem comentários no estudo da santidade ameríndia. No mínimo porque foram mamelucos — e creio que só eles poderiam fazê-lo — os homens que atraíram a seita para os domínios de Fernão Cabral. E, no máximo, porque a história dos mamelucos ilustra tópicos essenciais para a compreensão da santidade: o hibridismo cultural; as traduções do catolicismo para o tupi e vice-versa; os múltiplos sentidos da colonização; a extraordinária complexidade da aculturação no Brasil quinhentista — aculturação errática e multiforme.

Viu-se que foi nos aldeamentos da Companhia de Jesus que padres e índios construíram a base da idolatria ameríndia. Construíram-na por meio das traduções do catolicismo para o tupi e vice-versa; por meio das circularidades entre os símbolos culturais cristãos e os indígenas. Viu-se também que nossos mamelucos não ficaram alheios a essa disputa pela santidade que jesuítas e índios travaram no século XVI. Ao contrário, nela interferiram com determinação, e o fizeram no sertão, seu território privilegiado. Fizeram-no no dia-a-dia de seus resgates — e não só porque um grupo deles fora enviado a Palmeiras Compridas para atrair a santidade —, ao condenar o trabalho dos padres e ao se apresentar como zeladores das tradições ameríndias.

Se os jesuítas passavam ao índio, em língua geral, que o bom gentio era o "gentio cristão", os mamelucos diziam o contrário, na mesma língua que conheciam muito bem. Mas, na verdade, os mamelucos entraram na luta pela "santidade" construindo uma versão que era o avesso da jesuítica, verdadeira anticatequese. Nem por isso zelaram pelas tradições e pela liberdade indígenas que diziam defender — embora fossem eles um pouco índios —, senão para preservar os interesses do colonialismo escravocrata.

Fernão Cabral parece ter intuído com argúcia os embates culturais que o rodeavam. Intuiu as circularidades e sínteses culturais que então se operavam, e não por acaso, ultrapassando todos os limites, propôs ao papa indígena, via Tomacaúna, "juntar a Igreja dos índios com a dos cristãos". Não quero dizer que Fernão Cabral tenha sido o autor intelectual do catolicismo tupinambá — processo de transculturação complexo que escapava a vontades individuais. Mas foi, sem dúvida, seu mentor político, ao "oficializar" nada menos do que uma igreja católico-índia em terra cristã e escravocrata. Sem a intuição cultural deste homem, temperada pela ambição de riqueza e poder, não haveria sequer documentos para estudar mais de perto a santidade ameríndia...

A verdadeira guerra — simbólica e cruenta — travada no Brasil quinhentista pelo monopólio da santidade seria, de qualquer forma, uma batalha de mil faces.

ADESÕES: CIRCULARIDADES E HIBRIDISMOS

Atraída pelos sertanistas mamelucos para a fazenda de Jaguaripe, a santidade logo deixou de ser um culto exclusivo dos índios chefiados pela Mãe de Deus, Tupansy. E digo isso não só porque copioso número de índios foragidos da escravidão ou dos jesuítas passaram a freqüentar a igreja de Jaguaripe, senão porque o culto atrairia a atenção, inclusive a devoção, de outros segmentos étnico-sociais da Bahia.

O melhor retrato da crescente popularidade da santidade no Recôncavo Baiano encontra-se na denúncia histérica, porém confiável, de Álvaro Rodrigues, senhor de engenho rival de Fernão Cabral: "[...] em muitas partes desta Bahia e seu Recôncavo, brasis cristãos e muitos mamalucos filhos de brasis e de brancos, e muitas pessoas brancas, sendo todos cristãos, creram na dita abusão e deixaram a fé de Cristo Nosso Senhor, e o mesmo começavam já a fazer os negros cristãos de Guiné que havia nesta Bahia...".[24]

Quanto aos "brasis cristãos" a que se refere Álvaro Rodrigues, pouco teria a acrescentar ao que expus nos capítulos anteriores. A maioria das confissões e denúncias, a exemplo da mencionada, cita-os genericamente como "negros da terra", "escravos do gentio", "forros brasis" etc., sem nomeá-los. A memória da população da Bahia guardava, no entanto, a convicção de que toda a escravaria índia de Fernão Cabral havia aderido à santidade, com o seu consentimento, e alguns raros depoentes chegaram mesmo a identificar uns poucos: Cão Grande (o Jesu Pocu), Felipa, Mangue, Gabriel... Alguns depoentes foram mais detalhados, ao informar sobre os escravos brasis refugiados em Jaguaripe, citando-os pelo nome ou identificando os senhores dos quais tinham fugido: vários brasis de Gaspar Francisco, senhor de Taparica: o índio Alexandre, de Antônio Pires; dez ou doze índios de Catarina Álvares: dois ou três de Gonçalo Veloso: Simão e Paulo, gentios de Ambrósio Peixoto.[25]

Neste mar de informações genéricas sobre os brasis que aderiram à santidade, dois índios me chamaram a atenção, merecendo uma referência especial: o primeiro é Silvestre, escravo do capitão de Porto Seguro, Gaspar Curado, índio de quarenta anos — e cristão desde os 23 —, que pregava contra a escravidão e previa que a santidade faria dos índios senhores dos brancos, razão pela qual foi açoitado e posto em grilhões pelo seu dono; o segundo é Manoel, escravo de um lavrador de Matoim, que induziu um mameluco a aderir à seita, dizendo-lhe "pela língua gentia que era verdadeira aquela santidade".[26]

Mais genéricas são ainda, além de menos freqüentes, as informações sobre a adesão de africanos à seita. Entre as exceções que confirmam a regra, menciono a denúncia de Maria Carvalha, mameluca que servia na casa de Fernão Cabral, que acusou Petronilha, negra da Guiné. Acusou-a de esbofetear a imagem de Nossa Senhora e de insultá-la, dizendo que "aquela senhora não prestava, (por)que era de tábua"; que melhor era a dos gentios, de pedra, referindo-se ao ídolo cultuado na santidade.[27] As informações sobre os negros da Guiné, embora escassas, sugerem uma crescente adesão de africanos à santidade ameríndia — o que, além de justificar o temor dos senhores da capitania, ilustra o grau de complexidade que o processo de aculturação atingiu naquele culto.[28]

As melhores e mais numerosas informações sobre as adesões à santidade dizem respeito aos mamelucos e aos brancos — território riquíssimo para uma investigação de tipo histórico-antropológico. Mas é preciso cautela, já que muitos supostos adeptos nada mais eram do que inimigos daqueles que os delatavam, sem falar no medo que todos sentiam perante o visitador. De qualquer modo, a documentação contém informações razoavelmente confiáveis para embasar algumas considerações.

Não resta dúvida, em primeiro lugar, de que muitos brancos, portugueses ou luso-brasileiros passaram a crer na santidade e a reverenciá-la, havendo alguns que o confessaram ao visitador sem qualquer hesitação, embora se dissessem arrependidos, e sem sofrer maiores pressões do Santo Ofício. Outros foram acusados de freqüentar a igreja, o que é perfeitamente verossímil, mas carente de provas.

Entre os casos mais salientes encontra-se o de Luísa Barbosa, que admitiu ter acreditado na santidade dos índios, não na de Jaguaripe, mas em outra que irrompera na Bahia na década de 1560, tempo em que ela só tinha doze anos. Luísa, mulher branca, contou que conversara, então, com "negros, cristãos e gentios", os quais o "provocaram" a crer que "aquela santidade era santa e boa, e que a lei dos cristãos não prestava" etc. — o que ela, sendo "moça de pouca experiência", tomou por verdade durante alguns meses.[29]

Vários homens, por outro lado, se não aderiram plenamente à Santidade de Jaguaripe, pelo menos freqüentaram a igreja em algumas ocasiões, sendo "fama pública" na Bahia que muita "gente branca" andou pela fazenda de Fernão Cabral nos meses em que a seita foi ali abrigada. Alguns eram mesmo infamados de se terem convertido à santidade ou de participar ativamente de suas cerimônias, a exemplo de um tal Duarte Menezes — conhecido como judeu —, de Baltazar de Siqueira, criado de Fernão Cabral que espevitava as candeias do templo; de Francisco d'Abreu, acusado de praticar os ritos da seita; de Simão da Silva, ninguém menos do que o sobrinho do governador Teles Barreto.[30]

Outros parecem ter visitado a igreja pelo menos uma vez — dizendo-se curiosos —, a exemplo do mercador cristão-novo Antônio Lopes Ilhoa e do senhor de engenho da ilha da Maré, o português Pero Novais. Enfim, muitos dos que acusaram Fernão Cabral de participar dos ritos da santidade disseram ao visitador do Santo Ofício que delatavam Fernão Cabral por tê-lo visto praticando os ritos. Foi o caso de João Brás, carpinteiro, que disse ter visto Fernão Cabral tirar o chapéu para reverenciar o ídolo, e alguns outros. Se tais homens de fato viram Fernão Cabral praticar os ritos da seita na igreja, como aliás asseguraram ao visitador, cabe-me tão-somente perguntar: o que estavam fazendo lá?

Mas em matéria de envolvimento com a santidade, ninguém foi mais citado do que o próprio Fernão Cabral e sua família. Fernão Cabral foi acusado de praticamente tudo nessa matéria, desde proteger a seita e patrociná-la até praticar as danças indígenas em torno do ídolo. Trata-se, nesse caso, de assunto mais complicado, pois já se viu o quanto as atitudes do senhor de Jaguaripe desagradaram a população da Bahia, sobretudo os senhores de escravos, de modo que muitos carregaram nas suas acusações contra Fernão sem saber ao certo que ritos ele havia realmente praticado. Estou convencido, porém, como já disse anteriormente, que Fernão Cabral jamais acreditou na santidade, embora tenha aderido à seita e até praticado alguns de seus ritos.

Quanto às filhas de Fernão Cabral, igualmente acusadas de freqüentar a igreja, pouco tenho a dizer, tratando-se de acusação genérica que nem sequer identifica quais filhas ou filhos de Fernão costumavam ir ao templo.[31] Mas creio ser possível, considerando o envolvimento do pai, que alguns filhos de Fernão Cabral tenham assistido às cerimônias da santidade.

Afirmei acima as minhas reservas, para dizer o mínimo, quanto à sincera adesão de Fernão Cabral à santidade. Mas não diria o mesmo da "devoção" de d. Margarida da Costa, esposa de Fernão, mulher que se dedicou à seita mais do que se poderia imaginar. Não me refiro apenas ao tratamento cordial que dispensava ao "alto clero" da seita, recebendo a Mãe de Deus na casa-grande, aceitando fitinhas de presente, consentindo que os índios pintassem a sua casa como eles queriam etc. Demonstrações de apreço e cordialidade também o ardiloso Fernão Cabral se fartara de dar aos sectários de Jaguaripe. Refiro-me à sua própria confissão de que, ao saber da existência da seita no sertão, tivera realmente vontade de conhecer o papa e a santidade, para ver "o que aquilo era". Refiro-me à sua convicção de que "não podia ser [coisa] do demônio, senão alguma coisa santa de Deus, pois [os índios] traziam cruzes, de que o demônio foge, [e] nomeavam Santa Maria...".[32]

É certo que, com medo da Inquisição, d. Margarida admitiu ter se desiludido e caído em si — sobretudo após a destruição da igreja por ordem do governador —, dizendo que tomara o ídolo na mão, esbofeteara-o, e nele cuspira com raiva. Quer-me parecer, no entanto, que a "decepção" de d. Margarida da Costa com a santidade foi sobremodo estimulada pelo desenrolar dos acontecimentos, em especial pela expedição de Bernaldim Ribeiro da Gram. Até aquela altura, pelo contrário, a esposa de Fernão Cabral parecia muito enternecida com a índia Mãe de Deus e seus batismos... Afinal, d. Margarida era, como a maioria das mulheres daquele tempo, muitíssimo apegada a magias, mantendo assíduas conversações com a mulata Beatriz Correa, infamada de "bruxa", mulher que lhe havia dado um "bucho de peixe recheado de feitiçarias" para amansar Fernão Cabral...[33]

Mas é no campo dos mamelucos que se encontra, ao meu ver, o universo mais impressionante de adeptos da santidade. Não me refiro apenas à opinião genérica de vários depoentes, segundo os quais "muitos mamelucos, assim como gente branca" haviam aderido à santidade. E não me refiro tanto à adesão de certos mamelucos, que nada tinham de sertanistas, a exemplo do citado Vicente Moura, fervoroso sectário que gritava ser "o fumo o deus que vinha do paraíso", ou de Luíza Barbosa, filha de um escrivão que durante alguns dias acreditou que "Nossa Senhora e Nosso Senhor" tinham voltado ao mundo na santidade dos índios. Refiro-me especialmente àqueles que examinei no item anterior, homens que transitavam com desenvoltura entre o mundo indígena do sertão e o mundo colonial do litoral. Aos homens que ora viviam como índios, ora como gendarmes do colonialismo.

Tomacaúna e seus homens — e neles incluo os brancos que, riscados à moda gentílica, eram mamelucos de espírito — praticaram à exaustão as cerimônias da santidade ao encontrar o papa Antônio em Palmeiras Compridas: Pantaleão Ribeiro, Pero Álvares, Agostinho de Medeiros, Domingos Camacho, Diogo da Fonseca, Cristóvão de Bulhões, Gonçalo Fernandes, Simão Dias, Rodrigo Martins...

A lista seria de fato infindável. Praticamente todos, sem exceção, admitiram ter reverenciado o papa, ajoelhando-se, beijando seus pés, idolatrando, em suma, o caraíba tupi. Admitiram ainda que, durante meses, praticaram os ritos da santidade, bailando, cantando, "bebendo o fumo santo" e tudo o mais que entre os índios se fazia.

É certo que vários desses mamelucos que, por azar, foram argüidos pelo visitador alegaram que só haviam praticado aquelas cerimônias para "enganar o gentio" ou obedecendo às ordens de Tomacaúna, que deles exigira total reverência ao culto ameríndio. O próprio Tomacaúna insistiu demasiado na versão de que tudo fora feito para "iludir os índios", cuidando de acrescentar que também ele seguira para o sertão obedecendo a ordens superiores.

Não resta dúvida de que os mamelucos falaram a verdade, ao dizer para o visitador que tencionavam "enganar o gentio" para levá-lo à fazenda de Fernão Cabral. Confirma-o, em primeiro lugar, o próprio envolvimento da expedição com o senhor de Jaguaripe, que com este objetivo havia enviado Tomacaúna e seus homens para o sertão. Confirma-o, sobretudo, a própria história dos mamelucos sertanistas, homens habituados a "descer índios" apregoando que se o gentio os seguisse, e não aos padres, gozaria de plena liberdade sexual e religiosa nas fazendas do Recôncavo... Não fora o mameluco Francisco Pires capaz de pregar aos índios que eram os aldeamentos da Companhia que tinham "troncos para açoitar", ao contrário das fazendas escravocratas? Não tenho dúvida, repito, de que os mamelucos de Tomacaúna pretendiam enganar os índios, procurando atraí-los para Jaguaripe.

No entanto, até que ponto esses homens ultrapassaram a fronteira dos interesses estratégicos e mergulharam na santidade de corpo e alma, eis algo difícil de precisar. Tomacaúna e seus homens eram soldados do sertão, riscados de jenipapo, antropófagos, polígamos. Muitos deles tinham mulheres e filhos nas aldeias, embora os tivessem também na Bahia. Detestavam os jesuítas, e nisso esposavam tanto o ânimo dos senhores escravocratas como o de suas vítimas, os índios rebeldes. Os mamelucos eram homens da fronteira, e o eram em duplo sentido: o geográfico e o cultural. Homens com identidade deteriorada, perdidos entre a cultura ameríndia e a portuguesa, hesitantes entre lutar pelos índios ou apresá-los para os colonizadores. Estou convencido de que entre os mamelucos de Tomacaúna não poucos cruzaram a fronteira da conveniência e fizeram o que muitas vezes haviam feito: mergulharam na cultura indígena que traziam marcada no corpo.

A documentação inquisitorial fornece, com efeito, alguns fortes indícios que confirmam o que se disse acima. É o caso dos nomes que o papa atribuiu a Tomacaúna e a Pantaleão Ribeiro, por exemplo: respectivamente São Luís, o santo cruzado, e São José, o esposo da Virgem Maria. Lembrando-se que os nomes de santos eram dados aos principais da santidade, tudo parece indicar que Tomacaúna e Pantaleão — um mameluco e o outro branco — passaram a integrar no sertão o "alto clero" da seita, não obstante os dois negassem ter aderido de coração ao culto ameríndio.

Houve mamelucos, por outro lado, que não tentaram dissimular suas crenças religiosas diante do visitador, embora delas pedissem perdão e misericórdia ao Santo Ofício. Foi o caso de Gonçalo Fernandes, que, ouvindo a pregação da santidade, pareceu-lhe que aquilo era "certo e bom", razão pela qual lançou-se aos fumos, aos bailes e às demais cerimônias que os índios faziam "na sua língua".[34] Foi também o caso de Cristóvão de Bulhões, que admitiu acreditar que a dita índia Santa Maria era, na verdade, "a Nossa Senhora Mãe de Deus [...], que desceria do céu na companhia dos ditos brasis...". Cristóvão crera, enfim, que a religião dos índios era "santidade de verdade".[35]

Enganadores e crédulos a um só tempo, os mamelucos ultrapassaram o serviço que deles exigira Fernão Cabral. Ficaram meses no sertão praticando os ritos da santidade, e talvez por isso jamais tenham trazido o restante da seita para Jaguaripe. Se assim ocorreu, por ironia da história, foi também devido à recaída ameríndia de Tomacaúna *et caterva* que o plano de Fernão Cabral viria abaixo.

É o momento de esboçar uma avaliação do complexo religioso inscrito na santidade ameríndia. Evitei, até aqui, caracterizá-la como seita sincrética ou como expressiva do sincretismo religioso no Brasil quinhentista. Evitei o conceito não por dele discordar *a priori*, entendendo, como Bastide, que o sincretismo nunca "é simplesmente uma equivalência de termos ou justaposição mecânica de traços culturais oriundos de duas civilizações diferentes", senão a fusão religiosa de crenças distintas.[36]

Concebido à moda de Roger Bastide, seria perfeitamente possível qualificar de sincretismo religioso o complexo cultural forjado na santidade ameríndia. Não tenho dúvida de que, aos olhos dos índios, sobretudo dos que haviam passado pela catequese, operou-se uma autêntica fusão de símbolos e crenças religiosas, a ponto de o ídolo Tupanasu por eles cultuado ser, ao mesmo tempo, um herói tupi e o deus cristão — o "deus grande" que jesuítas e catecúmenos construíram juntos em língua geral. Não foi por outra razão, aliás, que chamei a santidade de catolicismo tupinambá...

Creio, no entanto, que não basta apreender o possível significado da santidade para os índios "cristianizados" — e nesse caso, sim, é possível falar em sincretismo —, para definir um complexo religioso que foi lido e apropriado de várias maneiras por diversos grupos étnico-sociais. Na verdade, a santidade não foi monopólio dos "índios cristãos", mas acabou vivenciada por "gentio pagão", "negros da Guiné", brancos, mamelucos...

O que teria significado a santidade para os "negros da Guiné" — sabe-se lá de que regiões da África — que aderiram crescentemente às cerimônias de Jaguaripe? Impossível responder. Quanto aos ditos "índios pagãos" que aderiram à seita, não creio que filtrassem mais do que a devoção ao maracá figurado no culto do ídolo Tupanasu — e não a devoção ao "deus grande" inaciano-tupi, este sim sincrético. Não creio que chegassem mesmo a confundir a Terra sem Mal com o Éden cristão, ao contrário daqueles índios foragidos das missões. Nessas considerações meramente conjecturais e intuitivas, guio-me pela dúvida sobre se havia verdadeira "fusão de religiosidades", verdadeiro sincretismo no ânimo desses adeptos da santidade.

Quanto aos mamelucos, sobretudo no caso dos "Tomacaúnas" — com licença para o uso do plural —, penso ser um típico caso de disjunção cultural, antes de ser sincretismo. Eram homens que viviam em dois mundos distintos, espelhando sua ambivalência em todos os domínios. Bailavam à moda gentílica e sabiam rezar o padre-nosso. Vestiam-se na Bahia e despiam-se no sertão. Devoravam brancos e escravizavam índios. Impossível atribuir-lhes, com segurança, qualquer fusão de ânimo religioso. Eram homens dilacerados pelo colonialismo, e sua identidade era fluida com a própria colonização.

Enfim, os brancos: cristãos-velhos e cristãos-novos; católicos e quem sabe "judaizantes"; homens e mulheres de Portugal... Por que teriam aderido à santidade? Difícil responder à pergunta. Parece-me inadequado, de qualquer modo, falar simplesmente de sincretismo, em fusão de crenças católicas e ameríndias tão cedo assumida por gente que, não obstante "vivesse em colônias", ou nelas tivesse nascido, pertencia, em espírito, à velha cristandade ibérica. Prefiro, nesse caso, pensar na pulsão de uma religiosidade popular aberta à magia, algo próximo a um catolicismo popular, rústico, temperado na Colônia pelo encantamento do exótico. Afinal, até para os jesuítas a fronteira entre Deus e o diabo podia ser de fato fluida, a ponto de os "soldados de Cristo" chamarem uma idolatria tupi de santidade...

A santidade foi, sem dúvida, sincrética para a maioria dos índios que nela ingressou, gente que cria ser Tupã o deus verdadeiro, o "deus grande" de que se falava nas missões. Mas a santidade também era, parafraseando Pirandello, muitíssimo variável conforme os olhares que, curiosos ou devocionais, nela se fixaram, ensejando uma religiosidade múltipla e heterogênea. Foi por defrontar-me com tamanha diversidade de olhares e sensibilidades que evitei a palavra sincretismo, refugiando-me nos conceitos de circularidade e hibridismo cultural.

Não foi por acaso, aliás, que aludi, no penúltimo parágrafo, à fluidez da fronteira entre Deus e o diabo no imaginário ocidental. Pretendi, na verdade, não demonizar a santidade — que nisso os jesuítas eram mestres —, senão lembrar, uma vez mais, o que Carlo Ginzburg viu no estereótipo do sabá das bruxas, complexo híbrido de culturas, exprimindo as circularidades entre a cultura erudita e a cultura que chamou de "folclórica". A santidade é, nesse sentido, muito próxima ao sabá: "uma formação cultural de compromisso, resultado híbrido de um conflito...".[37]

159

Parte 3

SANTIDADE
O teatro da inquisição

7

SANTIDADE
A heresia do trópico

Misericórdia e Justiça: o lema do Santo Ofício.
(Estandarte da Inquisição Portuguesa.)

*Respeitando-se também o Réu ser cristão velho,
e a qualidade e a sua nobreza e bom sangue, e a
probabilidade que há, e a certeza que se presume,
que não teve no entendimento e ânimo erro interior contra a verdade de nossa Santa Fé Católica
[...] o condenam somente a que nesta mesa faça
abjuração de leve suspeito na fé...*

Heitor Furtado de Mendonça, sentença contra Fernão Cabral, 1592.

O VISITADOR PERPLEXO

Afirmei, no capítulo anterior, que não fosse a audácia de Fernão Cabral em atrair a santidade ameríndia para seus domínios e nem sequer teríamos tantos documentos para estudar a seita com alguma profundidade. No entanto, viu-se que o senhor de Jaguaripe lograria contornar os efeitos de sua derrota diante dos senhores do Recôncavo, e não caiu em desgraça após a destruição da igreja por ordem do governador. Pelo contrário, chegaria mesmo a receber uma incrível certidão abonadora, assinada por Teles Barreto, em que se atestavam os relevantes serviços prestados por Fernão a el-rei no destroçamento da "abusão dos gentios"...

Pretendo salientar, com isso, que se dependêssemos da documentação governamental, a história da Santidade de Jaguaripe ficaria praticamente reduzida a cinzas, a exemplo da igreja feita em chamas por Bernaldim da Gram. É certo que Manuel Teles Barreto mandaria destruir a santidade, mas logo depois cuidou de abafar a ressonância do episódio. Ele que, além de influenciado por Fernão Cabral, tinha um sobrinho que freqüentava as cerimônias de Jaguaripe e reverenciava o ídolo.

Para azar de Fernão Cabral — e sorte do historiador, *malgré tout* —, o Santo Ofício mandaria sua "Primeira Visitação" às partes do Brasil, cinco anos depois do "escândalo da santidade". Foi a Inquisição, portanto, ao descortinar o envolvimento de Fernão Cabral com a seita indígena, a responsável pela profusão de documentos que viabiliza a presente investigação. Transformando a audácia de Fernão em suspeição de heresia, o Santo Ofício não fez mais que exercer o mister de sua especialidade: investigar, argüir, devassar ânimos e comportamentos, descobrir a verdade dos fatos, enfim, para demonstrar os erros de fé.

Não detalharei, aqui, o que se tem escrito há anos sobre as razões que levaram a Inquisição lisboeta a enviar uma Visitação ao Nordeste luso-brasileiro em fins do século XVI. Estou em parte de acordo com Anita Novinsky, para quem o Santo Ofício veio à cata de cristãos-novos, pois foram eles, afinal, os réus preferenciais da Inquisição portuguesa nos quase trezentos anos de sua existência. Sônia Siqueira parece também correta ao vincular o envio da Visitação ao interesse em "integrar o Brasil no mundo cristão", embora diga o óbvio ao destacar que o Santo Ofício veio "investigar sobre que estruturas calcava-se a fé" de nossos moradores. O Santo Ofício fazia isso em toda a parte. Na verdade, a Visitação ao Brasil não possui qualquer razão especial, incluindo-se, antes, no vasto programa expansionista executado pelo Santo Ofício na última década dos quinhentos. Após consolidar-se no Reino, pois fora criada em 1536, a Inquisição estenderia seu braço ao ultramar, visitando não só o Brasil, mas também Angola e as ilhas da costa africana, os Açores e a Madeira... É o que nos informa Francisco Bethencourt, o melhor conhecedor da instituição inquisitorial portuguesa.[1]

Ao Brasil, Lisboa enviou o licenciado Heitor Furtado de Mendonça, deputado do Santo Ofício que, segundo Capistrano, devia ter entre trinta e quarenta anos ao desembarcar na colônia. Além de licenciado e funcionário do Santo Ofício, Heitor Furtado era desembargador real e capelão fidalgo de el-rei. Era homem de foro nobre, que passara por dezesseis investigações de "limpeza de sangue" para habilitar-se ao cargo inquisitorial. Nobre, "imaculado no sangue" (como então se dizia), Heitor Furtado teve sua competência nas "letras e sã consciência" reconhecidas pelo cardeal Alberto, inquisidor geral que o nomeou para visitar o Brasil, inclusive as "capitanias do Sul", além dos bispados de São Tomé e Cabo Verde na costa da África.[2]

Heitor Furtado desembarcou na Bahia em 9 de junho de 1591, após breve escala em Pernambuco. Veio na companhia de d. Francisco de Souza, recém-nomeado para a Governança Geral, e chegou "mui enfermo", nas palavras de frei Vicente; foi se "curar no colégio dos padres da Companhia",[3] onde aliás exerceria, convalescido, a sua missão inquisitorial.

Na comitiva de Heitor Furtado vieram também o notário Manoel Francisco — cuja caligrafia aproveito para homenagear — e o meirinho Francisco Gouvea, ajudante-de-ordens do visitador. Somente em 15 de julho de 1591 é que Heitor Furtado se apresentou ao bispo Antônio Barreiros com sua comitiva, dando-lhe ciência da comissão inquisitorial de que estava incumbido. Antônio Barreiros — que exercera interinamente o governo geral e assistira, como ordinário, a várias sessões da Visita — beijou os papéis de Heitor Furtado, dizendo-se pronto a ajudá-lo no que fosse necessário.

Na semana seguinte, em 22 de julho, foi a vez do Paço do Conselho e Câmara de Salvador, onde Heitor Furtado foi recebido pelos "mui nobres senhores, juízes e vereadores" da Bahia. Entre eles estavam Garcia d'Ávila, vereador mais velho — grande senhor cuja fazenda fora incendiada pelos rebeldes da santidade... —, e Fernão Vaz, vereador, ex-juiz que outrora tinha sido incumbido por Teles Barreto de convencer Fernão Cabral a destruir a santidade, sendo expulso de Jaguaripe... O juiz mais velho, Martim Afonso Moreira, também beijou, como fizera o bispo, as credenciais do visitador, prometendo-lhe total ajuda nos trabalhos.

Em 28 de julho de 1591 teve início a Visitação, não sem grande pompa e cerimonial laudatário ao Santo Ofício e à pessoa de Heitor Furtado, presentes o bispo com seu cabido, os funcionários da Governança e Justiça, vigários, clérigos e membros das confrarias, sem falar do povo que se acotovelou nas ruas da cidade para acompanhar o cortejo inquisitorial. Heitor Furtado veio debaixo de um pálio (sobrecéu portátil) de tela de ouro e, estando na Sé, recebeu um sem-número de homenagens e discursos de louvor, inclusive de Marçal Beliarte, provincial dos jesuítas.

Feita a leitura, em português, da "constituição de Pio V em favor da Santa Inquisição", Heitor Furtado se dirigiu, escoltado, ao centro da capela maior, onde estava posto um altar ricamente adornado com uma cruz de prata arvorada e quatro castiçais grandes, também de prata, com velas acesas, além de dois missais abertos em cima de almofadas de damasco, nos quais missais jaziam duas cruzes de prata... Heitor Furtado rumou, então, para o topo do altar, sentando-se numa cadeira de veludo "que lhe foi logo trazida pelo capelão". E estando assim sentado, no meio de todo esse luxo, recebeu o juramento do governador, juízes, vereadores e mais autoridades e funcionários, todos ajoelhados perante o representante do Santo Ofício.[4]

Publicou-se, após o recebimento do visitador, o famoso Edital da Fé e Monitório da Inquisição, convocando-se os fiéis a confessar e denunciar as culpas atinentes ao Santo Ofício sob pena de excomunhão maior. Que ninguém fosse poupado, qualquer que fosse o "grau, estado e preeminência" dos indivíduos, devendo todos confessar e acusar as heresias e apostasias contra o catolicismo. Em teoria, como se vê, o Santo Ofício se colocava acima de todos, dissolvendo as hierarquias e verticalizando as relações sociais em seu exclusivo benefício. No entanto, desde os primeiros passos da Visitação, mancomunava-se o visitador, como rezava o protocolo, com os "homens bons" do lugar.

Divulgado o Edital da Fé, Heitor Furtado concedeu trinta dias para que os fiéis confessassem "livremente" suas culpas com isenção de penas corporais ou seqüestro de bens — o chamado "período da graça". E para orientar a população sobre o que confessar ou delatar, mandava ler o Monitório — o rol de culpas atinentes ao foro inquisitorial, por exemplo o judaísmo, e os indícios de tal crime: escusar-se de comer carne de porco, jejuar no "jejum da rainha Ester", guardar o sábado... Além do judaísmo, crime maior, o Santo Ofício vasculhava outras heresias com que estava familiarizado na península, ou que delas queria se livrar, preventivamente: islamismo, feitiçarias, luteranismo. Somavam-se enfim aos erros heréticos alguns comportamentos igualmente suspeitos de heresia, a espelhar as preocupações moralizantes da Reforma católica: sodomias, bigamias, defesas de fornicação, orações amatórias...

Heitor Furtado veio, pois, investigar as heresias a que o Santo Ofício estava afeiçoado, quero dizer, habituado a julgar, mormente o judaísmo. Jamais as "gentilidades" e "santidades do gentio", de cuja existência nem sequer desconfiava. Teve que ouvir perplexo, no entanto, um mar de acusações e confissões sobre santidades, incisões com jenipapo, idolatrias, fumos embriagantes etc., que comprometiam mais de cem pessoas, a começar por Fernão Cabral.

Assoberbado com julgamentos de criptojudeus, sodomitas, bruxas, bígamos, fornicários e tantos outros, Heitor Furtado foi obrigado, pelo estilo da colonização, a julgar também o que ignorava. Atordoado, e deixando-se impregnar pelo clima de prepotência senhorial que grassava na Colônia, o visitador acabaria por extrapolar as instruções que recebera de Lisboa. Mandou prender suspeitos sem licença do Conselho Geral; processou em última instância réus cujos crimes deveriam ser julgados na metrópole; absolveu indivíduos que, no entender do inquisidor geral, mereceriam penas rigorosas; sentenciou outros que o Conselho julgava inocentes; realizou, enfim, verdadeiros autos de fé públicos sem qualquer autorização de Lisboa, embora não tenha relaxado ninguém à Justiça secular. Foi, por tudo isso, diversas vezes advertido pelo cardeal arquiduque Alberto, como demonstra a correspondência inédita publicada por Antônio Baião.[5]

Em meio a tantos atropelos, Heitor Furtado seria ainda vítima de dois atentados na Bahia, perpetrados por um certo Rocha, morador no Espírito Santo, que em duas noites disparou seu arcabuz na janela do visitador. Atacado a tiros de arcabuz, Heitor Furtado também não ficaria sem a ameaça de "armas gentílicas". É o que nos conta Anchieta, a propósito de um mameluco praticante de gentilidades, o qual, advertido por alguém de que devia se acautelar com o Santo Ofício, gritou: "Acabaremos com a Inquisição a flechadas!".[6]

DESCOBERTA DO COLONIZADO PELO SANTO OFÍCIO

Do despreparo do visitador para lidar com as "heresias do trópico" teria, com efeito, inúmeros exemplos a fornecer, iluminando essa outra faceta dos embates culturais inerentes ao colonialismo. Heitor Furtado estava preparado para decifrar indícios de criptojudaísmo, desvios clandestinos da fé, intenções secretas de heresia, e não uma "assembléia" pública onde brancos, índios, mamelucos e negros se irmanavam em torno de ídolos... E nem a experiência de leituras que porventura tivesse feito sobre a "extirpação de idolatrias" levada a efeito na vizinha América hispânica valeria grande coisa para o perplexo visitador. Afinal, aquelas eram feitas por índios contra os brancos, e não protegidas pelos colonizadores, como parecia ser o caso de Jaguaripe.

Heitor Furtado inquietou-se especialmente com o que lhe contavam os mamelucos, homens que se diziam cristãos mas pareciam índios, sobretudo os sertanistas. Lembro, a propósito, sua reação súbita à confissão de Gonçalo Fernandes, que, embora se dissesse cristão, admitiu que chegara a crer no "deus dos gentios" como "verdadeiro deus". Interrompendo a confissão, Heitor Furtado exclamou que a afirmação de Gonçalo não tinha o menor cabimento, pois se o réu se dizia cristão, devia saber que Cristo padecera na cruz, e só desceria do céu, onde estava glorioso, no dia do Juízo Final! E como poderia um cristão acreditar — prosseguiu o visitador — que Jesus viria na "abusão do gentio" a "fazer senhores os brasis e fazer escravos aos brancos"?![7]

Os diálogos entre Heitor Furtado e muitos mamelucos eram batalhas de equívocos e desacertos. Heitor Furtado doutrinava o mameluco pensando na Paixão e Ressurreição de Cristo; no Apocalipse e no Juízo Final. O Jesus de Heitor Furtado era o dos mistérios gloriosos, filho de Deus feito homem. O Jesus de Gonçalo Fernandes bem podia ser o ídolo Tupanasu feito de pedra, e dar seu nome ao escravo Cão Grande de Fernão Cabral... Por outro lado, Heitor Furtado não conseguia entender por que um mameluco a serviço dos brancos crera num deus que, além de falso, apregoava a escravidão dos mesmos brancos pelos índios. Justamente um mameluco, que ganhava a vida apresando índios para os portugueses... A lógica híbrida e tortuosa do colonialismo escapava completamente ao olhar arguto do visitador.

Exemplo maior dos desacertos de Heitor Furtado talvez se encontre em suas argüições sobre as incisões tingidas que os mamelucos apresentavam. Vendo os riscados nos cotovelos, coxas, pernas etc., e sabedor de que se tratava de um "rito gentílico", Heitor Furtado insistia em inquirir dos réus sobre "que ânimo os havia levado a fazer tais riscos...". Utilizava um *modus faciendi* inquisitorial, rastreador de intenções heréticas, totalmente inócuo para enfrentar as cerimônias do trópico. Parecia desconhecer por completo a relação entre as tatuagens no corpo e os ritos antropofágicos dos tupi, deixando-se ludibriar facilmente pelos mamelucos. Preocupou-se, no entanto, em argüi-los sobre quantas vezes, estando no sertão, haviam comido carne em dias proibidos pela Igreja, em vez de comer frutas, legumes e hortaliças... Eis um exemplo da vulnerabilidade do Santo Ofício diante da situação colonial. Sem cuidar que argüia antropófagos condecorados com tatuagens, preocupava-se com as restrições alimentares do calendário cristão, irritado com o fato de os mamelucos comerem "bichos do mato" na Quaresma...

Devo dizer que me causou certo espanto a ignorância do visitador em matéria de "gentilidades", e não porque esperasse do capelão de el-rei recém-chegado ao Brasil conhecimentos razoáveis da cultura tupi. Intrigou-me o fato de Heitor Furtado ter contado, em quase toda a Visitação, com a presença de Fernão Cardim na mesa inquisitorial, jesuíta que assinou diversos pareceres da Visitação como reitor do Colégio da Bahia. Fernão Cardim acompanhou as sessões de interrogatório e participou das deliberações do visitador, inclusive no caso dos mamelucos. Estava no Brasil desde 1583, onde chegara em companhia do falecido Teles Barreto, tendo já percorrido a Bahia, Ilhéus, Porto Seguro, Pernambuco, Espírito Santo, Rio de Janeiro e São Paulo — do que resultaria a sua "Narrativa epistolar de uma viagem e missão jesuítica", concluída em 1590.[8]

Se Cardim certamente conhecia muito bem "a terra e a gente do Brasil" — e disso não há dúvida —, causa estranheza o fato de não ter orientado o visitador sobre certas "gentilidades" que vieram à luz nos interrogatórios. Ou bem Fernão Cardim resolveu calar-se, ou bem Heitor Furtado não lhe teria dado ouvidos, preocupado com outras heresias. Seria de qualquer modo difícil, para Fernão Cardim, explicar a Heitor Furtado que Tupanasu, "deus grande" da abusão indígena, derivava de Tupã, nome que os jesuítas usavam para exprimir o deus cristão nas missões. Ser-lhe-ia difícil, ainda, explicar ao visitador que Nossa Senhora era chamada de Tupansy, nome pelo qual devia ser conhecida a índia Mãe de Deus. Quanto ao possível desinteresse de Heitor Furtado pela religiosidade dos mamelucos, também não creio que se deva exagerá-la, pois se assim fosse, ele não teria examinado e processado tantos, nem os teria inquirido sobre infrações alimentares no sertão com tamanho interesse.

Nas tatuagens dos mamelucos pulsava, no entanto, tradição das mais caras aos tupi — insígnias da vingança, da antropofagia ritual —, coisa que o visitador não pôde ou não quis compreender.

SANTIDADE DEVASSADA: IMAGENS E PALAVRAS

O desconhecimento etnográfico de Heitor Furtado foi, num aparente paradoxo, de enorme valia para o estudo da santidade ameríndia. Espantado com o que ouvia das testemunhas, impedido de enquadrar os ritos e crenças narrados nos inquéritos, quer no modelo europeu de feitiçaria, quer nas heresias mais conhecidas, Heitor Furtado mandou escrever quase tudo o que lhe diziam.

É claro que os relatos foram vertidos em linguagem inquisitorial — e já falei do obstáculo que isso representou para inúmeros tópicos examinados —, mas não foi pouco o que sobreviveu à sanha demonizadora do discurso inquisitorial. E o que digo é válido não apenas no tocante às crenças e ritos ameríndios analisados na "morfologia da aculturação", como em relação à imagem que os colonos fizeram da seita indígena.

Na verdade, a diversidade de adjetivos e qualificações que passeia pela documentação sugere, com segurança, que muito do que ali se afirmou resultava da opinião dos depoentes. Opinião que, sem dúvida, procurava adequar-se ao rito de um interrogatório inquisitorial, já passados cinco anos dos principais acontecimentos. Mas a heterogeneidade das adjetivações acerca do ídolo, das cerimônias, do templo indígena e da própria seita permite à pesquisa ir além, rastreando o imaginário dos colonos em face do "outro" cultural.

A própria santidade, antes de tudo, foi identificada de maneiras muito diferentes pelos depoentes da Visitação. Alguns disseram que santidade era o ídolo, outros que era o nome das cerimônias, e alguns a viram como a seita herética dos brasis. Desacertos à parte, e esclarecendo-se que a maioria relacionou a santidade com o movimento sectário dos índios, ela foi qualificada sobretudo como idolatria, erronia e abusão. *Idolatria*: entendida como culto diabólico de ídolos. *Erronia*: opinião errada, coisa do vulgo, doutrina equivocada. *Abusão*: erro vulgar, superstição, credulidade errônea.[9] Sem desprezar a possibilidade da interferência inquisitorial nessas qualificações, estou convencido de que, passados cinco anos, e diante do temido visitador, emergiu certo juízo comum acerca da santidade, o qual a situava entre a crendice popular e o erro de fé, entre a superstição ignorante e a heresia consciente.

No tocante às cerimônias da seita, o vocabulário dos depoentes foi muitíssimo mais diversificado, deixando entrever uma intervenção menos direta do visitador. O mínimo que os depoentes disseram, ao qualificá-las, foi chamá-las de "gentílicas", "feitiçarias", "idolatrias", de "sinais como se estivessem endemoniados". Linguagem demonizadora, claro está, a que se somou uma espécie de animalização dos ritos ameríndios: davam "gritos e alaridos incompreensíveis", diziam uns; "uivavam, bugiavam e soltavam garganteamentos", diziam outros; "urravam como onças", chegou a dizer uma testemunha que bem desprezava os índios, ou pelo menos quis passar tal imagem ao visitador. No discurso dos depoentes depreciou-se também a pregação da santidade: gritavam "geringonças" — eis o que muitos disseram, inclusive Fernão Cabral —, o que significava dizer que os índios usavam uma linguagem "bárbara e corrupta",[10] Houve apenas um depoente que, embora quisesse desmerecer a seita como os outros, descreveu o rito da santidade como uma "andança de olhos fechados como a cabra cega". Nosso depoente sem querer indicou algum sentido da própria santidade, pelo que se lê em Moraes Silva: "jogar a cabra cega" significava "andar às apalpadelas à cerca da verdade".[11]

As descrições do ídolo Tupanasu não foram menos detratoras, demonizadoras e animalizadoras, a exemplo da qualificação das cerimônias. Vários depoentes procuraram frisar que o ídolo era alguma aberração que não lembrava "homem ou mulher", acrescentando alguns que nem animal parecia ser. Álvaro Rodrigues, no entanto, viu no ídolo um "gato", e houve quem o dissesse "figura de animal", sem especificar qual bicho seria. Figura "incerta", disse dele Simão Dias; "figura de gentio", afirmaram outros tantos; figura de monstro, afirmou explicitamente uma testemunha, sem informar de que monstro se tratava e o que mostrava o ídolo. Mais específica foi a testemunha que disse ser o ídolo uma quimera: "monstro fabuloso com cabeça de leão, corpo de cabra e cauda de dragão; coisa impossível, e só imaginada".[12]

Diante do visitador, não resta dúvida de que os colonos da Bahia lançaram o ídolo Tupanasu no reino animal, recuperando o mundo dos bestiários, transformando os índios numa humanidade monstruosa e impossível. E nosso caro Heitor Furtado, ao ouvir tantas figurações do mesmo ídolo da santidade, resolveu simplesmente multiplicar os ídolos numa das sentenças que lavrou em 1592: "[...] e no altar tinham ídolos a que adoravam, feitos de pau e de pedra; um ídolo tinha figura de gentio em pé com o cabelo feito ao modo gentílico, ao qual chamavam seu Deus; e outro ídolo [era] feito em figura de gato com concha; e outro ídolo [era] de pedra mármore que não demonstrava figura de homem nem de mulher, nem de outro animal certo, ao qual ídolo chamavam Maria...".[13] Multiplicação de ídolos, adensamento da heresia idolátrica — eis o que parecia animar o visitador ao mandar escrever tal coisa, além de não ter compreendido bem o que lhe disseram os depoentes. O historiador da santidade ficaria totalmente perdido (e equivocado) se fosse seguir a descrição de Heitor Furtado sobre a figura de Tupanasu...

Enfim, as qualificações da Igreja exprimem o território em que mais se manifestou a repulsa vigorosa e multifacetada dos colonos: casa de ídolos, igreja dos gentios, tabernáculo do diabo, eis algumas imagens freqüentes no discurso dos depoentes, identificando índios, diabos e idólatras, como convinha fazer, aliás, diante do Santo Ofício. Mas a estigmatização do templo indígena foi além, permitindo perceber a força de antigas e novas repulsas do imaginário ibérico. Repulsa pelo infiel islâmico, presente em diversas alusões ao templo da santidade como mesquita; repulsa ao "gentio oriental", gentio da Índia, presente em inúmeras designações do templo como casa de pagodes e do próprio ídolo como pagode. É novamente Moraes Silva quem nos esclarece: "Pagode — templo de idolatria na Ásia, ídolo de porcelana ou metal...".[14]

Pagode, palavra dravídica (*pagôdi*) derivada do sânscrito *bhagavatl*, templo que alguns povos asiáticos destinavam ao culto de seus deuses. Os pagodes de Goa os portugueses já haviam destruído em 1559, uns "postos a fogo, outros a saque, outros por terra, de maneira que desde o maior até o menor não ficou nenhum de pé" — escreveu o jesuíta Gomes Vaz.[15] O "pagode" de Jaguaripe, decerto mais modesto, não teve melhor sorte. Foi incendiado por Bernaldim da Gram sob o olhar consternado da multidão de índios que, no dizer de nossos colonos, era animalesca, monstruosa e inviável. Se jesuítas e ameríndios haviam construído juntos a idolatria rebelde dos tupi, colonos e Inquisição também fariam a sua parceria, tecendo, na mesa do Santo Ofício, a heresia bizarra do trópico.

SANTIDADE DEVASSADA: TENSÕES SOCIAIS

Ainda que perigoso, e muitas vezes enganoso, o uso da quantificação em história pode conduzir a resultados relevantes, como aliás têm demonstrado especialistas de vários campos de nossa disciplina. Optei, no caso, por fazer um esboço de quantificação do perfil social dos incriminados e denunciantes dos crimes relacionados à santidade e à prática de "gentilidades", lembrando que muitos indivíduos foram acusados pelos dois motivos na Primeira Visitação. Esbocei uma espécie de sociologia retrospectiva centrada tão-somente em três variáveis: a naturalidade dos indivíduos; sua condição étnica (para o que utilizei a nomenclatura racial da época); sua ocupação ou posição social.

Esclareço, a propósito, que no tocante à última variável agrupei na mesma categoria tipos sociais muito diferentes: gente da governança, senhores de engenho, lavradores, mercadores e até certos funcionários do governo (meirinhos, escrivães, procuradores etc.). Não resta dúvida de que, no interior de grupo tão heterogêneo, pulsava um sem-número de conflitos já bem examinados por nossos historiadores: as tensões entre autoridades coloniais e os "homens bons" da terra; entre senhores de engenho e lavradores; entre mercadores e senhores rurais. No entanto, em vez de salientar as tensões internas ao grupo ou a inserção específica na estrutura ocupacional da Bahia (o que nem sempre a documentação permite), optei por priorizar os fatos integrativos, como a sociabilidade estreita entre tais indivíduos, muitas vezes reforçada por laços de família, e a dupla ocupação de muitos desses homens: alguns eram simultaneamente senhores de engenho e membros da governança, ou lá tinham filhos; outros eram lavradores e mercadores a um só tempo etc.

Contabilizei, no conjunto, 105 indivíduos acusados por aqueles crimes contra 64 delatores, defasagem perfeitamente explicável pelo fato de que um só indivíduo podia acusar vários — o que aliás não era incomum. Evitei, ainda, a divisão entre "confissões e denúncias" em favor daquela entre *incriminados* e *acusadores*, considerando que muitas confissões podiam se transformar, na prática, em delações (o confitente, por vezes, acusava mais os erros alheios do que confessava os próprios).

No caso da naturalidade, salta à vista o contraste entre acusadores e incriminados na mesa da Visitação: 62% dos acusadores eram nascidos em Portugal, ao passo que 30% o eram no Brasil; entre os incriminados, a situação quase se inverte, sendo que 66% eram nascidos no Brasil, e apenas 12% portugueses. Parece-me de grande relevância observar que, na Mesa da Visitação, instalou-se verdadeiro conflito entre metrópole e colônia quanto às acusações de envolvimento com "santidades e gentilidades". Na hora da "verdade inquisitorial", o conflito inerente ao sistema colonial emergiu com vigor, ainda que por vias tortuosas, justificando o título que dei à santidade de "heresia do trópico". Mas não convém aceitar, sem reservas, a sedução dos números: a engrossar o percentual dos luso-brasileiros incriminados, despontavam nossos famigerados mamelucos...

Passando-se ao exame da condição étnica de acusadores e incriminados, os dados são às vezes eloqüentes, outras vezes enganosos. Eloqüentes no tocante à atuação dos brancos (homens e mulheres) no "dossiê" da santidade e das gentilidades montado pela Visitação: brancos eram 86% dos que delataram pessoas por aqueles crimes a Heitor Furtado, contra 20% de acusados da mesma condição étnica. O alto índice de acusadores brancos amplia, de fato, o que já se viu na variável naturalidade: o predomínio de portugueses entre os delatores, acrescidos aqui dos filhos dos portugueses nascidos no trópico, quase todos unidos contra Fernão Cabral e seus cúmplices.

No tocante à condição étnica dos acusados, os números sugerem ter sido a santidade e a prática de gentilidades um crime típico de mamelucos: 46% dos incriminados o eram, contra apenas 15% de índios. Mas eis outro exemplo de que os números podem ser enganosos, pois sabe-se que a santidade era fundamentalmente ameríndia, apesar do grande envolvimento que, sem dúvida, os mamelucos tiveram com a seita. A surpreendente "ausência" dos índios deve-se, porém, ao critério adotado na quantificação, a espelhar, no fundo, as preocupações do Santo Ofício. Só foram contabilizados os indivíduos nominalmente identificados pelos acusadores, ou pelo menos quando foram individualmente delatados por erros específicos (ainda que os delatores não conhecessem o nome da vítima). Preferi não incluir o copioso número de índios referidos como adeptos da santidade por inúmeros delatores, que não os conheciam pelo nome e, na verdade, nem sequer os estavam acusando. Mencionavam-nos genericamente, para demonstrar os erros de Fernão Cabral — matéria, essa sim, do interesse do visitador. Bastaria incluir o número de índios referido pelo denunciante Belchior da Fonseca, por exemplo, e ter-se-ia, quando menos, mais quinze ameríndios no quadro de incriminados.[16] Nenhum índio, em contrapartida, compareceu à mesa do Santo Ofício para delatar a santidade, nem de moto próprio, nem por meio de intérpretes.

O visitador, no entanto, não estava preocupado com os índios — que deles havia já cuidado o governador Teles Barreto com suas tropas —, e sim com os colonos, a gente da banda supostamente cristã do Brasil. Aos olhos da Inquisição, a santidade era, pois, um problema de brancos, quando muito de mestiços filhos de brancos. A santidade ameríndia mudaria de sentido e de cor na mesa inquisitorial...

Em relação à posição social de acusadores e incriminados, os números só fazem confirmar as tendências até aqui verificadas: 62% dos delatores pertenciam ao topo da hierarquia social em várias gradações. Eram homens do governo, juízes, senhores de engenho, mercadores, lavradores, além de suas mulheres, filhos e apaniguados, que também eles delataram, solidários, na mesa inquisitorial. Homens "bons", gente de prol, portanto, eis os que majoritariamente acusaram Fernão Cabral em índice rigorosamente idêntico, convém frisar, ao dos portugueses que delataram esses crimes. Quanto aos acusados pertencentes às "elites coloniais", o índice de 25% não é pequeno: nele se incluem Fernão Cabral, sua esposa, e muitos outros que foram ter em Jaguaripe dizendo-se curiosos para ver a igreja dos índios.

Os indivíduos mais acusados pertenciam, porém, não às elites, mas à categoria de sertanistas, feitores e soldados (31%), o que não é de surpreender, levando-se em conta o elevado índice de mamelucos (48%) incriminados na Visitação. Tomacaúna à frente, os sertanistas foram muito acusados, e talvez por isso mesmo tenham delatado pouco: 8% deles compareceram perante Heitor Furtado, sobretudo para confessar os próprios erros, o que não os impediu de comprometer os companheiros de expedição.

No tocante à base social, 22% dos incriminados eram escravos, forros e serviçais — índice superior ao dos índios citados no "dossiê" porque acrescidos, nessa variável, de alguns "negros da Guiné" e mulatos que prestavam serviço compulsório ou escravo aos senhores de Colônia. Arrolei, no total, 23 indivíduos dessa condição envolvidos nominalmente com a santidade nos papéis do Santo Ofício — número extraordinariamente inferior às centenas de índios forros ou escravos que se acantonaram em Jaguaripe. Na cilada dos números, descortina-se a despreocupação do Santo Ofício com a religiosidade dos escravos e forros, e até com seus nomes.

Observo, enfim, que nenhum clérigo ou religioso foi acusado de envolver-se com a santidade, para a glória de Deus, nem mesmo os seculares, os do "hábito de Cristo", homens mais afamados pela dissolução de costumes e despreparo para o ofício divino do que pela abnegação sacerdotal. Em contrapartida, 11% dos acusadores eram "homens de Deus", inclusive alguns jesuítas, entre os quais o célebre Fernão Cardim.

Numa avaliação de conjunto, a quantificação esboçada até aqui permite entrever algumas tensões sociais de suma importância na Bahia quinhentista, que vieram à luz na devassa inquisitorial da santidade: tensão entre portugueses e coloniais; tensão entre brancos e mamelucos; tensão no próprio interior dos grupos de riqueza e poder na Colônia do primeiro século. A santidade pôs a nu esse feixe de conflitos, o maior dos quais opondo os poderosos da Bahia contra Fernão Cabral e seu *entourage* de cúmplices, sertanistas e apaniguados que ousaram patrocinar uma idolatria que pregava contra a escravidão e anunciava a morte ou sujeição dos portugueses pelos índios.

Às tensões maiores somavam-se, temperando-as, os conflitos cotidianos, pequenas rivalidades, vinganças pessoais, rancores de endividados e toda uma sorte de pendengas que o Santo Ofício apreciava estimular, dissolvendo o tecido social em nome da fé católica — apesar de o visitador sempre argüir os delatores sobre a existência de alguma inimizade entre eles e o acusado.

Evitarei esmiuçar essa verdadeira teia de intrigas que veio à tona a propósito do envolvimento de Fernão Cabral com a santidade, limitando-me a dar alguns exemplos. Foi o caso das pesadas denúncias de Luísa d'Almeida contra o senhor de Jaguaripe, ela que, comadre de Fernão, fora coagida a fazer sexo com ele na capela da fazenda. Luísa detestava o compadre e, aproveitando as dificuldades em que ficara Fernão com a chegada do visitador, apressou-se em acusá-lo não de tentar seduzi-la — que disso não cuidava o Santo Ofício —, mas de dizer que o compadrio não era impeditivo canônico para cópulas...

Outro caso expressivo foi o do cristão-novo Manuel de Paredes, que compareceu perante o visitador para acusar Fernão Cabral. Compareceu à mesa possivelmente para mostrar serviço a Heitor Furtado, acusando homem que já havia "caído em desgraça", e certamente para aliviar as suas culpas. Afinal, Manuel de Paredes, a exemplo de outros cristãos-novos, fora muitíssimo acusado de duvidar da virgindade de Maria e de negar o valor de rezar-se para Nossa Senhora. Curioso notar, a propósito, que 11% dos acusadores de Fernão Cabral eram cristãos-novos — alvos preferenciais do Santo Ofício. Acusaram o senhor de Jaguaripe movidos por ânimo idêntico ao de Manuel de Paredes: o de desfazer a suspeita de heresia que recaía sobre eles próprios, "infamados pelo sangue", para usar a linguagem do Tribunal.

Mas, em matéria de rivalidades, nada parece superar a denúncia de Álvaro Rodrigues, extensa, detalhada, furiosa mesmo, revelando o verdadeiro ódio que o senhor de Cachoeira devotava a Fernão Cabral. Fora Álvaro Rodrigues — convém lembrar — o capitão a quem Teles Barreto incumbira de destroçar a santidade no sertão, operação suspensa pouco depois por obra de Fernão Cabral, mancomunado com o governador. E Álvaro Rodrigues fora também, como outros senhores, muitíssimo lesado em escravos, que dele fugiram para a Santidade de Jaguaripe.

É significativo observar, aliás, que Álvaro Rodrigues — e somente ele — usaria expressão parecida com a utilizada certa vez por Teles Barreto para caracterizar o estrago que a santidade causava na Bahia: "raiz de todos os males", "tronco de raiz" de que nasciam fugas e rebeliões. No entanto, se Teles Barreto dissera que "a raiz de todos os males" era a santidade que ficava no sertão, Álvaro Rodrigues usaria imagem diferente, comparando os ajuntamentos e rebeliões indígenas com "ramos" que arrebentavam da fazenda de Fernão Cabral, esta sim o "tronco de raiz" de tantos flagelos. Álvaro Rodrigues detestava, pois, o senhor de Jaguaripe e carregava nas culpas de Fernão. Mas penso que seu ódio era tanto uma questão pessoal como emblema de um sentimento mais difundido: o rancor dos potentados da Bahia quinhentista contra a ambição desmedida e inconseqüente de Fernão Cabral de Taíde.

Considero Álvaro Rodrigues um belo exemplo das disputas entre senhores e do rancor da maior parte deles contra a pessoa de Fernão Cabral. Seria, no entanto, somente uma questão de rivalidades e ódios? Na verdade, penso que a questão é mais complicada, a começar pelo que pude apurar sobre o próprio Álvaro Rodrigues na documentação inquisitorial.[17]

Embora acusasse Fernão Cabral de ser o maior ladrão de escravos da Bahia, nosso caro Álvaro Rodrigues longe estava de respeitar a propriedade alheia de cativos. Fora acusado por Fernão Ribeiro de Souza, senhor de engenho em Tinharé, de roubar "muitas peças de escravos do gentio e outros índios forros" de uma recém-viúva, cunhada do denunciante. Fê-lo em parceria com seus dois irmãos — e isso antes de Fernão Cabral levar a santidade para Jaguaripe. Roubou-os e os manteve consigo, ignorando a "carta de excomunhão" que contra ele fora lançada pela Igreja, a pedido dos queixosos... E, mais do que ignorar a excomunhão, ele e os irmãos costumavam dela zombar dizendo que "excomunhão não ferrava barriga...".

Álvaro Rodrigues não era, como se vê, um exemplo de católico e de probidade senhorial, não obstante as suas acusações contra Fernão Cabral de Taíde. E a confirmar de vez quão parecidos eram o senhor da Cachoeira e o de Jaguaripe, cito a denúncia do jesuíta Baltazar de Miranda, que informou ao visitador que Álvaro e seus dois irmãos tinham várias mulheres, e consentiam que seus índios também fossem polígamos. Se alguns de seus cativos cometiam uma falta — prosseguiu o padre —, tiravam-lhes logo as mulheres e os colocavam em prisões (grilhões), onde às vezes morriam. Enfim — acusação maior — Álvaro e os irmãos permitiam a seus índios "matarem em terreiro" e fazer "outras coisas semelhantes de uso gentílico".

Ladrão de escravos, senhor violento, inimigo dos jesuítas, incentivador de "gentilidades" em sua fazenda — sem excluir a antropofagia, coisa que não ocorria em Jaguaripe —, assim era Álvaro Rodrigues, o grande acusador e rival de Fernão Cabral. Odiava-o movido pela mesma ambição que o senhor de Jaguaripe demonstrara ao cooptar a santidade. Ancorado na mesma prepotência de Fernão, que se dizia "acima das justiças", enquanto Álvaro se julgava acima da excomunhão, Álvaro Rodrigues — que era mameluco — também permitia ritos gentílicos em sua fazenda... Não me admiraria, assim sendo, que Álvaro tencionasse trazer ele mesmo a santidade para suas terras de Cachoeira, ao lançar-se contra a seita no sertão a mando de Teles Barreto. Álvaro Rodrigues, inimigo de Fernão Cabral, era no fundo o seu duplo.

Ambição, prepotência, privatismo, eis o que marcaria os senhores do trópico desde os primórdios da colonização. Basta citar o caso do célebre Pero do Campo Tourinho, donatário de Porto Seguro, homem que, colocando-se acima da Igreja e do Estado, disse simplesmente: "Eu sou o papa...".[18] Pero do Campo Tourinho, a exemplo de Fernão Cabral, acabaria preso pela Inquisição por blasfêmias denunciadas por seus rivais, irritados com sua ambição e abuso de poder. No caso de Jaguaripe, as tensões entre senhores e as acusações que muitos fizeram contra Fernão Cabral não passavam, portanto, de disputas com imagens refletidas no espelho.

PROCESSOS E CASTIGOS: OS MAMELUCOS

Em abril de 1593, Heitor Furtado recebeu uma carta do cardeal Alberto, mandando-o deixar a Bahia e passar logo a Pernambuco, "a qual visitareis mais breve que for possível" — escreveu o inquisidor geral — "e acabada a visitação vos embarcareis para este Reino sem irdes visitar São Tomé e Cabo Verde...".[19] Irritado com a demora do visitador na Bahia, o Santo Ofício de Lisboa cancelaria mesmo o restante da Visitação, excetuando Pernambuco.

Heitor Furtado permanecera, com efeito, mais de dois anos na Bahia. Desembarcara em junho de 1591, iniciara a Visitação em 28 de julho do mesmo ano, e só partiria para Pernambuco em 2 de setembro de 1593, fazendo ouvidos moucos às citadas ordens do cardeal Alberto. Não tenho dúvida de que a tardança do visitador na Bahia deveu-se à descoberta da santidade — o inimaginável conluio entre um fidalgo português e rebeldes idólatras, acordo mediado e temperado por um sem-número de mamelucos riscados de jenipapo.

Descobrindo tamanha excentricidade herética, Heitor Furtado lançou-se a ela com avidez, multiplicando interrogatórios de mamelucos e processando vários, desejoso de saber o que eram, enfim, aquelas "gentilidades do sertão" de que jamais ouvira falar. Inquietava-o perceber que homens cristãos batizados — ainda que meio gentios na aparência — acreditassem que um ídolo de pedra era Jesus e que uma índia era Nossa Senhora.

Despreparado, no entanto, para argüir sobre "heresias do trópico", Heitor Furtado se ateve a um estilo de interrogatório em tudo convencional. Adequado, talvez, para inquirir hereges ocidentais — homens que se haviam apartado da fé católica —, mas não mamelucos que, desde o nascimento, eram cultural e religiosamente híbridos. "Com que ânimo haviam feito adorações, cerimônias e usos gentílicos?" — perguntava Heitor Furtado aos filhos de índias muitas vezes criados em aldeias... "Por que haviam deixado a fé de Cristo?" — perguntava o visitador a homens que, desde crianças, ouviam falar de Monan, Tupã, Tamandaré... "Com que ânimo se haviam riscado no sertão?" — argüía-os Heitor Furtado, sem saber que lidava com antropófagos condecorados.

Incapaz de compreender a complexidade cultural do processo colonizador, o visitador se inquietava com a transgressão das restrições alimentares do calendário cristão, amofinando os mamelucos

181

com perguntas tradicionais: "Por que haviam comido carne no sertão em dias proibidos pela Igreja? Quantas vezes? Quem havia comido?''. Chegava mesmo a perguntar aos mamelucos se não havia frutas, legumes e abóboras no sertão que lhes pudessem saciar a fome, substituindo a carne que a Igreja interditava em certos dias sagrados...

Os mamelucos argüidos por Heitor Furtado trataram certamente de se defender, omitindo o essencial de suas culpas ou, quando menos, atenuando-as, para o que se valeram da ignorância etnográfica do visitador. Perguntados sobre o ânimo que tiveram ao se riscarem à moda gentílica, praticamente todos diziam que o fizeram para ludibriar os índios, mostrando-se bravos e valentes, quer para convencê-los a "descer", quer para não serem mortos. O máximo que informaram ao visitador foi o modo pelo qual se faziam as tatuagens — as incisões e tinturas — e o significado de bravura que os índios atribuíam aos riscos no corpo. E, na profusão de álibis, não faltou quem fizesse graça com o visitador, a exemplo de Francisco Pires. Julgando Heitor Furtado um completo tolo, o mameluco disse que os gentios se tingiam de jenipapo "por galantaria e trajo", e assim como "as outras gentes se costumavam vestir de vestidos galantes", os gentios do Brasil preferiam andar nus em corpo e vestidos com a tintura do jenipapo, o que também ele fizera "para os amigar e congraçar".[20]

O único mameluco que se descuidou nesse ponto, fornecendo valiosa pista para o visitador, foi um certo Lázaro da Cunha. Perguntado sobre quais adorações fizera no sertão, cometeu a imprudência de admitir ter participado de cerimônia antropofágica, bailando e se regozijando com os índios. Acrescentou, porém, que jamais fora canibal: "ajuntava carne de porco com carne humana e, comendo com os ditos gentios, ele comia a de porco e os gentios a humana, cuidando eles que também a de porco que ele comia era humana".[21] Heitor Furtado não aproveitou, no entanto, o descuido do mameluco. Julgando que Lázaro havia mesmo enganado o gentio ao misturar as carnes, não voltou mais ao assunto, convencido da astúcia bem-intencionada do confitente para evitar o canibalismo. Nessa teia de falsos enganos, Heitor Furtado sairia perdendo...

No tocante à participação na santidade, também cuidariam os mamelucos de atenuar suas heresias, embora alguns tenham admitido que, pelo menos durante algum tempo, chegaram a crer sinceramente no ídolo Tupanasu e no papa Tamandaré. Alegaram, porém, quase em uníssono, que a razão principal de sua adesão à seita residia no propósito de fazê-la seguir para a fazenda de Jaguaripe, acrescentando todos que cumpriam ordens superiores. Produzindo versões desconcertadas sobre quem havia dado ordens para que fossem ao sertão e o que deveriam fazer lá, os mamelucos certamente desnortearam o visitador, que submeteu alguns a processos completos. Ensinaram-lhe, porém, que a expansão colonial era empresa complicada, exótica o suficiente para transformar idolatrias simuladas em heresias úteis.

O processo de Domingos Fernandes Tomacaúna é, sem dúvida, o melhor exemplo dos desacertos e até cumplicidades entre o visitador do Santo Ofício e os mamelucos que serviam à colonização. Tomacaúna se apresentou ao visitador em 11 de fevereiro de 1592, exatamente no último dia do "período da graça", concedido aos maiores do Recôncavo para confessar suas culpas sem o risco de penas maiores. Apresentou-se tendo já contra si pelo menos cinco denúncias formais, sem contar as confissões de outros mamelucos que o antecederam na mesa, atribuindo-lhe a responsabilidade por terem aderido à seita indígena. A situação da Tomacaúna era aparentemente complicada e, com efeito, seu processo renderia 96 folhas — um dos maiores da Visitação.

Após narrar sua longa trajetória de "gentilidades" durante os quase vinte anos que vivera nos matos, Tomacaúna mencionou a santidade, suas crenças e ritos, e como chefiara uma expedição com o fito de resgatá-la para o litoral. Confundindo o visitador, contou que fora ao sertão a mando do governador Teles de Barreto, embora tenha admitido que levaria os índios para a fazenda de Fernão Cabral — como de fato chegaria a enviar parte deles. Narrou com detalhes o seu encontro com o papa, sem omitir que o presenteara, e sem negar que fizera as cerimônias da seita, bailando, cantando, fumando e consentindo no rebatismo. Justificou-se, porém, dizendo que tudo fizera "por fingimento", objetivando enganar o gentio. Desmereceu completamente as cerimônias da santidade, acrescentando que, ao ajoelhar-se diante do papa, dissera-lhe: "Adoro-te bode, porque hás de ser odre"[22] — o que fez em português para que Antônio não compreendesse.

É interessante observar, aliás, que outros mamelucos confessaram ter dito a mesma frase, por meio da qual animalizavam e demonizavam o caraíba (bode), associando-o à embriaguez causada pelo vinho do odre — o que faziam na língua dos colonizadores. Por outro lado, Tomacaúna e outros disseram que não entendiam a língua do gentio — "língua nova", afirmaram muitos. Tencionavam, nas duas situações narradas, mostrar ao visitador a distância que os separava do gentio, cuja língua diziam não compreender totalmente, e ao qual podiam enganar em português...

Urdia-se, na mesa inquisitorial, uma teia infindável de enganos. Os mamelucos diziam divinizar o caraíba no gesto, mas demonizá-lo em palavras, para o que usavam o português que o índio não compreendia. Queriam convencer o visitador de que, apesar de ajoelhados diante de Tamandaré, continuavam fiéis ao Deus cristão e não ao diabo. Na verdade, sugeriam ser capazes de enganar o próprio diabo, quando, na verdade, estavam ludibriando o Santo Ofício. E confundiam-no, ainda, ao dizer que não compreendiam bem a "língua nova" do gentio, embora dissessem que tencionavam convencê-lo, em língua geral, a migrar para a costa.

Português: língua de enganos, língua de cristãos. Tupi: língua mal compreendida, língua da persuasão. No desconcerto de línguas e gestos cruzados — matéria-prima da santidade —, os mamelucos iam construindo os seus álibis, tentando fazer do hibridismo uma alteridade radical. Mas o discurso dos mamelucos não fazia senão reiterar suas próprias ambivalências, ao transformar em utilidade e coisa santa o que, no entender do inquisidor, era gentilidade e heresia.

Tomacaúna só retornou à mesa inquisitorial em 13 de março de 1593, mais de um ano depois de sua primeira confissão, comparecendo a chamado de Heitor Furtado. Entrementes, havia se multiplicado o número de acusações contra o mameluco, incluindo uma denúncia de sua própria mulher branca, Isabel Beliaga, que comparecera à mesa em janeiro do ano anterior. Mas, a bem da verdade, Isabel mais defendeu do que acusou o marido, dizendo que Tomacaúna se riscara para mostrar-se valente e escapar da morte nas mãos do gentio, omitindo completamente seu envolvimento com a santidade.[23]

Na sessão de 13 de março, Tomacaúna praticamente não falou, reiterando que nada tinha a acrescentar ao que confessara na graça. Reconvocado a 20 de março, foi um pouco mais inquirido pelo visitador sobre suas intenções ao riscar-se e ao fazer as cerimônias da santidade. Parecendo nervoso, ou pelo menos assustado com a insistência do visitador, Tomacaúna repetiu à farta que tudo fizera por fingimento: os riscados para "se mostrar valente, e escapar de que o não matassem''; e as cerimônias da seita para convencer o gentio a segui-lo, "guiado pelo interesse e causas temporais". Argüido na doutrina pelo visitador, benzeu-se, persignou-se e recitou-a bem...

Heitor Furtado não se deu por satisfeito e, quer por perceber que o mameluco o enganava, quer tão-somente para atormentá-lo com mais perguntas, reconvocou Tomacaúna quatro dias depois, em 24 de março. O mameluco, a essa altura assustadíssimo, disse que confessara tudo nas sessões anteriores, jurando que nunca tivera "tenção gentílica"; que sempre guardara a fé de Cristo "em seu coração"; que os erros cometidos, fizera-os "movido pelo interesse e gosto temporal" — do que estava muito arrependido e pedia misericórdia. Convencido ou não, Heitor Furtado retomava o controle da situação, interrogando o mameluco seguidas vezes. Se não era capaz de decifrar as heresias de Tomacaúna, vergava-o diante do Santo Ofício, arrancando-lhe exclamações de arrependimento e súplicas de perdão.

E, para não deixar sua argüição incompleta, convocou-o uma última vez, em 27 de março, para tratar da famigerada transgressão das interdições alimentares da Igreja. "Quantas vezes Tomacaúna comera carne no sertão sem licença do bispo?" — insistiu o visitador. E "acaso não possuía farinha, favas, abóboras, milho, frutas do mato ou algum peixe" que pudesse comer no lugar da carne em dias proibidos? Diante de um idólatra e antropófago, Heitor Furtado retornou às minudências de sempre.

Tomacaúna deve ter se acalmado, e parecia mesmo descontraído nas respostas, percebendo talvez que o pior dos interrogatórios já havia passado. Acrescentou, então, que só comera carne em dias proibidos por necessidade, mas sempre que podia comia peixe. Admitiu também que por vezes comera carne podendo substituí-la por milho, abóboras ou legumes, mas sendo ele "homem grande de corpo" não se poderia manter somente com legumes e frutas do mato. Heitor Furtado não se deu por vencido e inquiriu-o se porventura havia experimentado comer somente frutas e legumes, ao que Tomacaúna respondeu afirmativamente. Mas, para não faltar à verdade com nosso inquisidor, acrescentou que somente comera legumes quando não tinha carne ou peixe, pois sem carne "sentia muita fraqueza e dano em sua disposição...".

Assim terminou a via-crúcis de Tomacaúna na mesa inquisitorial: conversando o mameluco e o visitador sobre peixes, carnes e abóboras... Sob a aparência de obstinação inquisitorial, Heitor Furtado parecia já convencido de que não retiraria nada mais do mameluco, exceto a sua subserviência ao Santo Ofício. E parecia também convencido, depois de dois anos na Bahia, que os mamelucos eram realmente importantes para a segurança dos colonos e os interesses do colonialismo, malgrado as gentilidades que faziam no sertão.

Na sentença de Tomacaúna, lavrada em 29 de março de 1593, admitiu-se que o mameluco somente se riscara para mostrar-se valente e fugir do perigo; que só fizera as idolatrias para enganar o gentio, "movido por interesses e proveitos temporais". Foi condenado a ser "gravemente repreendido" na mesa, a abjurar de leve suspeita na fé, a penitências espirituais (inclusive jejuns), ordenando-se-lhe que jamais voltasse ao sertão. Quanto à culpa de comer carne em dias defesos, havendo "tanta abundância de legumes" a seu dispor, Tomacaúna seria multado em 5 mil réis somente, considerando-se ser homem da "casta dos gentios, os quais costumam comer a carne quando querem, sem fazer diferença de dias...".

Se fora complacente com Domingos Tomacaúna, Heitor Furtado o seria mais ainda com a maioria dos mamelucos e sertanistas. Argüiu-os menos e sentenciou-os, via de regra, a abjurações de leve, repreensões, penitências espirituais, pequenas multas e jejuns. A alguns deles, arbitrariamente, Heitor Furtado aplicou multas pesadas, quando não os obrigou a sair em auto público, a ouvir sentença na igreja durante a missa dominical, cabeça descoberta e vela acesa na mão. Foi o caso de Simão Dias, o mameluco que melhor descreveu a igreja de Jaguaripe, condenado a sair no auto-de-fé e a pagar dez cruzados de multa, pouco menos do que pagara Tomacaúna. Foi o caso de Rodrigo Martins, soldado de Tomacaúna, que por não ter confessado suas tatuagens no período da graça sofreu pena de cinqüenta cruzados (preço de um "moleção" africano), embora fosse dispensado de sair em público.[24]

A pior sentença recebeu-a o mameluco Francisco Pires, e nem tanto por praticar gentilidades ou aderir à santidade, senão por desafiar abertamente os jesuítas e pregar aos índios contra a catequese. Foi por isso condenado não só à multa de trinta cruzados, à abjuração de leve e a penitências espirituais, mas a sair desbarretado, cingido por uma corda, vela acesa na mão, a ouvir sua pena na Sé de Salvador, para, em seguida, ser açoitado *citra sanguinis effusionem* pelas ruas costumeiras da cidade.[25] Francisco Pires parece ter expiado a culpa de todos, inclusive a de Tomacaúna e de outros mamelucos que, servindo ao colonialismo escravocrata, desenvolviam sua anticatequese no sertão.

Heitor Furtado de Mendonça conseguiu, de algum modo, dobrar o arrojo dos mamelucos. Multou-os. Humilhou alguns. Fê-los reconhecer que gentilidades e idolatrias eram erros de fé: heresias que condenavam as almas e ameaçavam a vida dos hereges, no caso de o Tribunal preferir usar o rigor de sua justiça ao invés de sua infinita misericórdia. Apesar de desconhecer o que as gentilidades significavam — as incisões, a antropofagia —, Heitor Furtado obrigou os mamelucos a delas abjurar, condenando todos a renunciar à floresta: que nunca mais voltassem ao sertão... E num esforço pífio de torná-los cristãos, culpabilizou-os por comer carne em dias proibidos.

O visitador do Santo Ofício não compreendeu bem quer os mamelucos, quer a idolatria dos índios. Intuiu, no entanto, que gentilidades e idolatrias eram inerentes ao processo colonizatório, do mesmo modo que o eram os mamelucos. Prisioneiro de vários dilemas, vítima de muitos enganos, Heitor Furtado pelo menos aprenderia, em dois anos de Brasil, que o Santo Ofício tinha mesmo que se curvar aos "interesses temporais" da colonização.

PROCESSOS E CASTIGOS: FERNÃO CABRAL

A importância do caso da santidade na Visitação à Bahia — provável razão do prolongado tempo em que lá ficou Heitor Furtado de Mendonça — pode ser medida pelo volume de denúncias e pelo tamanho do processo contra Fernão Cabral de Taíde. De um total de 212 denúncias levadas à mesa inquisitorial na primeira etapa da Visita (Salvador), nada menos do que 38 (18%) foram dirigidas contra Fernão Cabral, número superior às denúncias contra os erros sexuais e morais, inclusive a sodomia e a bigamia. Foi o senhor de Jaguaripe, com efeito, o indivíduo mais denunciado nessa Visitação, superando os cristãos-novos moradores na capitania acusados de judaísmo.

Quanto ao tamanho do processo, de que as denúncias são apenas parte, o de Fernão Cabral (265 folhas) figura entre os mais alentados, inferior somente aos de alguns cristãos-novos que Heitor Furtado mandou prender e embarcar para Lisboa. Maior que o seu processo na Bahia foi seguramente o da cristã-nova Ana Rodrigues, senhora de oitenta anos acusada de judaísmo, que acabaria morrendo nos cárceres do Santo Ofício lisboeta alguns anos depois da Visitação. E, no conjunto da Visitação, além do caso de Ana Rodrigues, somente um processo superou (inclusive em número de denúncias) o de Fernão Cabral de Taíde: o de João Nunes, mercador e senhor de engenho em Pernambuco, cristão-novo, acusado entre outras coisas de possuir um crucifixo próximo ao "servidor" onde fazia suas necessidades fisiológicas. Com margem mínima de erro — pois não cheguei a contar as páginas dos autos de Lianor Antunes, Beatriz Antunes, Salvador da Maia e Ana Alcoforada, cristãos-novos processados na Visitação quinhentista —, o processo de Fernão Cabral figura entre os três ou quatro maiores da Primeira Visitação do Santo Ofício ao Brasil.

Além do mais, convém lembrar que todos os cristãos-novos acima mencionados foram presos e enviados para Lisboa — e nisso Heitor Furtado seguiu à risca o regimento. O visitador apenas instruiu os processos, que transcorreram a maior parte do tempo em Lisboa, ao contrário do processo de Fernão Cabral, instruído e despachado em última instância na própria Bahia. Não tenho dúvida em afirmar, portanto, que foi Fernão Cabral quem mais ocupou, individualmente, o precioso tempo do visitador do Santo Ofício, para não falar nos inúmeros cúmplices mamelucos do patrono da santidade.

Mal iniciada a Visitação e começaram a chover denúncias contra Fernão Cabral. Dois dias após a entronização de Heitor Furtado na Sé de Salvador e a leitura do Monitório, apareceram os dois primeiros denunciantes, em 30 de julho de 1591. Domingos de Almeida foi o delator que inaugurou o processo, acusando Fernão Cabral de ter na sua fazenda "negros e negras que se nomeavam por santos e faziam cerimônias gentílicas". O segundo delator foi ninguém menos do que Pero Novais, senhor de engenho na ilha da Maré que outrora solicitara de Fernão Cabral autorização para visitar a igreja dos índios, sendo por ele advertido para não zombar do ídolo. A situação de Fernão Cabral começou a complicar-se, portanto, logo no início da Visitação, pois se Domingos de Almeida era "homem sem ofício" que o acusara de "ouvir dizer", Pero Novais era senhor de engenho que testemunhara diretamente os acontecimentos.

Foi somente depois da denúncia de Pero Novais que o senhor de Jaguaripe resolveu se apresentar ao Santo Ofício, em 2 de agosto, usufruindo do "período da graça" concedido pelo visitador aos moradores da Bahia. Fernão Cabral confessou, então, o seu envolvimento com a santidade e o assassinato da índia Isabel (que lançara viva na fornalha de seu engenho). Do último episódio Fernão Cabral ainda não fora delatado (e o caso nem era de foro inquisitorial), mas o assunto era tão rumoroso na capitania que Fernão achou por bem contá-lo a Heitor Furtado. Afirmou, cinicamente, que não a mandara queimar, e somente ameaçara a moça de fazê-lo para impedir que continuasse a comer terra — maneira engenhosa de dissimular a gravidez da índia, o que todos sabiam na Bahia. Jogou a responsabilidade do crime nos ombros de dois escravos que a teriam executado sem ordens suas.

No tocante à santidade, apresentou a conhecida versão de que atraíra a seita para destruí-la de vez, dizendo mesmo que o havia feito, depois de três meses, seguindo as ordens de Manuel Teles Barreto. Apresentou, em apoio à sua versão, a famigerada certidão em que o falecido governador abonava a sua conduta no episódio — documento autêntico, não resta dúvida, porém muitíssimo falso nas informações sobre a atuação de Fernão Cabral nos acontecimentos de 1585. Na mesma confissão, Fernão descreveu superficialmente alguns aspectos da seita e, propositadamente, tentou confundir o visitador ao dizer que os índios chamavam o ídolo de Maria. Admitiu, também, que consentira na realização de cerimônias gentílicas na sua fazenda, negando, porém, que delas participasse.

Fernão Cabral confessou e saiu em paz, sendo advertido pelo visitador, como de praxe, para não revelar a ninguém o que havia dito na mesa e para não se ausentar da cidade sem a autorização do Santo Ofício. A teia da intriga estava, no entanto, irremediavelmente iniciada, e logo após a confissão de Fernão Cabral sucederam-se denúncias diárias contra a sua pessoa — sobretudo por causa da santidade —, as quais chegariam a 38, sem contar as confissões que o incriminavam e mais cinco denúncias que contra ele fariam no Recôncavo, a partir de janeiro de 1592. Não faltou mesmo quem insinuasse que Fernão era "cristão-novo" — informação em tudo falsa —, quem sabe para agravar as suspeitas de heresia que sobre ele recaíam diariamente.

O patrono da santidade percebeu com clareza a lastimável situação em que estava envolvido e a profusão de denúncias que se lhe faziam, não obstante o segredo que o Santo Ofício sempre exigia dos depoentes. O rumor público, na Bahia como em toda parte, neutralizava de fato o sigilo inquisitorial. E Fernão Cabral sabia, por outro lado, do ódio que lhe devotavam os senhores da capitania, alguns funcionários da governança, os jesuítas, gente que ele desafiava havia anos, quando não destratava com a arrogância de sempre. Fernão Cabral observou, apavorado, o cortejo de inimigos que diariamente comparecia à mesa do Santo Ofício a denunciá-lo: homens de prestígio, mercadores, jesuítas, sem contar o povo humilde que murmurava contra ele não só pelo caso da santidade como pelo homicídio da índia grávida.

No início de setembro, Fernão Cabral não resistiu às pressões e resolveu fugir. Juntou sua riqueza mobiliária e a embarcou numa urca flamenga prestes a zarpar para Lisboa, carregada de açúcar. Ciente de suas culpas e do perigo que teoricamente corria nas mãos de Heitor Furtado, Fernão Cabral estava pronto a se tornar mais um foragido da Inquisição, seguindo o exemplo de vários cristãos-novos e sodomitas que sumiram da Bahia com a chegada do visitador.

Mas o braço comprido do Santo Ofício pegou Fernão antes que a urca partisse da Bahia. A iminência da fuga não tardou a cair nos ouvidos da comitiva inquisitorial, que, sem delongas, mandou prendê-lo. Foi o notário Manoel Francisco quem a requereu, "pela Justiça", ao visitador Heitor Furtado, fazendo as vezes de promotor do Santo Ofício, em 14 de setembro. Quatro dias depois, o visitador despachou a ordem de prisão: "Vistos estes autos, e a confissão do réu Fernão Cabral de Taíde, e as mais culpas que nela calou, e a qualidade delas, pois foi diminuto em sua confissão e não fez inteira, passa-se mandado para ser preso".[26]

O arrogante senhor de Jaguaripe acabaria preso no mesmo dia do despacho, e colocado nas "casinhas" do colégio dos jesuítas que funcionavam como cárceres do Santo Ofício na época da Visitação. Ali ficaria por quase um ano, a responder a inúmeros interrogatórios do visitador, empenhado em arrancar de Fernão Cabral "confissão mais larga" de suas culpas. É significativo notar que, uma vez preso Fernão Cabral, cessaram as denúncias contra ele em Salvador: o ódio que muitos lhe devotavam na Bahia parecia aplacado com o encarceramento ordenado pelo Santo Ofício. E — fato igualmente significativo — foi somente depois da prisão de Fernão Cabral que ocorreu a imensa maioria das confissões de colonos envolvidos com a santidade, a começar por d. Margarida da Costa, que se apresentou em outubro de 1591, cerca de um mês depois da prisão do marido.

Convocado para depor em 23 de setembro de 1591, Fernão Cabral foi admoestado, como de praxe, a dizer se sabia por que fora preso, e a confessar suas culpas para desencargo de sua consciência e bom despacho de sua causa. Aparentando humildade, Fernão respondeu que, estando no cárcere, fizera "considerações sobre todo o tempo de sua vida" e pedira "a Nosso Senhor que lhe alumiasse o entendimento e a memória" — frase que os inquisidores apreciavam ouvir. Fernão Cabral alargou, então, o rol de suas culpas: mencionou que tentara seduzir sua comadre (pois sabia que ela o delatara); que sodomizara uma índia virgem; que louvara as fornicações de Diogo Correia com "negras da terra"; que impedira o capelão de sua fazenda de dizer algumas missas; que vendera e "ferrara" muitos índios dos aldeamentos; que fora várias vezes negligente com o batismo e a confissão de seus escravos; que fora realmente advertido por alguns de que não ameaçasse a índia Isabel de queimá-la viva por comer terra...

Com rara habilidade, Fernão Cabral optou por multiplicar suas culpas, imaginando o que lhe teriam imputado os acusadores. Mas cuidou de minorar, aqui e ali, as suas responsabilidades, negando o assassinato da índia e omitindo as palavras que proferira ao tentar seduzir a comadre. No tocante à santidade, manteve a sua versão original de que atraíra a seita para destroçá-la, acrescentando, porém, alguns detalhes de suas cerimônias e crenças. Admitiu que prometera ao papa, via Tomacaúna, juntar as igrejas "cristã e gentia" em Jaguaripe e confirmou que, por fingimento e para enganar os índios, fizera certas reverências ao ídolo Tupanasu — a exemplo de tirar o chapéu quando entrava na igreja. Confessou, enfim, que consentira em que todos os seus escravos freqüentassem o culto, ao qual ajudara "com dádivas", além de receber os principais da seita em sua casa.[27]

Heitor Furtado ouviu tudo com atenção e mandou Fernão Cabral de volta para o cárcere, advertindo-o de que sua confissão ainda era diminuta, sendo necessário examinar melhor a consciência e a memória, para glória de Deus e satisfação do Santo Ofício. Heitor Furtado manteve Fernão Cabral encarcerado durante meses, esgarçando-lhe os nervos, e só voltaria a convocá-lo à mesa em agosto de 1592, quase um ano depois de sua prisão.

Fernão Cabral apresentou-se ao visitador com postura totalmente diversa da anterior. Arrogante, irritado, empenhado em negar suas culpas. Heitor Furtado iniciou, então, uma argüição que os inquisidores apreciavam fazer: interrogatórios *in specie*, esmiuçando as culpas que ao réu eram imputadas. No tocante às culpas "menores", Fernão negou que a índia assassinada estivesse grávida, dizendo que "era negra já velha" que vivia numa rede de tanto comer terra; negou que tivesse desprezado o sacramento da missa, ao impedi-la em sua fazenda e ao dela debochar; negou que tivesse negado o impedimento do compadrio ao "cometer" a sua comadre Luísa d'Almeida; negou que impedisse o batismo de seus escravos à moda cristã. Apregoou, em suma, que era bom cristão, devoto de Nossa Senhora, homem que dava esmolas e fazia boas obras a Deus...

No tocante à santidade, negou que tivesse presenteado os índios principais da seita; negou que dera licença a seus índios para se rebatizar; negou que tivesse reverenciado o ídolo e feito qualquer cerimônia dos índios. Insistiu na versão de que o pouco que fizera pela santidade, e o bom tratamento que dispensara ao Santinho e à Mãe de Deus, foi para evitar que o papa soubesse de sua real intenção de destruir a "abusão gentílica". Heitor Furtado insistiu, por sua vez, nas perguntas sobre as reverências que Fernão prestara ao ídolo, em particular se tirara o chapéu para homenageá-lo na igreja. Teimosamente, Fernão Cabral negou que o tivesse tirado e, se porventura o tirara, fora para limpar o suor que lhe pingava da testa, dado que a igreja dos índios distava meia légua de sua casa e o calor era grande...[28]

Em 14 de agosto de 1592, Heitor Furtado convocou o réu pela terceira vez. E, novamente, Fernão Cabral voltou a negar tudo que lhe fora imputado, insistindo na versão de que somente abrigara a seita em Jaguaripe para enganar o gentio e destroçar em definitivo a santidade. A certa altura do interrogatório, logo em seu início, Heitor Furtado resolveu surpreender o réu com pergunta até então inédita: "Por que razão os idólatras lhe chamavam *tupane*, que na língua gentílica significava deus?". Percebe-se, na leitura do documento, que Fernão Cabral ficou algo desconcertado, pois sabia muito bem que semelhante designação significava muito para os índios. A intuição do visitador tocava, pois, em questão nodal — o cruzamento de línguas, as projeções recíprocas de religiosidade. Se o visitador a desvendasse revelar-se-ia o vínculo estreito que Fernão havia estabelecido com a seita.

A reação de Fernão Cabral foi negar imediatamente que os índios lhe dessem tal nome, dizendo que nunca ouvira nem soubera que o gentio assim o nomeasse. No entanto, deixando entrever que suas relações com a seita eram mais estreitas do que ele queria admitir, confessou que os índios chamavam-no por outro nome: *caraipocu*, palavra que, na tradução de Fernão, significava "homem grande". No afã de minorar suas culpas, Fernão Cabral agiria como os mamelucos, manipulando o significado das palavras para enganar o visitador. Se de fato os índios chamavam Fernão Cabral de Tupã, nunca se saberá com precisão, embora seja possível que o chamassem desse modo. O certo, porém, é que *caraí* não significava simplesmente homem, como Fernão Cabral fez crer ao visitador. Caraí ou caraíba era um homem especial para os tupi: um homem-deus.[29]

O descuido do réu passou despercebido, porém, a Heitor Furtado. Paciente e metódico, o visitador achou por bem suspender o interrogatório *in specie*, e tratou de argüir o réu acerca de sua genealogia e do quanto sabia de doutrina cristã. Fernão Cabral falou sobre a família e passou no exame de doutrina. No final da sessão encontrava-se visivelmente exasperado. Afirmou que jamais tivera, no íntimo, qualquer sentimento contra "nossa Santa Fé Católica", e que estava muito arrependido de suas culpas e descuido. Suplicava, pois, ao visitador, "pelas chagas de Jesus Cristo", que despachasse o seu caso com a maior brevidade possível, clemência e misericórdia, visto que estava preso "perto de um ano" — o que já era grande parte do castigo que, por seus erros, merecia.

Heitor Furtado ouviu tudo isso com serenidade, e mandou Fernão de volta ao cárcere. Mas ouso dizer que nosso visitador estava satisfeito com a última cena que presenciara. Fernão Cabral vergara-se ao Santo Ofício, amedrontado, desesperado. Ainda que não tivesse confessado seus erros, saíra derrotado da mesa — cenário, no caso, do teatro da Inquisição.

Para derrotar de vez o réu, Heitor Furtado convocou-o novamente à mesa, quatro dias depois. Admoestou-o, com a "caridade" habitual, advertindo-o de que os piores hereges eram os negativos, pertinazes, impenitentes, revogantes. Com eles o Santo Ofício não poderia agir com misericórdia, senão "com dureza e rigor". Diante disso, e do estado de perturbação em que se encontrava, Fernão Cabral admitiu todas as culpas, sem exceção.

Insistiu, no entanto, que só honrara e reverenciara a seita indígena porque tencionava mesmo extingui-la. E acrescentou que, quando chamava a índia-chefe da santidade de Mãe de Deus, nomeava-a em português — o que ela não entendia "por ser boçal". Se Fernão Cabral de fato reverenciava a caraíba-mor de Jaguaripe em português, ou se a chamava de Tupansy, eis algo que não se pode esclarecer, embora seja-me difícil crer que Fernão pretendera simular cortesias para a índia em língua por ela desconhecida. Mas Heitor Furtado parecia já satisfeito com a nova postura do réu, e deixou passar esse novo "engano", além do que traduções de língua geral nunca haviam sido matéria de sua especialidade...

Reforçando sua sujeição diante do Santo Ofício, Fernão Cabral voltou a pedir misericórdia e clemência, dizendo-se bom cristão, limpo de sangue e pai zeloso, que tinha donzelas para amparar. Acrescentou que, se faltara com a verdade nas últimas sessões, fora por "ignorância e por não saber o estilo deste Santo Tribunal", além de ter sido aconselhado a negar suas culpas por um companheiro de cárcere. Heitor Furtado deve ter exultado ao ouvir tamanha confissão de erro praticado no cárcere. Afinal, livrava-se da tarefa de inquirir sobre idolatrias e santos indígenas para fazer algo que muito aprazia à Inquisição: romper cumplicidades entre hereges; fazê-los delatar uns aos outros; dissolver as solidariedades atentatórias ao "reto ministério do Santo Ofício".[30]

Não foi difícil ao visitador descobrir quem aconselhara Fernão Cabral a mentir: João Nunes, o grande senhor de engenho de Pernambuco, cristão-novo, que esteve preso numa das "casinhas" do colégio jesuítico ao tempo em que lá estivera Fernão Cabral. Senhor de engenho como Fernão, odiadíssimo como ele, pois era usurário e useiro em humilhar os outros, João Nunes dissera que, em matéria de Santo Ofício, o melhor era mentir e negar ("quem não se cala é parvo"). Dissera-o através das paredes que separavam as "casinhas" onde estavam presos; dissera-o para levantar o ânimo de Fernão Cabral, naquela altura apavorado com a possibilidade de ser levado a tormento...

Antes de terminar a sessão, Heitor Furtado ainda perguntou detalhes sobre como se comunicavam os presos e em quais circunstâncias: "falavam quando não podiam ser ouvidos" — respondeu Fernão —, quando não havia alcaides, nem guardas; falavam nos domingos e dias santos pela manhã, estando o visitador na igreja, ou então à noite, quando o visitador estava na sala jantando... Ouvindo isso, Heitor Furtado deu os autos por conclusos.

A mesa se reuniu em 20 de agosto de 1592, presentes, entre outros, o próprio bispo Antônio Barreiros, Marçal Beliarte, provincial dos jesuítas, e Fernão Cardim, reitor do colégio, presidida por Heitor Furtado de Mendonça. Consideraram todos, por unanimidade, que as culpas de Fernão Cabral pareciam "gravíssimas" no foro exterior, pois com grande escândalo consentira e sustentara a "abusão" da santidade em suas terras, além de ter perjurado na mesa ao revogar suas culpas confessadas na graça e por ocasião da segunda e terceira sessões.

Consideraram, porém, os membros da mesa que havia forte possibilidade, e presunção de certeza, de que o réu jamais tivera "no ânimo, erro interior (íntimo) contra a Verdade de nossa Santa Fé Católica". Consideraram, ainda, que "as circunstâncias que concorreram" para suas culpas eram relevantes, e que "a qualidade da pessoa do réu", "sua nobreza e bom sangue" atenuavam seus erros. Tendo em vista tais considerandos, a mesa concluiu em favor de sentença "benigna e misericordiosa" contra Fernão Cabral de Taíde, evitando-se usar com ele do "rigor da justiça".

Opinião muito distinta da que emitiu a Visitação acerca de Fernão Cabral seria a dos inquisidores lisboetas ao apreciar as acusações de Fernão contra João Nunes, delatando-o por lhe haver aconselhado a mentir na mesa inquisitorial. O Santo Ofício de Lisboa considerou a denúncia de Fernão Cabral improcedente, "por ser a testemunha de pouco crédito, que sendo homem cristão, usou e, segundo se tem por informação, adorou ídolos e cometeu outras fraquezas nessa matéria...".[31] Sorte de Fernão Cabral não ter sido julgado em Lisboa por inquisidores menos vulneráveis às pressões do colonialismo...

Fernão Cabral foi condenado a abjurar de leve suspeita na fé (leve suspeita...) e a pagar mil cruzados "para as despesas do Santo Ofício". Pena pecuniária elevadíssima — vale dizer —, quantia suficiente para comprar vinte escravos africanos aos preços do século XVI. Fernão Cabral foi ainda condenado a, num domingo ou dia santo, "estando-se na missa", ficar de pé ao lado do cruzeiro, na Sé de Salvador, para ouvir a leitura pública de sua sentença, na qual se lhe aplicariam penitências espirituais. E, finalmente, foi ainda condenado ao degredo por dois anos "para fora de toda a costa do Brasil".

A sentença foi cumprida à risca, baseada no parecer da mesa, contendo em detalhes as peripécias de Fernão Cabral e a história da santidade que protegera. O texto da sentença é, porém, um relato compósito, misturando narrativas contraditórias, confirmando a ignorância do visitador acerca das idolatrias ameríndias. Importa destacar, no entanto, que Fernão Cabral saiu mesmo em público, para regozijo de seus vários desafetos, ouvindo sua penitência na Sé de Salvador. Também pagou a pesada multa de mil cruzados. Passou pelo vexame público num domingo, 23 de agosto de 1592, e abjurou três dias depois. Somente foi solto em 10 de setembro do mesmo ano, mediante o pagamento de fiança, para aguardar o navio que o levaria para o degredo. Degredo em Portugal, a bem da verdade, em Lisboa, ou talvez no Algarve, terra natal de nosso fidalgo — homem "de nobreza e bom sangue", para usar as palavras do Santo Ofício.

Não resta dúvida de que Heitor Furtado derrotou, no teatro da Inquisição, o poderoso e arrogante senhor de Jaguaripe, apesar de jamais ter entendido, realmente, o que fora a santidade. Bastava-lhe, porém, rotulá-la como idolatria e, por conseguinte, como heresia; bastava-lhe obrigar Fernão Cabral a curvar-se perante ele, visitador, com súplicas de misericórdia. No teatro barroco da Inquisição mais valia a representação da heresia, creio eu, do que a vitória de fé.

Anchieta, já velhinho e doente, não teve dúvida em dizer que a sentença de Fernão Cabral fora misericordiosa. Todos afirmaram isso — escreveu o insigne jesuíta — e "ele mesmo [Fernão] o reconheceu, dando graças ao inquisidor e a todos os adjuntos da mesa pela mercê que lhe faziam, merecendo muito mais por suas culpas, e isto de joelhos com muita humildade".[32]

Fernão Cabral, humilhado e humilde, acabaria satisfeito com a mercê do inquisidor, apesar de multado em vinte escravos da África. Heitor Furtado, exultante, se regozijaria de ter derrotado alguém que jamais se vergara aos jesuítas, aos governadores e a ninguém. Triunfo da Inquisição no trópico, que perdera longo tempo com a santidade, para desespero do arquiduque Alberto, preposto de Filipe II. Triunfo do colonialismo, do "bom sangue" de Fernão Cabral, que, levado pelas "circunstâncias", transformara-se em Tupã ou Caraipocu — sabe-se lá —, para melhor explorar os índios ou destruí-los de vez.

Heitor Furtado triunfou no teatro do Santo Ofício, que no século XVI nem Fernão Cabral era capaz de desafiar. Fernão Cabral triunfou no teatro do colonialismo, agradecendo de joelhos a benigna pena que lhe fora dada, para cumprir seu degredo de dois anos no Reino. Os jesuítas, *malgré tout*, assinariam a sentença benigna que lhe dera o visitador — Fernão Cardim, Marçal Beliarte —, e o próprio Anchieta, já ancião, se limitaria a comentar quão afortunado era o homem que, conforme ele mesmo escrevera, dizia-se "maior que todas as justiças".

Quanto aos índios — convém não esquecê-los —, voltaram ao cativeiro, retornaram às missões, quando não estavam já mortos na época da Visitação à Bahia. Heresia do trópico, a santidade seria estigmatizada, demonizada, animalizada e, finalmente, queimada. Lançada no fogo, como a índia que Fernão Cabral jogou em sua fornalha. Posta em chamas e reduzida a cinzas, como se fez à sua igreja por ordem do governador. Ao iniciar a devassa da santidade, Heitor Furtado ignorava quase tudo. Ignorava, inclusive, que já se tinha promovido uma espécie de auto-de-fé com a Igreja ameríndia de Jaguaripe, heresia do trópico, centro da "Terra sem Mal".

8

RESSONÂNCIAS
E PERSISTÊNCIAS

*No inferno pintado pelo português, o diabo-mor é um
índio de cocar, que flagela impávido os pecadores brancos.*
(O Inferno. *Atribuído a Jorge Afonso, século XVI.*)

*Mas eis o verdadeiro problema: acreditavam os tu-
pinambá em seus profetas?*

Eduardo Viveiros de Castro

RESSONÂNCIAS: DEMONÓLOGOS D'APRÈS LA LETTRE[1]

Destruída em Jaguaripe, em 1586, devassada na Bahia, em 1591-2, a santidade ameríndia seria logo conhecida na Europa antes que findasse o século XVI. Refiro-me às *Relazioni universali*, do jesuíta italiano Giovanni Botero, obra em cinco partes publicada entre 1591 e 1596, cuja quarta parte (livro IV) se refere ao Brasil: *"si tratta delle superstizioni in che viveno già le gente del Mondo nuovo, e delle difficoltà, e mezi, co'quali si è quivi introdotta la Religione Christiana, e vera"*.

Devemos a Laura de Mello e Souza a descoberta desse jesuíta italiano, analisado com brilho em ensaio recém-incluído no último livro da autora, *Inferno atlântico*.[2] É neste ensaio sobre Botero e suas *relazioni* que vou basear as reflexões que se seguem, evitando entrar em detalhes já devidamente estudados pela autora em questão.

Importa frisar, no entanto, que Giovanni Botero era um entusiasta da Reforma católica, secretário de Carlo Borromeu, e muitíssimo zeloso da expansão da fé católica no ultramar. Laura de Mello e Souza nos indica, com notável erudição, as possíveis leituras que Botero teria feito para tratar do Brasil. No caso do canibalismo, por exemplo — tema dos que mais atraiu a atenção do italiano —, informa-nos a autora que Botero possivelmente combinou a leitura de seis autores diferentes: Nóbrega ("Informação das terras do Brasil"); Thévet, Léry; Cardim; Anchieta; Gabriel Soares de Sousa (no caso, os "Capítulos" que o último escrevera contra os jesuítas, em 1587, posto que seu *Tratado descritivo* permaneceria inédito até o século XIX).

Botero estava, pois, familiarizado com os "costumes dos bra-sis" e não deixou de esmiuçá-los na quarta parte de suas *Relazioni*, baseando-se muito de perto nos textos de Nóbrega e de Anchieta. Lera, portanto, as considerações daqueles jesuítas sobre as santida-des quinhentistas, para não falar das descrições de Thévet e de Léry sobre a cerimônia tupinambá observada no Rio de Janeiro. Lera, com certeza, a pioneira descrição de Nóbrega sobre a possessão do caraíba, presente na "Informação" que analisei no segundo capítulo.

Não é de admirar, portanto, que Giovanni Botero fizesse consi-derações sobre as "santidades ameríndias, que demonizou do mesmo modo que a tinham demonizado os jesuítas do Brasil. É na "tradição demonológica" — afirma Mello e Souza — "que Botero insere sua narrativa sobre os encantadores brasileiros" (*ciurmatori*), referindo-se aos pajés e aos caraíbas como fazedores de malefícios. É o que se pode perceber, com clareza, na afirmação de que "sono nel Brasile moltissimi malefici, e ciurmatori, della cui imprudenza, e pazzia nom mi sarà grave addur [aduzir, apresentar] qui uno, o due esempi".[3]

O interesse da narrativa de Botero reside exatamente nos exem-plos que resolveu dar sobre os malefícios indígenas, particularmente sobre um caso que diz ter ocorrido em 1584. De modo absolutamen-te surpreendente, Botero aludiu a certa *superstizione* indígena que julgava tanto mais perigosa quanto era capaz de imitar os ritos e usos da Santa Igreja (*Chiesa Santa*). Mencionou que semelhante seita ado-rava um chefe que se fazia de papa (*Supremo Pontefice*), e nela se ordenavam bispos e sacerdotes; ministravam confissões; celebravam missa; portavam rosários para suas orações; organizavam escolas pa-ra adestrar os neófitos; possuíam livros de tábuas com caracteres "nom intelligibili ad altri".

Misturavam, porém, os ritos cristãos com os costumes próprios à sua gentilidade. Acrescentou Botero que, para fazer entrar a *san-tità*, bebiam um suco de uma erva chamada no Brasil de "petima" — "di gran vehemenza e di smisurata calidità" —, a qual os fazia cair no chão, contorcendo-se, transfigurando-se com a língua de fo-ra, a falar entre os dentes. Ato contínuo — prossegue o jesuíta —, os índios se lavavam com água, estimando-se santificados e virtuosos — e tanto mais perfeitos se sentiam quanto mais fora de si ficavam.

Prosseguindo sua narrativa, Botero aduziu que os índios criam que viria ao Brasil um navio para finalmente libertá-los; os portu-gueses seriam destruídos, e os que não aderissem virariam peixes, porcos ou animais similares. Esta *vanità e folia* era nutrida e fomentada por um sumo sacerdote que os índios chamavam "impudentemente papa", que sublevava todo o Brasil. Os índios abandonavam a casa dos portugueses e o serviço, "nel quale erano impiegati", ameaçando os cristãos, escondendo-se nos matos e montes. Chegavam mesmo a matar os próprios filhos na afobação de fugir para a "diabólica seita", desembaraçando-se de qualquer estorvo.

Ao concluir seu relato, Botero informou que tal *pestilenza* perturbou sobretudo "il contorno della Baya", e não se logrou reprimi-la senão com grande esforço dos religiosos e funcionários do rei. "E é coisa digna de ser advertida" — arrematou o jesuíta — "a astúcia do demônio em se opor à autoridade do papa, pois que, entre nós, combate-a negando-a pela boca de Lutero e de Calvino [...]; e no Brasil, contrafazendo-a por meio de encantadores...".[4]

Trata-se de um relato sumamente importante para se captar a leitura européia das "santidades" ameríndias e a ressonância que lograram ter no contexto das Reformas. Na linguagem de Botero — e isso não constitui novidade — a "santidade" é *superstizione, pestilenza*, um misto de malefícios e bestialidades. Mas não obstante demonizasse e animalizasse a "superstição" indígena, Botero a compararia com a heresia protestante, colocando em idêntico patamar os hereges europeus e os "encantadores" índios do Brasil — o que não deixa de ser surpreendente. Por outro lado, foi arguto o suiciente para exprimir, através de um jogo de palavras, o caráter heético das "santidades", ao compará-las com o luteranismo e o calvinismo: na Europa os hereges combatiam a Igreja negando a autoridade do papa; no Brasil, combatiam-na contrafazendo a sua autoridade apostólica...

Poucos anos depois de Botero, foi a vez de outro jesuíta, o francês Pierre du Jarric, dedicar algumas páginas às "santidades" brasílicas em sua *Histoire des choses plus memorables...*, obra em três volumes publicada em Bordeaux entre 1608 e 1610.

Trata-se de uma vasta compilação de fatos sobre a história colonial portuguesa, incluindo a expansão lusitana na Ásia e no Brasil, salientando-se os feitos militares e celebrando-se, com grande ênfase, a obra salvacionista dos jesuítas. Du Jarric era, como Botero, um propagandista da Reforma católica e um apologista incansável da "Societatis Iesu".

Os primeiros dois volumes de sua *Histoire de choses*... são dedicados à história das descobertas portuguesas desde os primórdios até o ano de 1600, e o terceiro volume ao período 1600-10. É o segundo que nos interessa mais de perto, pois é nele que o autor trata da "superstição" indígena.[5]

A exemplo de Botero, Du Jarric demonizou a seita em grande estilo: "invention diabolique, controuvé par ce forgeur de toute malice et impieté" — eis o que o francês afirmou da santidade, sem deixar de ressaltar que seu maior perigo residia na aparente semelhança entre os ritos da "superstição" e os da verdadeira Igreja católica. Du Jarric se inseria, como Botero, na tradição demonológica européia.

No tocante às características da seita, Du Jarric praticamente repete o que Botero havia escrito em 1596: o supremo chefe de *ceste gentilité* era chamado de papa, que nomeava bispos, padres etc.; faziam confissões, diziam missas, possuíam rosários, organizavam escolas ("pour l'instruction de la ieunesse"), instituídas à maneira dos colégios jesuíticos; possuíam livros de rezar, "faicts d'une certaine escorce d'arbre [...] ou ils avoyent escript plusieurs characteres incognus".

À semelhança de Botero — e na mesma ordem da narrativa —, Du Jarric mencionou o modo pelo qual os índios adquiriam "la perfection de saincteté", tornando-se "fols et insensez", ao beber o suco de certa erva, "qu'ils appelent Petina", dotada de grande "force et vertu et d'une chaleur si excessive", que os fazia tombar no chão, transfigurar a face, pôr a língua para fora "d'une façon fort laide...".

Do mesmo modo que o italiano, Du Jarric mencionou a crença indígena de que um navio traria em breve os seus ancestrais, navio que os livraria "de la servitude des Portugais, lesquels ils disoient debvoir estre tous massacrez"; e os índios que não acreditassem na seita se tornariam "ou en poisson, ou en pourceau ou en autres bestes semblables". Du Jarric também acrescentou o flagelo que a seita causara no Brasil: os incêndios dos engenhos, as fugas, as mortes de portugueses. Não esquece mesmo de lembrar o infanticídio que muitos índios praticavam, na pressa de fugir logo para o seio daquela "invenção diabólica".

O relato de Du Jarric somente difere das *Relazioni* em dois pontos: o francês discorre mais amplamente sobre o fim da seita, exaltando o papel dos jesuítas neste processo, abordando mesmo o destino do famoso papa (assunto de que tratarei adiante); o francês não comparou, como Botero, a superstição indígena com o luteranismo e o calvinismo — comparação sem dúvida original do jesuíta italiano.

No entanto, Du Jarric foi também original, mostrando-se a par do que se passava no Brasil, ao dizer: "Ie pense que ceste secte fust femeé par le moye de quelques uns de ces Mammeluz, ou Mestisfs, que nous avons dicc...". Embora não forneça provas de sua convicção, nem se refira uma só vez a Tomacaúna e outros, Du Jarric foi arguto o suficiente para perceber o papel dos mamelucos na santidade, mostrando-se bom leitor da correspondência jesuítica.

Ao deparar-me com esses dois relatos, não tive dúvidas de que ambos se referiam não a qualquer "santidade brasílica" (daquelas descritas por Nóbrega ou Léry), mas à própria Santidade de Jaguaripe. E não tive dúvidas, também, de que os dois jesuítas haviam se baseado na mesma fonte para tratar do assunto: são mínimas, com efeito, as diferenças entre os dois textos, como indiquei no parágrafo anterior.

Quanto à convicção de que Botero e Du Jarric se referiram ao caso de Jaguaripe, reuni algumas evidências:

a) a data e a localização da seita: cerca de 1583-4 e no Recôncavo Baiano;

b) a alusão ao papa como supremo chefe dos sectários, o qual nomeava bispos e sacerdotes "à moda cristã";

c) a referência às aparentes e "perigosas" semelhanças entre alguns ritos da seita e os usos da Igreja católica;

d) a descrição de certos ritos que somente a Santidade de Jaguaripe ousou praticar: nem tanto a confissão (rito cristão) ou a ingestão de petim (rito tupi) — que desses Nóbrega tratara em sua "Informação" de 1549 —, mas sobretudo o uso de rosários e a leitura dos livros em madeira com "caracteres ininteligíveis" (*ininteligibili, incognus*), ritos exclusivos, repito, da seita liderada por Antônio, o caraíba-mor de Palmeiras Compridas;

e) a referência às revoltas causadas pela seita no Brasil (o incêndio dos engenhos, as fugas, as mortes de brancos), tudo isso em conexão com a mensagem antiescravista dos sectários;

f) a alusão à destruição da seita pelo esforço conjugado de jesuítas e governador, embora apenas Du Jarric seja mais detalhado nesse ponto.

Botero e Du Jarric tiveram, pois, notícia da Santidade de Jaguaripe pouco depois dos episódios de 1585 — e é claro que não leram os processos do Santo Ofício. Não leram, nem poderiam fazê-lo, tratando-se de papéis absolutamente secretos, aos quais somente os inquisidores tinham acesso. Cheguei mesmo a conjecturar que a notícia da santidade teria chegado na Europa por obra de Fernão Cardim ou Marçal Beliarte, pois tanto o reitor do Colégio da Bahia como o provincial da Companhia acompanharam o dossiê da santidade e assinaram o despacho final de vários processos.

Mas, na realidade, a fonte em que se basearam Botero e Du Jarric não guarda qualquer relação com a Visitação do Santo Ofício. Ambos souberam da santidade, simplesmente, através da Carta Ânua de 1585, escrita em latim e publicada na *Annuae litterae Societatis Iesu*, compilação de ânuas impressa em Roma no ano de 1587.[6] É nela que se encontra, na ordem mesma das narrativas de Botero e Du Jarric, o relato das crenças e ritos da Santidade de Jaguaripe: as alusões ao *Pontificem Maximum* da seita; a consagração de *episcopos et sacerdotes*; a instituição de *peccatorum confessiones*; a referência aos intrigantes breviários da seita: "libros habent è cortu e tabulisue confectos, occultis notis litterisq distinctos". É nela que se encontram as alusões ao uso da erva (*Indus petima*) e aos tremores característicos da *sanctitatis*: *turpiter lingua, agitationibus, defatigatio*. E não falta à referida ânua a qualificação demonizadora adotada por Botero de Du Jarric: *Diabolus* e *Daemone* encontram-se em toda a parte do texto.

O autor da ânua — o primeiro documento sobre a idolatria de Jaguaripe — foi provavelmente Anchieta, provincial da Companhia no Brasil em 1585, ano em que a carta foi escrita e no qual a igreja de Jaguaripe se viu destruída por ordem de Teles Barreto.

Seguidores de Anchieta — para não dizer copistas ou tradutores —, nas considerações que fizeram sobre a Santidade de Jaguaripe, Botero e Du Jarric também reproduziriam seus erros, quer etnográficos, quer históricos. E digo erros — devo esclarecer — porque algumas informações contidas nesses textos não constariam em nenhum dos inúmeros depoimentos recolhidos pelo Santo Ofício sobre a mesma santidade, entre 1591 e 1592. São eles, principalmente:

a) a informação de que o transe da santidade era provocado pelo suco de petim: *succum herbae* (ânua), *sugo di u'erba* (Botero) e *suc d'une certaine herbe* (Du Jarric), o que sugere a ingestão de certa beberagem alucinógena quando, na realidade, os índios fumavam o tabaco e assopravam sua fumaça uns nos outros;

b) a alusão à utilização das cabaças como sinos na igreja da seita: "et minutis globulis arq. campano cucurbitis" (ânua); "facevano campane de certe zucche" (Botero); "ils sonnoyent quelques grands courges viudes [vides], comme nous nous servons des cloches" (Du Jarric);

c) a referência à existência de escolas na seita: "gymnasia gratis habent" (ânua); "tenevano scuole" (Botero); "ils avoyent institué certain façon de Colleges [...] sans payer rien, comme l'on fait..." (Du Jarric);

d) a alusão à prática do infanticídio por parte dos índios que, ansiosos por fugir de seus amos e ingressar na santidade, livraram-se dos próprios filhos: "quid enim parcerent Lusitanis, qui sousmet natos, ne fugae impedimento essent, vel vivos defodiebant" (ânua); "scannavano i proprii figliuoli, affin che non recassino loro impedimento alla partenza, o lor fossino d'impaccio nella fuga, o li sepelivano vivi" (Botero); "[...] voire que pis est esgorgeoient quelques fois leurs propres enfans, ou les ensepuelissoient tous vifs dans terre, qu'ils ne leur impeschassent la fuytte..." (Du Jarric);

e) a curiosíssima referência a um navio em que vinham os ancestrais dos índios, cuja chegada os livraria do cativeiro: "[...] Alunt suos huc maiores advehendos esse navigio, ab ijsq se è miserrima servitude in optat e libertatis dulcedinem vindicandos" (ânua); "Dicono che i loro maggiori hanno da venire in un naviglio al Brasil, e a rimeterli in libertà" (Botero); "[...] ils disoient que leurs ancestres, decedez long temps aupavarant, debvoient aborder dans un navire et que par leur moyen, ils séroient delivrez de la servitude des Portugais" (Du Jarric);

f) a informação sobre o fim da seita, creditada à ação dos jesuítas, com certa alusão específica à ação do governador quanto à execução do papa (Antônio), fato que somente Du Jarric parafraseou da ânua. Mas esse é assunto que deixarei para examinar no último item do presente capítulo.

Poderia causar estranheza, repito, a ocorrência desses "equívocos" no texto da ânua, repetidos por Botero e Du Jarric, especialmente se foi mesmo Anchieta, como parece, o autor da Carta de 1585. Afinal, tratava-se de um jesuíta experimentado nas lides da catequese, conhecedor de várias "santidades", homem que acompanhara de perto o caso de Jaguaripe. Quer-me parecer, no entanto, que os tais equívocos foram propositais...

Menos importante é a informação de que a ingestão do tabaco se fazia por meio de uma beberagem, e não pela sucção da fumaça do petum, já que a própria erva e o hábito de fumar (para não falar do verbo) só então começavam a se difundir na Europa. Não é impossível que, ao transformar a fumaça em suco, o autor da ânua procurasse tão-somente facilitar a compreensão de seus leitores, recorrendo a imagens diabólicas mais conhecidas na Europa.

Quanto às demais informações (os sinos, as escolas, o infanticídio, o navio libertador), não resta dúvida de que Anchieta pretendeu impressionar os seus colegas europeus de Companhia: acentuar as perigosas semelhanças entre as ameaças que pesavam não só sobre a catequese como sobre a colonização portuguesa no Brasil.

Mas esse esforço de reforçar o caráter herético, diabólico e sedicioso da santidade não deixa de ser muitíssimo significativo. Ao mencionar escolas fictícias na santidade indígena, Anchieta transformou a seita numa espécie de catequese diabólica, o inverso exato do que se esmeravam em fazer os jesuítas no Brasil. Ao metamorfosear as cabaças em sinos, traduziu para a linguagem cristã o instrumento mágico dos tupi, assimilando o chamamento dos fiéis cristãos pelos sinos da igreja à convocação dos espíritos pelos maracás. Ao sugerir que muitos índios cometiam infanticídios para entrar na seita, utilizou um ingrediente caro ao estereótipo europeu do sabá — o sacrifício de crianças —, "costume diabólico" familiar aos demonólogos europeus.[7]

E, finalmente, cabe considerar a informação acerca do navio dos ancestrais rebeldes, signo da libertação dos índios escravizados — aspecto que, à semelhança dos anteriores, jamais foi mencionado pela centena de depoentes que haviam conhecido a santidade de perto.[8] Mas, novamente aqui, Anchieta parece ter traduzido a *superstitionis* indígena para o imaginário da velha cristandade. É o que nos sugere a leitura de Jean Delumeau, que abre o seu *História do medo no Ocidente* com observações sobre o "mar variável, onde todo o temor abunda". E, com efeito, nas inúmeras "Vidas do Anticristo" publicadas no século XV, bem como nas *Artes moriendi*, os primeiros sinais do Juízo Final se referem "ao mar e à água dos rios".

O mar, afirma Delumeau, era o domínio privilegiado de satã e das potências infernais. "O mar: lugar do medo, da morte e da demência, abismo onde vivem os demônios e os monstros...".[9]

Se o autor da ânua fez do papa índio uma espécie de anticristo e do próprio demônio, por que não relacionaria o seu triunfo com o mar tenebroso? Por que não elegeria um navio como sinal do "apocalipse colonial"? Barca diabólica a abrigar os infernais sectários da santidade: eis, ao que parece, mais uma das recriações dos jesuítas no Brasil. Recriação, no caso, ancorada no imaginário europeu, imagem similar à nau dos insensatos, tema caro à Renascença. Lembremos de Sebastian Brant, com sua *Nave dos loucos*, ou do próprio Gil Vicente, com sua *Barca do inferno*...

Anchieta utilizou a imagem do navio diabólico para caracterizar a santidade, mas omitiu, incrivelmente, a existência de um ídolo no templo da seita — e por isso não o mencionaram os jesuítas italiano e francês nas suas narrativas. O porquê dessa omissão é para mim um mistério quase insondável, pois Anchieta bem sabia da existência de Tupanasu em Jaguaripe. Arrisco dizer, no entanto, que a omissão do ídolo talvez visasse diminuir os aspectos gentílicos e idolátricos da seita em favor de seus traços heréticos e diabólicos (no sentido ocidental) — o que se fez pela ênfase nas semelhanças entre a santidade e a Santa Igreja. Semelhanças invertidas, vale repetir, o que fazia da santidade menos uma idolatria ameríndia do que um sabá tropical. Afinal, a ânua fora escrita para demonólogos europeus...

O certo é que os adeptos da santidade jamais mencionaram navio algum quando apregoavam o iminente triunfo de Tupanasu. E igualmente certo é que os jesuítas eram *habitués* em traduzir as crenças na linguagem que lhes convinha, ofício em que Anchieta era mestre. Traduzia-se o cristianismo para a língua geral, de um lado, mas traduzia-se também a idolatria ameríndia para a demonologia européia, de outro, conforme a conveniência do emissor e o presumido *outillage mental* do receptor da mensagem. Seria por meio dessas traduções que o Deus cristão viraria Tupã no cotidiano da catequese, para transformar-se depois no Tupanasu da santidade; seria também por esses meios e modos que o papa da santidade se converteria no anticristo e no diabo aos olhos dos demonólogos europeus da Companhia de Jesus.

Examinar os supostos equívocos da ânua de 1585 permite, assim, iluminar assunto dos mais importantes no tocante aos saberes e ao imaginário europeu na época dos descobrimentos. Permite tangenciar um daqueles nexos invisíveis por meio dos quais as "gentilidades ameríndias", transformadas em heresias, iriam alimentar a demonologia européia nos tempos modernos.

Não poderia encerrar este item sem mencionar o relato de Robert Southey acerca da santidade. E não o faço por mero preciosismo, mas por duas razões muito específicas. Em primeiro lugar porque Southey foi o autor da primeira *História do Brasil* (1810-9) a comentar a seita indígena do século XVI. Em segundo lugar — e esta é a principal razão —, porque o historiador inglês simplesmente reproduziu, também ele, o conteúdo da ânua de 1585, a exemplo do que haviam feito Botero e Du Jarric. Reproduziu-o, vale dizer, parafraseando o texto de *Histoire des choses*, já que não teve acesso à Carta original.[10]

É verdade que Southey não deixou de dar um toque pessoal a "seu relato" sobre a santidade, introduzindo-o por meio de uma comparação original entre os pregadores da seita e Maniqueu e Maomé. O papa da santidade seria comparado pelo inglês ao célebre Mani, o persa ou babilônio inspirador de uma antiga heresia que, nascida no Oriente, se espalharia pela Itália e Sul da Espanha nos primeiros séculos cristãos. E seria também comparado ao grande profeta do Islã, inimigo secular da cristandade. Mas, afora essas comparações, o relato de Southey não fez mais que repetir o de Du Jarric, de sorte que não vejo interesse em reproduzi-lo.

Mas não posso omitir o comentário do cônego Joaquim Caetano Fernandes Pinheiro, erudito que traduziu e anotou a primeira edição brasileira de Southey, publicada em 1862. Opinando sobre o relato do inglês sobre a santidade baiana, escreveu o cônego: "Cremos que toda essa teogonia a que se refere o autor não passa duma invenção dos jesuítas".[11]

Fernandes Pinheiro se enganou, rotundamente, ao duvidar das crenças da santidade narradas por Southey, atribuindo-as à invencionice dos inacianos. Pelo menos algumas delas — não resta dúvida — foram realmente veiculadas pelos caraíbas de Jaguaripe... Mas o cônego acertou, por acaso, ao misturar os jesuítas com a "teogonia indígena". Afinal, fora mesmo nos aldeamentos da Companhia que se havia forjado o amálgama entre o catolicismo e a mitologia tupinambá. E fora ninguém menos que Anchieta, penso eu, o autor da carta que, através de Du Jarric, alimentara a narrativa do inglês. Anchieta, jesuíta que falava várias línguas, mestre de múltiplas traduções, artífice de invenções e enganos...

ENTREATO: O TRIUNFO DOS CONDENADOS

Enquanto o italiano Botero e o francês Du Jarric escreviam sobre a extraordinária idolatria dos "índios brasílicos", os penitenciados pelo Santo Ofício que com ela se tinham envolvido iam recompondo suas vidas.

Heitor Furtado deixou a Bahia em 2 de setembro de 1593, seguindo então para Pernambuco, atormentando com suas inquisições os moradores daquela capitania, da Paraíba e de Itamaracá. Na Bahia tudo voltaria a ser como antes, exceto pelos ressentimentos que a passagem do visitador havia deixado na sociedade local. Maridos haviam denunciado esposas, e vice-versa; filhos haviam delatado seus pais e avós; amizades longas se viram rompidas; paixões e desejos culpáveis acabaram na mesa do visitador. O Santo Ofício deixara, em seu rastro, a marca de sua ação deletéria e a memória de seus autos-de-fé, abjurações e cortejos difamatórios pelas ruas da cidade. Não tardaria muito, aliás, para que a Bahia voltasse a receber um visitador inquisitorial na pessoa do licenciado Marcos Teixeira, entre 1618 e 1620.

Ressentimentos e medos à parte, a vida colonial baiana retomou o seu cotidiano monótono. Na cidade, o ritmo das missas dominicais, dos batizados, enterros, casamentos, monotonia só quebrada pelas festas e procissões ou pela chegada de navios — europeus, vale dizer. Se fossem navios portugueses, alegravam-se todos, acorrendo em busca de novidades, notícias de parentes, mercadorias — alegria que só não era total pelo medo de que o navio trouxesse uma nova comitiva do Santo Ofício. Se fossem navios estrangeiros, a correria era geral, em meio ao espocar dos canhões...

Na cidade de Salvador, a partida de Heitor Furtado trouxe de volta a velha rotina. E, nos engenhos e fazendas, continuou-se a faina diária de plantar cana, fazer açúcar e encaixotá-lo para Lisboa, ao passo que nos aldeamentos da Companhia os jesuítas prosseguiam a sua conquista espiritual dos ameríndios, a começar pela "colonização de sua língua".

Os penitenciados pelo envolvimento com a santidade foram quase todos mamelucos — se não pela origem mestiça, ao menos pelas tatuagens no corpo —, com exceção de Fernão Cabral. Nem mesmo a sua esposa, d. Margarida da Costa — mulher que confessadamente crera na seita e recebera com honra os sectários na casa-grande —, seria intimada pelo visitador a prestar maiores esclarecimentos, talvez porque sua confissão na graça tenha sido larga e contrita.

Mas nossos mamelucos não sofreram muito, como se viu, nas mãos de Heitor Furtado, exceto pelos obstinados interrogatórios do visitador, e à exceção de um Francisco Pires, açoitado pelas ruas estreitas da cidade sob o olhar da multidão. Tão logo a Visitação deixou a Bahia, retornaram todos a seu ofício de sertanistas, resgatando índios nas matas para desespero dos jesuítas e gáudio dos escravocratas. Certamente fizeram ouvidos moucos à sentença do visitador que os proibira de voltar ao sertão. Era disso que viviam os mamelucos, e deles precisava a colonização portuguesa, quer para expandir-se, quer para defender-se dos seus inimigos ou vítimas.

A própria Inquisição colaborou, nesse sentido, para que os mamelucos não ficassem estorvados em seu ofício. Antes mesmo de concluir a Visitação à Bahia, Heitor Furtado reuniu sua comissão julgadora — o bispo, Cardim etc. — para discutir se os mamelucos incorriam na excomunhão *ipso facto incurrenda* por terem dado armas aos índios em seus resgates. A razão de ser do debate residia nas prescrições da chamada "Bula da Ceia", que decretava a excomunhão dos que fornecessem armas aos infiéis.[12]

Reunida em 29 de julho de 1593 — dois anos depois de iniciada a Visitação —, a mesa achou por bem isentar os mamelucos dessa pena espiritual. "Assentou-se que não se compreendem na dita Bula estes gentios [do Brasil]" — resolveram todos —, "porquanto não são [os índios] inimigos do nome de Cristo como são os turcos e mouros..." Pareceu à mesa que os índios não faziam guerra aos cristãos em ódio ao nome de Cristo, "senão por outros respeitos diferentes", ao contrário dos infiéis que maldiziam a Igreja.[13] Conciliando os assuntos da fé com os interesses do colonialismo, o Santo Ofício resolveu deixar em paz a alma dos mamelucos — livrando-os de excomunhão e esvaziando, por conveniência, o conteúdo idolátrico da santidade e das "guerras gentílicas".

Foi com idêntico ânimo conciliatório que a mesa deliberou sobre a conveniência de se manter a proibição de os mamelucos irem ao sertão — penalidade aplicada a todos eles, sem exceção, nas sentenças do visitador. Em 2 de agosto de 1593 assentou-se que "somente quando os governadores deste estado mandassem ao sertão destruir alguma abusão da chamada santidade, ou dar algum socorro de guerra, ou descobrir minas de metais, salitre e enxofre, poderão ir os tais condenados com licença desta mesa, ou em sua absência, do senhor bispo deste estado".[14]

A Inquisição cancelava, pois, na prática, a própria sentença que havia dado contra os mamelucos, ao menos na parte que tocava ao colonialismo, livrando-os do impedimento de voltar ao sertão. Autorizava-os a buscar metais, a guerrear com o gentio, a perseguir "santidades" ameríndias... O Santo Ofício, curvando-se ao sistema colonial, fazia tudo voltar ao ponto de partida. Afinal, fora por mandado dos colonizadores que Tomacaúna e seus amigos haviam adentrado o sertão em busca da santidade. Buscaram-na para destruí-la, diziam todos, mas acabaram ficando por lá, além de enviar parte dela para o coração do mundo colonial...

Vergando-se diante do colonialismo, o Santo Ofício atendia o interesse dos escravocratas e os ditames de el-rei. É o que se pode perceber no Regimento do governador Francisco Giraldes, datado de 8 de março de 1588, dois anos depois da destruição da igreja de Jaguaripe. Nele el-rei se dizia informado de que andavam na Bahia "muitos mamelucos ausentados e fugidos por ferimento e outros insultos", os quais, no entanto, podiam ser úteis à expansão colonial. De sorte que os "que não tiverem culpas graves" — dizia o rei —, "vós lhes possais perdoar em meu nome as culpas que tiverem, com parecer dos desembargadores da Relação que ora envio...".[15]

Tolerados por el-rei em seus crimes do foro secular, perdoados pelo Santo Ofício em seus erros de fé — ao menos no que tocava ao seu ofício de sertanistas —, os mamelucos prosseguiram a sua sina de desbravar as matas do trópico em busca de índios e metais, coisa que, a bem da verdade, faziam com eficiência.

Não tenho dúvida de que a maioria deles voltou ao sertão para fazer o de sempre: descer índios e desafiar os jesuítas. Alguns membros da expedição de Tomacaúna nem sequer foram processados pelo Santo Ofício pela simples razão de que estavam no sertão fazendo resgates. Alguns acabariam mesmo premiados pelos relevantes serviços prestados ao governo colonial em suas entradas. Dentre eles, ninguém menos que Domingos Fernandes Nobre, de alcunha Tomacaúna, que anos depois da Visitação seria agraciado pelo governador com uma sesmaria, para ele e para sua filha, na promissora terra de Sergipe d'el Rei.[16] Nosso intrépido mameluco acabaria seus dias como lavrador — provavelmente escravocrata — nas frentes de expansão colonial da América portuguesa.

Triunfo dos mamelucos, triunfo de Fernão Cabral — emblema maior da colonização escravocrata na documentação inquisitorial relativa à santidade. É verdade que — como se viu no capítulo anterior — Fernão Cabral foi humilhado pelo visitador, obrigado a ouvir a sentença na igreja, multado em mil cruzados, e degredado para fora da capitania por dois anos, além de ter ficado quase um ano preso nas "casinhas" dos jesuítas. Mas não é menos certo que o próprio Fernão Cabral considerou misericordiosa a sua pena, pelo menos em 1592, talvez porque temesse, como todos, o seqüestro de bens, a tortura e quem sabe a fogueira da Inquisição em Lisboa.[17]

Contemplado com a misericórdia de Heitor Furtado, Fernão Cabral foi para o Reino; foi cumprir em Portugal os dois anos a que estava sentenciado pelo visitador. No caso de Fernão, está claro, até mesmo a pena de degredo não foi das piores, evitando-se mandá-lo aos lugares que costumeiramente "acolhiam" os desterrados: as inóspitas fronteiras de Bragança, Elvas e Castro-Marim, no Reino; a fortaleza de Mazagão e Angola, na África. Fernão Cabral esteve longe de ser propriamente degradado (particípio de degradar, cujo sinônimo é degredar) ao ser expulso da Bahia por dois anos. Possivelmente deixou a direção de seu engenho com algum parente — talvez o fiel genro Ambrósio Peixoto, também fazendeiro —, e foi tratar de seus negócios em Lisboa.

Desconheço a data precisa em que Fernão Cabral saiu da Bahia, mas o certo é que ele já se encontrava em Lisboa sete meses depois de ser solto pelo visitador. Heitor Furtado ainda se encontrava às voltas com a visita à Bahia enquanto Fernão prosseguia livremente a sua vida no Reino, tratando de negócios. É possível que sua condenação pelo Santo Ofício, apesar da sentença "benigna", tenha lhe trazido algum problema em Portugal, pois Fernão solicitou ao visitador, por escrito, cópias de alguns documentos que abonassem a sua pessoa, a exemplo da certidão que lhe passara o falecido Teles Barreto, em 1586.[18] O despacho do visitador em face do pedido de

Fernão foi, então, frio e seco: "Dêem-se-lhe" — datado de 13 de abril de 1593.

A última notícia que pude descobrir do paradeiro de Fernão Cabral, encontrei-a por acaso no processo de Diogo de Mozim, fazendeiro no Recôncavo e responsável pelo despacho de navios na alfândega de Salvador ao tempo da Visitação. Diogo fora processado por facilitar, por incúria, a fuga de três suspeitos de heresia em certo navio, sendo condenado a sair no auto-de-fé e à multa elevada de quinhentos cruzados. Diogo de Mozim e Fernão Cabral estavam juntos em Lisboa e solicitaram à Inquisição que providenciasse a remessa de seus processos para Lisboa, a fim de que fossem apreciados pelo Conselho Geral, para o que escreveram cartas muito parecidas.

Na carta de Fernão Cabral nota-se já uma ponta da antiga arrogância e açodamento tão característicos do senhor de Jaguaripe, apesar de a linguagem utilizada ser protocolar. Após recordar sua condenação e sentença, Fernão Cabral escreveu: "E porque ele suplicante pretende mostrar a V.A., no modo que houver para seu serviço, que não tinha culpa alguma, e isto não pode ser sem os autos que contra ele se processaram virem à mesa do Conselho Geral, pede a V.A. lhe faça mercê de querer no primeiro navio que deste porto partir, mandar vir os ditos autos, e vindos, querer ouvi-los de seu direito".[19]

A carta é, em vários aspectos, confusa e ambígua, além de não estar datada e de não discernir com clareza o destinatário. Fica-se com a impressão de que o pedido fora feito ao Conselho Geral, descartada a hipótese absurda de que Fernão Cabral se tenha dirigido diretamente ao visitador para exigir-lhe o envio do processo. Hipótese absurda, repito, porque os papéis do Santo Ofício eram absolutamente secretos, e ninguém, salvo os inquisidores, tinha acesso a eles, nem mesmo os procuradores dos réus durante o julgamento. No entanto, não deixa de causar estranheza o tom do pedido, no qual Fernão Cabral parecia querer ensinar ao Conselho Geral da Inquisição o que fazer, e quais documentos apreciar...

Por outro lado, salta à vista o açodamento de Fernão Cabral, que, não resta dúvida, estava impetrando recurso contra a pena que lhe fora imposta na Bahia. Com enfáticos protestos de inocência, Fernão exigia que o visitador mandasse logo no primeiro navio a cópia de seu processo para o Conselho Geral. Se a carta foi dirigida ao visitador, Fernão agiu com petulância. Se foi dirigida ao próprio Conselho, agiu com imprudência.

Francamente, em vários anos de pesquisa em fontes inquisitoriais, jamais me deparei com semelhante postura de réu condenado exigindo cópia de processo para recorrer de sentença. Deparei-me, sim, com pedidos de comutação de degredos, suspensão de açoites, revogação de penas etc. Deparei-me, também, com o recurso do conde de Vila Franca — afamado sodomita português —, que no século XVII recorreu em vão ao pontífice de sua condenação pela Inquisição portuguesa. E, no último caso, convém frisar, tratava-se de um poderoso nobre de Portugal, homem pertencente às altas esferas do poder em Lisboa, e não de um simples senhor rural da Colônia, ainda que fidalgo. É a primeira vez que me deparo, portanto, com um réu condenado petulante o suficiente, seja para solicitar cópia de processo ao visitador, sem a intermediação do Conselho Geral, seja para dar lições de como proceder ao órgão máximo do Santo Ofício português.

Seja como for, Fernão Cabral parece ter recobrado, na metrópole, a sua antiga prepotência. Voltara a ser, como antes, um homem que se considerava "maior que todas as justiças" ou, pelo menos, poderoso o suficiente para fazer exigências à Inquisição. E apesar de sua carta não explicitar, infelizmente, o que o motivava a rever sua pena, é-me possível descobrir, por eliminação de hipóteses, o que se passava na mente do senhor de Jaguaripe. A pena vexatória de ouvir a sentença na Sé baiana era indelével, e dela Fernão não se livraria jamais. De igual modo, já havia abjurado na mesa — o que não devia incomodar muito Fernão, como também não o deveriam estorvar as "penitências espirituais" impostas pelo visitador. Quanto ao degredo de dois anos, cuja eventual suspensão lhe permitiria voltar à Bahia e reassumir seu engenho, também não creio que fosse a principal razão de seu recurso. O pedido de Fernão Cabral chegou ao visitador em agosto de 1594, quase dois anos depois de sua condenação, às vésperas, portanto, de expirar o prazo do desterro.

Assim sendo, resta a única hipótese plausível: Fernão Cabral pretendia reaver a elevada quantia que pagara ao Santo Ofício em 1592, os mil cruzados que valiam vinte peças da Guiné. Fernão Cabral recorreu à Inquisição nem tanto para se reconciliar com Deus ou com os homens, senão para recuperar o seu dinheiro, animado como sempre por "razões temporais". As mesmas, aliás, que o haviam levado a capturar índios dos aldeamentos jesuíticos, a roubar escravos alheios e a se converter, enfim, no grande patrono da santidade.

Foi a própria carta de Fernão Cabral que chegou às mãos de Heitor Furtado em 1594, tempo em que a Visitação estava já em Pernambuco, atormentando os moradores de Olinda. Confirma-o Manoel Francisco, notário da Visitação, que tomou a carta em mãos, envolveu-a num papel e escreveu: "Fico trasladando o processo de Fernão Cabral de Taíde, o qual é muito grande, e pelas muitas ocupações ordinárias da Visitação, o não pude acabar como me mandou o senhor Visitador logo quando lhe veio o recado para isso. Certifico assim em Olinda, a 20 de agosto de 1594".[20]

Sublinhei de moto próprio aquele trecho das anotações de Manoel Francisco para destacar, uma vez mais, a derrota da Inquisição diante do senhor de Jaguaripe. Derrota da Inquisição, vitória do colonialismo. Não foi por outra razão que intitulei este item do livro de "O triunfo dos condenados", ainda que o tenha colocado no entreato.

PERSISTÊNCIAS: SANTIDADE VIVA

Muito diferente do auspicioso destino de Tomacaúna e Fernão Cabral seria o dos índios aderentes à santidade. Os índios de Fernão Cabral voltaram ao cativeiro de sempre, uma vez destruída a igreja, expostos à sanha de um senhor sabidamente truculento e homicida, além de sobremodo irritado com a derrota que sofrera diante dos rivais. Dos índios e negros alheios que se haviam refugiado em Jaguaripe, tem-se notícia segura de que foram devolvidos a seus donos, assim como os forros retornaram para os aldeamentos. Não tenho notícia de chacinas ou execuções. Bernaldim da Gram informou, como delegado de Teles Barreto, que os índios não reagiram à sua ordem de evacuar o templo, assistindo impassíveis ao fogo que se lhe ateou.

Quanto aos membros do clero da santidade em Jaguaripe, o mesmo Bernaldim da Gram informou, em sua denúncia, que os principais foram entregues ao governador Teles Barreto, juntamente com o ídolo e mais alguns objetos de culto retirados do templo.[21] Confirma o fato o próprio Teles Barreto, em seu documento de agosto de 1586, pelo menos no tocante a três dos principais sectários: a Mãe de Deus, o Santinho (o segundo papa) e o sacristão, índio que guardava o ídolo Tupanasu. E, conforme escreveu o governador, os três foram enviados presos para o Reino.[22]

Curiosamente, Teles Barreto não os mandou executar, levando-se em conta que os principais da idolatria ameríndia não deixavam de ser também insufladores de rebeliões em todo o Recôncavo. Tampouco os condenou a trabalhos forçados na própria Bahia, modo corriqueiro de punir sediciosos e criminosos na Colônia — e também na metrópole. Foi este, aliás, o destino reservado a muitos índios e negros que se mantinham rebeldes na Bahia, mesmo após a destruição da igreja de Jaguaripe. É o que se depreende das instruções de el-rei a Francisco Giraldes, em 1588: "e porque sou informado que naquelas partes andam alguns negros da Guiné e Angola alevantados, trabalhareis po-los haver às mãos, e deles, e dos índios que forem tomados em guerra justa se chusmarão as ditas galiotas e se refarão de forçados pelo tempo em diante...".[23] El-rei reservava aos índios e negros rebeldes, portanto, nada menos que o trabalho forçado nas galés.

Enviados para Portugal — certamente sob o peso de grilhões no porão infecto de alguma caravela portuguesa ou urca flamenga —, eis o destino da Mãe de Deus (Tupansy), do Santinho (Aricute) e do fiel sacristão da santidade. Do que fizeram em Lisboa, e de como terminaram seus dias, não há qualquer informação. Na pior das hipóteses morreram na travessia — o que não era difícil — ou, se sobreviventes, morreram aos poucos (os homens, pelo menos), no serviço de galés.

Na melhor das hipóteses — se me for permitido aventar algo do gênero —, os chefes da santidade acabariam engrossando o cortejo de índios que costumava animar as festas da nobreza — a exemplo da célebre festa de Rouen, em 1550. Afinal, como diz Leyla Perrone-Moisés, a descoberta da América introduziria uma nova moda na Europa — moda cultora do "exótico": todo préstito real "tinha de contar com alguns ameríndios, ou pelo menos com personagens vestidas à americana, isto é, usando saiote de penas e cocar". Já em meados do século, "ter índios brasileiros em casa, como valetes, era uma moda transformada em hábito...".[24] Transformá-los em valetes a serviço de nobres portugueses, ou em bufões da corte real, eis o que o colonialismo podia oferecer de melhor para os sectários da santidade.

Quanto ao destino do papa da santidade, o caraíba de tantos nomes e faces, eis assunto dos mais obscuros e controvertidos entre os poucos que, ontem e hoje, trataram da matéria.

José Calasans, pioneiro no estudo da Santidade de Jaguaripe, afirmou que Antônio fora tragicamente assassinado, baseando-se em informação de Robert Southey em sua *História do Brasil*:

> Num sítio, lançaram os índios convertidos mãos do propagador da rebelião, e não lhes consentindo o seu missionário fazer por suas próprias mãos pronta e sumária justiça, foram reclamá-la do governador, a quem levaram o delinqüente. Foi-lhes este então entregue à discrição e eles cortaram a língua, instrumento com que os havia iludido a eles e a seus irmãos, e depois o estrangularam.[25]

Versão quase idêntica da morte trágica de Antônio encontra-se nos *Anais pernambucanos*, de Pereira da Costa, com a diferença de que este último não menciona a intervenção do missionário, atribuindo aos índios a iniciativa de levar o papa ao governador:

> Por fim, os próprios que haviam fugido das aldeias dos padres foram os que se insurgiram contra o improvisado papa; prendem-no, maltratam-no e tê-lo-iam morto se lhes não acudisse a idéia que deviam levá-lo ao governador como prêmio do seu perdão; mas este com melhor aviso o entregou a eles próprios para que fizessem justiça por suas mãos. Estes arrastaram-no para a aldeia, arrancaram-lhe a língua e o enforcaram.[26]

Já conhecemos a fonte desses relatos. No caso de José Calasans, que simplesmente repete Southey, trata-se do relato de Pierre du Jarric em sua *Histoire des choses*. No caso de Pereira da Costa, que não é preciso quanto à fonte que utiliza, deve ter igualmente se apoiado em Southey, haja vista a semelhança entre os dois textos. Nos dois casos, portanto, a fonte primeira é a famigerada Carta Ânua de 1585, escrita pelo provincial José de Anchieta.[27]

Não resta dúvida de que a execução trágica de Antônio apresenta, como fato, alguma verossimilhança. A grande maioria dos cronistas do século XVI afirma, realmente, que não era incomum o assassinato de caraíbas pelos índios, apesar do salvo-conduto de que desfrutavam nas suas andanças. Exemplifico com a observação de Thévet:

Quando acontece às vezes de ser um pajé pilhado em erro e de não coincidirem os acontecimentos com seus presságios, matam-nos os selvagens sem qualquer problema, de vez que o consideram indigno do título e da dignidade do cargo.[28]

No entanto, apesar dessas "evidências" sobre a execução de Antônio pelos índios com licença do governador, e não obstante seja o fato verossímil na cultura tupinambá, mantenho enormes reservas sobre a veracidade do episódio. Causa estranheza, antes de tudo, o silêncio dos depoentes da Visitação em face de uma execução tão espetacular e dramática de ninguém menos do que o chefe da santidade. Nenhum deles fez alusão à morte de Antônio, incluindo Fernão Cabral, Álvaro Rodrigues, Tomacaúna, Bernaldim da Gram e outros que acompanharam de perto o desenrolar dos acontecimentos. Pelo contrário, os que se referiram ao destino de Antônio ora disseram que ele fugira com sua mulher e filhos, ora que sumira, simplesmente, adentrando a floresta.

Retorno aqui ao último "equívoco" da ânua de 1585, questão que deixei em aberto no primeiro item deste capítulo, lembrando que seu autor também cometera outros "enganos" ao falar dos sinos e das escolas da seita, sem contar a alusão ao fabuloso navio que resgataria os índios do cativeiro. E, para demonstrar minhas convicções sobre a improcedência da informação da ânua, lembro que o próprio governador Teles Barreto — a quem se atribuiu a histórica decisão de delegar aos índios a execução do caraíba — não fez qualquer alusão ao fato na certidão que passou para Fernão Cabral em 1586. A propósito do caraíba-mor da seita, escreveu o governador:

> [...] E o que se chamava de papa, sabendo da gente de Fernão Cabral de Taíde, desapareceu e fugiu, de que se não sabem novas, e com a Justiça que mandei fazer na aldeia de Santo Antônio e com outros que me trouxeram, que andavam alevantando o gentio, se aquietou esta terra que estava em muito perigo.[29]

É com base no depoimento do governador que julgo possível esclarecer um pouco mais o enigma do destino de Antônio, não obstante se trate de documento discutível. Afinal, foi nele que o governador certificou os relevantes serviços prestados por Fernão Cabral na destruição da santidade, o que todos sabiam não ter ocorrido (inclusive Teles Barreto). Mas exatamente por causa do seu tom triunfalista é que a certidão merece crédito para o assunto que ora me ocupa. Por que razão Teles Barreto reconheceria a fuga e o desaparecimento do papa — o grande líder da santidade —, se o tivesse mandado executar, entregando-o aos índios?

Creio que a chave para a elucidação do assunto encontra-se na alusão do governador à "justiça" que mandara fazer na aldeia de Santo Antônio, executando índios "que andavam alevantando o gentio". Penso que, na realidade, não foi Antônio o supliciado pelos índios a mando do governador, senão outros rebeldes e "bispos" da santidade, aos quais o próprio Teles Barreto não parece ter dado grande importância, citando-os genericamente em seu relato.

Se a minha hipótese estiver correta, ou bem o autor da ânua se enganou, fazendo passar por Antônio algum de seus "bispos" supliciados em 1585, ou bem falseou propositadamente as informações, dando um tom edificante (*ad majorem Dei gloriam*) ao fim da santidade — o que teria feito com habilidade, baseando-se no costume de os índios por vezes matarem os seus pajés. Não tenho como saber as intenções de Anchieta ao narrar com tanto detalhe a tal execução do papa — se o fez enganado ou se o fez para enganar —, mas estou realmente certo de que Antônio não morreu daquele modo.

Seja como for, as versões quinhentistas sobre o destino de Antônio mantiveram a santidade prisioneira de enganos. Na de Teles Barreto, o papa permaneceu vivo, mas a santidade fora destruída por mérito seu e de Fernão Cabral. Na dos jesuítas, o papa fora justiçado pelos próprios índios, como falso mártir de uma seita diabólica: vitória de Cristo, vitória da verdadeira fé, simbolizada no castigo exemplar do heresiarca indígena.

Enganando-se uns aos outros, os colonizadores também errariam ao julgar a santidade morta. Com ou sem Antônio, os índios continuaram rebeldes, apegados às suas idolatrias e causando pânico nos agentes do colonialismo.

No citado Regimento de Francisco Giraldes, pouco mais de dois anos depois da destruição da igreja dos índios, Filipe II (I de Portugal) mencionava as convulsões que assolavam Jaguaripe, teatro da santidade, exigindo providências:

> [...] E porque sou informado que em Jaguaripe [...] haverá mais de três mil índios que se têm feito fortes e fazem insultos e danos nas fa-

zendas de meus vassalos daquelas partes, recolhendo a si todos os negros da Guiné que andam alevantados e impedem poder-se caminhar por terra de umas capitanias a outras, vos encomendo que, podendo desarraigar daquele lugar este gentio e dar-lhe o castigo que merece pelos portugueses e mais gente que mataram, o façais...[30]

Francisco Giraldes — que desistiu de governar o Brasil — seria incumbido de fazer o que Teles Barreto dissera ter feito: aquietar a capitania, desarraigar os índios que, conforme diz o Regimento, estavam cada vez mais unidos com os negros da Guiné no assalto aos brancos.

Em 19 de janeiro de 1613 seria a vez de outro rei Filipe escrever ao governador Gaspar de Sousa, ordenando-lhe que remediasse com guerras "aos índios gentios que estavam na santidade". Queixava-se o rei dos ajuntamentos de índios e escravos da Guiné que fugiam de seus senhores, os quais viviam "idolatrando e chamando a suas povoações de santidade, saindo delas muitas vezes a roubar e matar nas aldeias e engenhos". Urgia destruir as santidades — prosseguia o rei —, "porque demais de se atalhar a idolatria" se evitariam os danos e prejuízos que os levantes traziam aos engenhos e à Real Fazenda.[31]

O mesmo Filipe II de Portugal (III de Espanha) voltaria ao assunto, em carta de 24 de maio de 1613 dirigida a Gaspar de Sousa. Aludindo à petição que lhe haviam remetido vários senhores da Bahia — homens que não mais agüentavam as fugas e assaltos dos índios —, tornaria a exigir do governador que destruísse "uma grande aldeia de gentio fugido e levantado a que chamavam santidade". O lugar desta "grande aldeia" rebelde era, uma vez mais, Jaguaripe, a catorze léguas de Salvador, "fronteira do sertão", terra onde havia "muitos alevantamentos dos índios" e "fugidas de negros dos engenhos" causando prejuízos e "morte de gente branca". Cumpria ter "defensão e guarda dos engenhos, fazendas e moradores" — exigia o rei ao governador, preocupado com a obstinada resistência de índios e negros no sertão.[32]

As matas de Jaguaripe continuaram, pois, a abrigar as santidades ameríndias — idolatria insurgente que parecia cada vez mais assimilar os escravos africanos despejados no Brasil. Na linguagem do rei e das autoridades coloniais, a santidade se tornaria verdadeiro sinônimo de idolatria e rebelião — algo próximo, talvez, ao significado da palavra "quilombo" ou "mocambo" no vocabulário dos colonizadores a partir de meados do século XVII.

De nada valeria, portanto, a tentativa dos jesuítas em forjar o castigo exemplar de Antônio, o papa da santidade. De nada valeria a jactância de Teles Barreto, apregoando ter destruído a igreja de Jaguaripe e justiçado a aldeia de Santo Antônio. Quanto à intromissão do Santo Ofício no tempo de Heitor Furtado, só fizera dilacerar o ânimo dos próprios colonos, sem deixar de se vergar aos interesses maiores do colonialismo. Nem a Inquisição extirpou a santidade, nem o governo colonial a destruiu de vez. A heresia do trópico se convertera, definitivamente, numa fonte de rebelião. Santidade viva: a triste Bahia não se aquietaria jamais, Bahia de Todos os Santos...

CONCLUSÃO

O romantismo exaltou os índios
que o colonialismo havia assassinado.
(O último tamoio. *Rodolfo Amoedo, século XIX.*)

A tentativa de conhecer o passado também é uma viagem ao mundo dos mortos.

Carlo Ginzburg

No estudo da santidade ameríndia — síntese da máxima resistência indígena ao colonialismo lusitano no século XVI —, creio ter demonstrado, antes de tudo, a ocorrência de um fenômeno pouco conhecido — quando não negado — de nossa história: o fenômeno das idolatrias indígenas, quer no tocante ao culto de ídolos, quer como manifestação de rebeldia anticolonialista, à semelhança do que ocorreu na vizinha América espanhola, em movimentos como o Taqui Ongoy peruano ou como o liderado por Martin Oceloti no México, ambos contemporâneos da santidade.

Idolatria tupinambá, a santidade acabaria por se tornar, mais que isso, uma idolatria luso-brasileira, conforme a denominei certa vez, referindo-me especialmente ao caso de Jaguaripe. Decifrando suas crenças e ritos, pude recompor o que chamei, ancorado em Ginzburg, de *formação cultural de compromisso*. Formação cultural híbrida, resultado da "colonização da língua tupi" pelos jesuítas, e da superposição de imagens cristãs aos heróis indígenas no dia-a-dia da catequese. Formação cultural híbrida pela adesão interesseira e irrefreável dos mamelucos. Foram eles, sem dúvida, a ponte e o nexo entre o mundo dos índios e o dos brancos — além de serem exemplos privilegiados da *disjunção cultural* que o colonialismo era capaz de gerar. Afinal, convém relembrar, os mamelucos eram a um só tempo seres híbridos e dilacerados, homens que podiam apresar índios para os escravocratas, mas também podiam combatê-los (e até comê-los), como demonstram as incisões de jenipapo que traziam em seus corpos.

A santidade também seria uma formação híbrida pela mal conhecida adesão de africanos, dos "negros da Guiné" que cada vez mais engrossavam as "santidades da floresta", flagelo dos engenhos, preocupação permanente dos governadores e de el-rei, mesmo depois da destruição do templo de Jaguaripe. Na adesão dos negros talvez resida, como lembrou Bastide, a raiz dos *catimbós* nordestinos, com a fumaça da erva-santa e de outros fumos invocando os espíritos e transformando os homens em deuses.

E a santidade seria híbrida, ainda, pela mal disfarçada adesão de homens e mulheres brancos, portugueses e naturais do Brasil, cristãos-velhos e cristãos-novos. Homens brancos como Pantaleão Ribeiro, que, embora possuísse uma "casa de fazer meles", na Bahia, também trazia no corpo a tatuagem de antropófago. Mulheres brancas como d. Margarida da Costa, que chegou a crer que a santidade era "coisa santa e boa", já que os índios portavam as cruzes "de que o demônio fugia". Santidade, formação híbrida, que inscreveu o catolicismo na mitologia tupi a ponto de despertar a religiosidade popular dos lusitanos no trópico, religiosidade embebida de magia.

Idolatria luso-brasileira na sua morfologia, a santidade seria, no entanto, uma idolatria insurgente, liderada por caraíbas rebeldes, contestatória da escravidão, da catequese e do colonialismo. Acabaria por isso mesmo derrotada, após ter sido surpreendentemente cooptada por um senhor de engenho ardiloso, exemplo-mor dos escravocratas coloniais, homem que se julgava "acima de todas as justiças". A história da Santidade de Jaguaripe espelharia, nesse sentido, o triunfo do colonialismo, ao menos do seu "sentido mercantil".

Triunfo do sistema colonial, derrota dos índios. Derrota visível na cooptação da seita por Fernão Cabral; derrota no ato seguinte, com a destruição de sua igreja pelo governador Teles Barreto; derrota no teatro da Inquisição, onde a santidade acabaria animalizada e demonizada pelo obstinado visitador, em parceria com os colonos amedrontados. Santidade, heresia do trópico, não obstante a pena benigna e misericordiosa que o Santo Ofício reservou a seu heresiarca-mor, Fernão Cabral, considerando ser ele fidalgo de "nobreza e bom sangue".

Além de demonstrar a tenacidade da resistência sociocultural indígena, a complexidade do processo de aculturação e o triunfo do colonialismo escravocrata, o estudo da santidade permite perceber, com nitidez, a fluidez das fronteiras culturais de nosso primeiro século: os aldeamentos se misturavam com os engenhos; a floresta com a lavoura; os mamelucos com jesuítas e caraíbas, disputando todos o monopólio da santidade... A prevalecer sobre todas as interpenetrações, relembro a colonização cristã em língua tupi, matéria-prima na qual se moldou a heresia do trópico, a idolatria luso-brasileira dos tupinambá.

Santidade, exemplo de hibridismo cultural e de triunfo do colonialismo. Nada exemplifica melhor este dueto do que a mensagem rebelde da seita, que previa a iminente escravização dos portugueses e brancos pelos adeptos da idolatria tupi. É com algum constrangimento que devo reconhecer esta máxima vitória do sistema colonial, capaz de invadir a própria mitologia tupi, colonizando-lhe o imaginário: a Terra sem Mal dos tupinambá se converteria numa utopia escravocrata. Escravidão às avessas, é verdade — posto que dos brancos e lusitanos —, mas ainda assim escravidão.

Destruída em 1585, devassada pelo Santo Ofício em 1591, a Santidade de Jaguaripe só não cairia no total esquecimento graças à persistência dos levantes indígenas — de que dá mostras a correspondência dos Filipes — e graças aos registros do italiano Botero e do francês Du Jarric, ambos jesuítas que mencionaram a seita baseados na ânua de 1585. Depois deles, somente Southey, em 1819, a mencionaria em sua *História do Brasil*, antecedendo em cem anos a pesquisa extraordinária de Capistrano de Abreu — a quem dediquei, em primeiro lugar, este trabalho.

À margem da história e da historiografia, a santidade sobreviveu. Sobreviveu nos catimbós e nas umbandas, onde nunca faltaram (nem faltam) Tamandarés e Tupinambás entre os caboclos índio-afro-brasileiros. Sobreviveu na literatura romântica, sucedânea da nativista, inspiradora do indianismo. No "Canto do piaga", de Gonçalves Dias, é o pajé-açu que prega em transe, por meio do qual falam os deuses ou, mais precisamente (como diz Alfredo Bosi), "fala um espectro que viu o mundo às avessas, o sol enegrecido, a coruja piando de dia, copas da floresta a se agitarem em plena calma, e a lua ardendo em fogo e sangue" (cf. bibliografia. *Dialética da colonização*, p. 184).

Reaparece a santidade em José de Alencar, na apoteótica cena final de *O guarani*. Nele reaparece, impávido, o próprio Tamandaré, o duplo do herói Peri, ensinando aos filhos da tribo o que aprendera no céu com o Deus cristão.

Santidade esquecida, santidade idealizada. Sublimada na literatura romântica que, a bem da verdade, cultuou o índio morto. Estou convencido de que a história tinha a obrigação de resgatar a santidade ameríndia que, como a "princesa adormecida" de Lucien Febvre, encontrava-se na sombra, "sepultada".

Resume-se a isto o esforço desta pesquisa. Trazer a santidade à luz, reavivar a memória de tempos idos. Reconstruir, de um lado, a colonização de um mito, mas recuperar, de outro lado, o tempo em que os índios ousavam ver no Brasil uma Terra sem Mal. Não resta dúvida de que se enganaram, e viram ruir, como castelo de cartas, o sonho de um paraíso tupi. Mas nem por isso o historiador deve recuar. Afinal, faço minhas as palavras do italiano que me inspirou neste trabalho: "A tentativa de conhecer o passado também é uma viagem ao mundo dos mortos".

ANEXOS

Condição étnica dos incriminados pelo envolvimento com a santidade e/ou práticas gentílicas em contraste com a dos delatores das mesmas culpas na Primeira Visitação do Santo Ofício à Bahia.

	Incriminados		Denunciantes	
	N.º	%	N.º	%
Brancos	21	20	55	86
Mamelucos	48	46	8	13
Mulatos	3	3	—	—
Índios	16	15	—	—
Negros	4	4	1	1
Sem dados	13	12	—	—
TOTAL	105	100	64	100

Naturalidade dos incriminados pelo envolvimento com a santidade e/ou práticas gentílicas em contraste com a dos delatores das mesmas culpas na Primeira Visitação do Santo Ofício à Bahia.

	Incriminados		Denunciantes	
	N.º	%	N.º	%
Portugal	13	12	40	62
Brasil	69	66	19	30
Outros	4	4	5	8
Sem dados	19	18	—	—
TOTAL	105	100	98	100

Posição social e/ou ofício dos incriminados por envolvimento com a santidade e/ou práticas gentílicas em contraste com a dos delatores das mesmas culpas na Primeira Visitação do Santo Ofício à Bahia.

Posição social e/ou ofício	Incriminados		Denunciantes	
	$N.^o$	%	$N.^o$	%
Gente da governança, senhores de engenho, lavradores, mercadores, funcionários do governo	25	24	40	62
Religiosos e clérigos	—	—	7	11
Sertanistas, feitores, soldados	31	30	5	8
Artesãos, trabalhadores especializados, mestres de açúcar	6	6	9	14
Escravos, forros, serviçais	23	22	3	5
Sem dados	20	18	—	—
TOTAL	105	100	64	100

NOTAS

INTRODUÇÃO (pp. 13-7)

(1) Bastaria citar o clássico de Alfred Métraux, *A religião dos tupinambás*, originalmente publicado em 1928. Muitos outros, porém, se dedicaram ao estudo da religiosidade e do chamado profetismo tupi, a exemplo de Egon Schaden, Florestan Fernandes, Maria Isaura Pereira de Queiroz, Darcy Ribeiro, Pierre e Hélène Clastres, o próprio Giberto Freyre e, mais recentemente, Eduardo Viveiros de Castro e Manuela Carneiro da Cunha. Cf. bibliografia para respectivas obras.

(2) A primeira *História do Brasil* a mencionar a Santidade de Jaguaripe foi a do inglês Robert Southey (1810-9). Um breve comentário ancorado em fontes jesuíticas. Varnhagen não a mencionou, de modo que somente após quase cem anos se voltaria a falar no assunto, com a publicação das confissões e denúncias da Visitação do Santo Ofício à Bahia por Capistrano de Abreu. Os poucos estudiosos da história baiana mencionaram a santidade *en passant*, mas o fizeram de modo deveras impreciso e preconceituoso. É o caso de Pedro Calmon, que a definiu como "culto abominável, misto de religiões tupi, africana e cristã" (Cf. *A conquista: história das bandeiras baianas*. Rio de Janeiro, Imprensa Nacional, 1929, p. 50). O mesmo se pode dizer de Serafim Leite, historiador maior dos jesuítas no Brasil, que viu na santidade "uma corrutela da própria religião cristã" (Cf. HCJB, Lisboa, Portugália, tomo II, p. 23). O único estudo específico sobre a santidade em questão foi o opúsculo do folclorista baiano José Calasans (cf. bibliografia), publicado em 1952, cujo valor pioneiro é indiscutível. A partir dos anos 70, alguns historiadores abriram caminho para o estudo que ora realizo. Sônia Siqueira publicou um artigo sobre a santidade nos *Anais do Museu Paulista*, em 1975; Stuart Schwartz retomou o assunto em *Segredos internos* (1985), dando boas pistas documentais; Benno Brod dedicou à seita um brevíssimo parágrafo de seu texto "Ambientes e movimentos alternativos", incluído na *História da Igreja no Brasil* (1979). Enfim, mais recentemente, John Monteiro comentou-a em artigo publico na *Cambridge history of native people of the Americas* (1992), sem contar o meu próprio artigo "Idolatrias luso-brasileiras", incluído em *América em tempo de conquista* (1992). Cf. dados completos dos últimos textos citados na bibliografia final.

1. *IDOLATRIAS E COLONIALISMO* (pp. 21-37)

(1) F. Denis, "Une fête brésilienne célébrée à Rouen en 1550". *Apud* Perrone-Moisés, Leyla. *Vinte luas. Viagem de Paulmier de Gonneville ao Brasil (1503-1505)*. São Paulo, Companhia das Letras, 1992, pp. 167-72.

(2) Certeau, Michel de. "Travel narratives of the French to Brazil: sixteenth to eighteenth centuries". *Representations,* "The New World", n? 33:221-6, 1991.

(3) Souza, Laura de M. e. *Inferno atlântico. Demonologia e colonização — séculos XVI-XVIII*, São Paulo, Companhia das Letras, 1993, p. 125.

(4) *Apud* Todorov, Tzvétan, *A conquista da América. A questão do Outro*. São Paulo, Martins Fontes, 1983, sobretudo "Durán ou a mestiçagem das culturas", pp. 199-216.

(5) Delumeau, Jean. *História do medo no Ocidente (1300-1800)*. São Paulo, Companhia das Letras, 1989, p. 262.

(6) *Le manuel des inquisiteurs*. Paris, Mouton Editeur, 1973, sobretudo as pp. 68-9, onde são examinados os "demonólatras e os invocadores do diabo".

(7) Lanciani, Giulia. "O maravilhoso como critério de diferenciação entre sistemas culturais". *Revista Brasileira de História*. São Paulo, n? 21, 1992, p. 26.

(8) "Carta a sua sacra majestade do imperador nosso senhor pelo capitão geral da Nova Espanha, chamado dom Hernán Cortés" (1520). Publicada na coletânea de escritos do conquistador: *A conquista do México*. Porto Alegre, L&PM, 1986, p. 46.

(9) *Apud* Delumeau, J. *Op. cit.*, pp. 260 e segs.

(10) Todorov, T. *Op. cit.*, pp. 158 e segs.

(11) Mariel de Ibánez, Yolanda. *El Tribunal de la Inquisición en México (siglo XVI)*. 2.ª ed. México, UNAM, 1979, pp. 39 e segs.

(12) Duviols, Pierre. "Religiones y repressión en los Andes en los sigilos XVI y XVII". *In*: Jaulin, R. (org.). *El etnocidio a través de las Américas*. México, Siglo XXI, pp. 84-94.

(13) Hélène Clastres resume bem esta posição dos autores quinhentistas sobre a irreligiosidade dos tupinambá. Cf. *Terra sem Mal*. São Paulo, Brasiliense, 1978, sobretudo o cap. 1, "Povos sem superstições", pp. 14-33.

(14) Castro, Eduardo Viveiros de. "O mármore e a murta: sobre a inconstância da alma selvagem". Rio de Janeiro, Museu Nacional, 1992, ex. mimeo., p. 8.

(15) Souza, L. de Mello e. *Op. cit.*, pp. 7 e 11.

(16) Holanda, Sérgio B. de. *Visão do paraíso*. 3.ª ed., São Paulo, Companhia Editora Nacional, 1977, sobretudo o cap. 1, "Experiência e fantasia", pp. 1-14.

(17) *Apud* Todorov, T. *Op. cit.*, pp. 200-1.

(18) Bruit, Héctor. "O visível e o invisível na conquista hispânica da América". *In*: Vainfas, R. (org.). *América em tempo de conquista*. Rio de Janeiro, J. Zahar Editor, 1992, pp. 77-101.

(19) Gruzinski, S. *La colonisation de l'imaginaire — sociétes indigènes et occidentalisation dans le Mexïque espagnol (XVI'-XVII' siècle)*. Paris, Gallimard, 1988, p. 195.

(20) Examinei o assunto em dois artigos recentes: "Colonialismo e idolatrias: cultura e resistência indígena no mundo colonial ibérico". *Revista Brasileira de História*. São Paulo, 21:101-24, 1992; "Idolatrias e milenarismos: a resistência indígena nas Américas". *Estudos Históricos*, Rio de Janeiro, vol. 5, n? 9:29-43, 1992.

(21) Estudei recentemente o assunto em "Os órfãos do Sol: notas sobre o Taqui Ongoy peruano, século XVI". *Tempo Brasileiro*, Rio de Janeiro, 110:101-14, 1992.

(22) Eliade, Mircea. *Aspectos do mito*. Lisboa, Edições 70, 1986, p. 12.

(23) *Id. Ibid.*, p. 23.

(24) *Id. Ibid.*, p. 64.

(25) Gruzinski, S. *Man-Gods in the Méxican Highlands*. Trad., Stanford University Press, 1989, pp. 38 e segs.

(26) Ginzburg, Carlos. *História noturna*. São Paulo, Companhia das Letras, 1991, pp. 248-9.

2. *SANTIDADES AMERÍNDIDAS* (pp. 39-69)

(1) Queiróz, M. I. P. de. *O mecanismo no Brasil e no mundo*. 2ª ed. São Paulo, Alfa-Ômega, 1977, p. 165.

(2) Nimuendaju, Kurt. *Leyenda de creación y juicio final del mundo como fundamento de la religion de los apapokuva guarani*. São Paulo, Ed. de Juan Francisco Recalde, 1944.

(3) Métraux, Alfred. *A religião dos tupinambás*. 2ª ed. São Paulo, Companhia Editora Nacional, 1979, pp. 175-96.

(4) Clastres, Pierre. *A sociedade contra o Estado*. 2ª ed., Rio de Janeiro, Francisco Alves, 1988, p. 150.

(5) Clastres, Hélène. *Terra sem Mal*. São Paulo, Brasiliense, 1978, p. 54.

(6) *Id. Ibid.*, p. 68.

(7) Fernandes, Florestan. *A organização social dos tupinambá*. São Paulo, Hucitec/UnB, 1989, p. 297.

(8) Fausto, Carlos. "Fragmentos da história e cultura tupinambá: da etnologia como instrumento crítico do conhecimento etno-histórico". *In*: Cunha, Maria M. Carneiro da (org.). *História dos índios no Brasil*. São Paulo, Companhia das Letras — FAPESP/SMC, 1992, p. 386.

(9) Schaden, Egon. "Ensaio etnossociológico sobre a mitologia heróica de algumas tribos indígenas do Brasil". *Sociologia*, São Paulo, nº 4, 1945, p. 54.

(10) Maestri, Mário. "A terra dos males sem fim — agonia tupinambá no litoral brasileiro". Porto Alegre/Bruxelas, 1990-1, ex. mimeo, 146 pp.

(11) Furtado, Celso. *Formação econômica do Brasil*. São Paulo, Companhia Editora Nacional, 1974, p. 41.

(12) Em artigo recente, Mário Maestri sugeriu que "por mais herética que a afirmação pareça, estas três primeiras décadas de trocas entre europeus e brasis foram benéficas para os interesses mercantis e para o desenvolvimento das comunidades nativas". Cf. "O tempo do pau-brasil". *D. O. Leitura*, São Paulo, 9(105), 1991, p. 2.

(13) Schwartz, Stuart. *Segredos internos*. São Paulo, Companhia das Letras, 1988, p. 58.

(14) Marchant, Alexander. *Do escambo à escravidão*. 2ª ed., São Paulo, Companhia Editora Nacional, 1980, pp. 88 e segs. Ver também Knauss, Paulo. *O Rio de Janeiro da pacificação*. Rio de Janeiro, Prefeitura Municipal do Rio de Janeiro, 1991, p. 105.

(15) *Tratado descritivo do Brasil em 1587*. 4ª ed. São Paulo, Companhia Editora Nacional, 1971.

(16) Neves, L. F. Baeta. *O combate dos soldados de Cristo na terra dos papagaios*. Rio de Janeiro, Forense Universitária, 1978, p. 134.

(17) Para a disseminação da varíola no Brasil quinhentista ver: Aldrin, Dauril e Miller, Joseph. "Unwanted cargoes: the origins and dissemination of Smallpox via the slave trade from Africa to Brazil, c. 1560-1830". *In*: Kiple, K. F. (ed.). *The African exchange*. Durham, Duke University Press, 1988, pp. 42 e segs.; Dean, Warren. "Las poblaciones indígenas del litoral brasileño de São Paulo a Rio de Janeiro. Comercio, esclavitud, reducción, extinción". *In*: Sanchez Albornoz, N. (org.). *Población y mano de obra en América Latina*. Madri, Alianza Editorial, 1985, pp. 25-51; Lobo, Eulália. "Bartolomé de Las Casas e a lenda negra". *In*: Vainfas, R. (org.). *América em tempo de conquista*. Rio de Janeiro, Jorge Zahar Editor, 1992, pp. 102-17.

(18) "Carta de Antônio Blasquez para o provincial de Portugal, Bahia, 30 de maio de 1564". *In*: *Cartas avulsas (1550-1568)*. Rio de Janeiro, Academia Brasileira de Letras, 1931, p. 406.

(19) "Carta do padre Pedro da Costa aos padres e irmãos da Casa de São Roque de Lisboa. Espírito Santo, ano de 1565". *In*: *Cartas avulsas*, pp. 456 e segs.

(20) "Carta do padre Leonardo do Vale para o padre Gonçalo Vaz. Bahia, 12 de março de 1563". *In*: *Cartas avulsas*, pp. 382-6.

(21) "Informação das terras do Brasil (1549)" *in* Nóbrega, M. de. *Cartas do Brasil (1549-1560)*. Rio de Janeiro, Imprensa Nacional, 1886, pp. 99-100.

(22) Métraux, A. *Op. cit.*, p. 59.

(23) Cf. notas de Estêvão Pinto ao cap. 4 de Métraux ("Os espíritos"). *Op. cit.*, p. 63.

(24) *Singularidades da França antártica*. Belo Horizonte, Itatiaia/usp, 1978, pp. 117-22.

(25) *Apud* Métraux, A. *Op. cit.*, p. 202.

(26) *Duas viagens ao Brasil*. Belo Horizonte/São Paulo, Itatiaia/Edusp, 1978, pp. 117-22.

(27) *Viagem à terra do Brasil*. Belo Horizonte/São Paulo, Itatiaia/Edusp, 1980, p. 209.

(28) A referência de Léry ao sabá encontra-se na edição preparada por Paul Gaffarel (1878), citada por Laura de Mello e Souza em sua recente tese de livre-docência. "Inferno atlântico — demonologia e imaginário no mundo luso-brasileiro". São Paulo, usp, 1993, p. 216. Na edição que utilizei de Léry (Itatiaia), embora se afirme na Introdução que a tradução brasileira se fez com base na edição de Gaffarel, o trecho em questão foi, incrivelmente, suprimido.

(29) Léry, p. 216.

(30) *Cartas avulsas*, pp. 97-100, 101-7, 146-51, 378-94. Ver também Anchieta, José de. *Cartas, informações, fragmentos históricos e sermões*. Rio de Janeiro, Civilização Brasileira, 1933, pp. 98-9; e Fernão Cardim, *Tratado da terra e da gente do Brasil*. Belo Horizonte/São Paulo, Itatiaia/Edusp, 1980, pp. 87-8.

(31) *Cartas avulsas*, pp. 146-7.

(32) *Id. Ibid.*, pp. 97-100.

(33) Claude d'Abbeville. *História da missão dos padres capuchinhos na ilha*

do Maranhão e suas circunvizinhanças. Maranhão, Typ. de Frias, 1874; Yvres d'Evreux. *História da missão dos padres capuchinhos na ilha do Maranhão*. Maranhão, Typ. de Frias, 1874.

(34) Clastres, H. *Op. cit.*, p. 50.

(35) Notas ao cap. 7 de Métraux ("O feiticeiro"). *Op. cit.*, p. 76.

(36) Schaden, E. *Op. cit.*, p. 39.

(37) Clastres, H. *Op. cit.*, p. 48.

(38) Cf. *Confissões*, prefácio, p. XXI.

(39) Vauchez, André. "Santidade". *In*: *Enciclopédia Einaudi* (*Mythos/Logos — Sagrado/Profano*). Lisboa, Imprensa Nacional/Casa da Moeda, vol. 12, pp. 287-300.

(40) Bossy, J. *A cristandade no Ocidente* (*1400-1700*). Lisboa, Edições 70, 1990, pp. 17 e segs.

(41) "Carta dos meninos do Colégio de Jesus da Bahia ao padre Pedro Domenech. Bahia, 5 de agosto de 1552". *In*: *Novas cartas jesuíticas* (*de Nóbrega a Vieira*). Coligidas e organizadas por Serafim Leite, São Paulo, Editora Nacional, 1940, p. 150.

(42) Souza, Laura de M. e. *Op. cit.*, p. 153. Ver, sobretudo, os capítulos 5, 6 e 7 da parte II ("Microdemonologia: o diabo e as tensões cotidianas"), pp. 105-159.

(43) *História da província de Santa Cruz*. Belo Horizonte/São Paulo, Itatiaia/Edusp, 1980, p. 144.

(44) Métraux, A. *Op. cit.*, p. 183.

(45) Cf. notas de Estêvão Pinto ao cap. 16 de Métraux ("O mito da Terra sem Mal e as crenças [...]"). *Op. cit.*, pp. 195-6.

(46) Fernandes, F. *A função social da guerra na sociedade tupinambá*. 2ª ed. São Paulo, Pioneira/Edusp, 1970, pp. 338-9. Ver também, de Pierre Clastres, "Arqueologia da violência: a guerra nas sociedades primitivas". *In*: Gauchet, M. *et alii*. *Guerra, religião, poder*. Lisboa, Edições 70, 1980, pp. 9-48.

(47) Clastres, H. *Op. cit.*, p. 69.

(48) Haubert, Maxime. *A vida quotidiana no Paraguai no tempo dos jesuítas*. Lisboa, Ed. Livros do Brasil, s/d. Sobretudo o item II do cap. 5, "Messias contra Messias", pp. 161-73.

(49) Queiróz, M. I. P. *Op. cit.*, p. 174.

(50) *Apud* Métraux, A. *Op. cit.*, p. 191.

(51) *Apud* Queiróz, M. I. P. *Op. cit.*, p. 166.

(52) "Carta de Nóbrega aos padres e irmãos de Portugal. Bahia, 5 de julho de 1559". *In*: *Cartas do Brasil*, pp. 180-1.

(53) *Confissões*, pp. 64-5.

(54) Métraux, A. *Op. cit.*, pp. 190-1.

(55) Queiróz, M. I. P. de. *Op. cit.*, pp. 172-3.

(56) Alcântara Machado. *Vida e morte do bandeirante*. Belo Horizonte, Itatiaia, 1980, pp. 203 e segs.

3. *HISTÓRIA DE UMA SANTIDADE* (pp. 71-100)

(1) Calasans, José. *Fernão Cabral de Ataíde e a Santidade de Jaguaripe*. Bahia, 1952, pp. 11-2.

(2) *Diccionario da lingua portuguesa.* Lisboa, Typographia Lacérdina, 1813, p. 693.

(3) Métraux, Alfred. *A religião dos tupinambás.* 2ª ed. São Paulo, Companhia Editora Nacional, 1979, pp. 1-32. Alguns cronistas do século XVI aludem ao dilúvio com versão diferente, segundo a qual só teriam escapado um irmão e sua irmã grávida: Tamendonare (também grafado Tamanduaré e Tamandaré) seria o homem, e Aricute a mulher. Cf. as notas de Estêvão Pinto ao cap. 2 de Métraux, pp. 36-7.

(4) Ginzburg, Carlo. *História noturna.* São Paulo, Companhia das Letras, 1991, p. 202.

(5) ANTT, IL, processo n? 17 065 (Fernão Cabral), p. 171.

(6) *Id*, pp. 188-95.

(7) Calmon, Pedro. *A conquista: história das bandeiras baianas.* Rio de Janeiro, Imprensa Nacional, 1929, pp. 48-9.

(8) Ver, entre outros, o depoimento de Diogo Dias, capitão na expedição comandada por Álvaro Rodrigues, incluído em *Denunciações*, p. 473. Também no processo contra Fernão Cabral há fartíssima documentação sobre esses fatos: ANTT, IL, proc. 17 065.

(9) É denúncia do Recôncavo, cujo livro se perdeu, mas consta no processo contra Fernão Cabral: ANTT, IL, proc. 17 065, pp. 188-95.

(10) Ver, por exemplo, ANTT, IL, proc. 11 036, 12 229, 10 776, e *Confissões*, pp. 104-7, 121-3, 167-73.

(11) A última frase é de Claude d'Abbeville, mas outros acrescentam que a cortesia do choro se mesclava com relatos entrecortados sobre os parentes mortos e ancestrais míticos. Utilizou-se a saudação lacrimosa, entre os tupi, não só para saudar estrangeiros, mas alguém do próprio grupo que retornasse após ausência prolongada. Para Métraux, essa cerimônia estava associada ao culto dos mortos: "Da maioria dos textos citados (cronistas), ficou esclarecido que o tema do pranto se relaciona aos mortos, sendo nele evocada a sua memória e as suas façanhas". *Op cit.*, p. 161.

(12) ANTT, IL, proc. 17 065, terceira sessão de interrogatório, pp. 225-8, argüição de genealogia.

(13) Costa, Américo. *Dicionário corográfico de Portugal continental e insular.* Porto, Livraria Civilização, vol. XI, 1948, verbete dedicado a Silves, pp. 373 e segs.

(14) Calasans, J. *Op. cit.*, pp. 36-7. Cf. também Gayo, Manuel José Filgueiras. *Nobiliário de famílias de Portugal.* Braga, Tip. Augusto Costa, 1938, tomo VIII, pp. 10-6.

(15) Cf. quadros de preços dos escravos e do açúcar entre 1572 e 1652: Mattoso, Kátia. *Ser escravo no Brasil.* São Paulo, Brasiliense, 1982, p. 89.

(16) *Tratado descritivo do Brasil em 1587.* 4ª ed. São Paulo, Companhia Editora Nacional, 1971, p. 157.

(17) *História do Brasil (1500-1627).* 6ª ed. São Paulo, Melhoramentos/INL, 1975, p. 250.

(18) *Cultura e opulência no Brasil.* 2ª ed. São Paulo, Melhoramentos/INL, 1976, p. 75.

(19) Freyre, Gilberto. *Casa-grande e senzala.* 16ª ed. Rio de Janeiro, José Olympio, 1973, p. 245.

(20) Amaral, Braz do. *Resenha histórica da Bahia: governadores e bispados do Brasil.* Bahia, Tipografia Naval, 1941, p. 92.

(21) Schwartz, Stuart B. "Colonial Brazil: The role of the State in a slave social formation". *In*: Spalding, K. (ed.). *Essays in the political, economic and social history of Latin America*. Newark, University of Delaware, 1981, pp. 1-23.

(22) Tavares, Luiz H. Dias. *História da Bahia*. 6ª ed. São Paulo, Ática /INL, 1979, p. 67.

(23) *História do Brasil...*, p. 251.

(24) *Id.*, p. 250.

(25) *Cartas, informações, fragmentos históricos e sermões do padre Joseph Anchieta, SJ. (1554-1594)*. Rio de Janeiro, Civilização Brasileira, 1933, "translado de um ato feito a requerimento do padre Antônio Pires...", pp. 363-5.

(26) ANTT. Cartório Jesuítico março 89, nº 14. Sou grato a Ronald Raminelli por ter cedido gentilmente esse documento.

(27) "Ânua do provincial dos jesuítas" (Anchieta, 1584). Cópia manuscrita, 27 de setembro de 1880. Sou grato a Jacqueline Hermann pela transcrição da ânua na Seção de Manuscritos da Biblioteca Nacional do Rio de Janeiro.

(28) Vainfas, Ronaldo. *Ideologia e escravidão. Os letrados e a sociedade escravista no Brasil colonial*. Petrópolis, Vozes, 1986, pp. 149-59.

(29) *Denunciações*, p. 373; ANTT, IL, proc. 17 065, pp. 221-4.

(30) Freyre, G. *Op. cit.*, pp. 125 e segs.

(31) Vainfas, Ronaldo. *Trópico dos pecados. Moral, sexualidade e Inquisição no Brasil colonial*. Rio de Janeiro, Campus, 1989, sobretudo o cap. 2, "Normas de fornicação", pp. 49-68.

(32) *Denunciações*, pp. 352 e 365.

(33) Ver os dois casos ANTT, IL, proc. 17 065, pp. 174-8.

(34) Vainfas, R. *Trópico dos pecados...*, pp. 136-7.

(35) *Denunciações*, pp. 265, 276, 295, 297.

(36) ANTT, IL, proc. 17 065, pp. 56-60.

(37) *Id.*, proc. 12 894.

(38) Mott, Luiz. "Terror na Casa da Torre: tortura de escravos na Bahia colonial". *In*: Reis, J. J. (org.). *Escravidão e invenção da liberdade*. São Paulo, Brasiliense, 1988, pp. 17-32.

(39) *Denunciações*, pp. 251, 265, 276, 280, 472 etc.

(40) *Id.*, pp. 265, 276, 315, 352, 381, 384-6, 398, 473, 481 etc.; *Confissões*, pp. 28-9, 64-5.

(41) *Denunciações*, p. 481.

(42) ANTT, IL, proc. 17 065, pp. 174-8.

(43) *Id.*, pp. 174-8.

(44) "Traslado da carta do governador Manuel Teles Barreto para Bernaldim Ribeiro". ANTT, IL, proc. 17 065, p. não indicada.

(45) "Certidão de Manuel Teles Barreto, em Salvador, 8 de agosto de 1586". ANTT, IL, proc. 17 065, p. 171.

4. *CRENÇAS: O PARAÍSO TUPI E SEU PROFETA* (pp 103-17)

(1) É o próprio M. Eliade quem esclarece que, ao propor as categorias gerais de homem religioso, sociedades arcaicas, tempo e espaço sagrados etc., está longe de

concordar com Tylor ou Frazer sobre a universalidade ou uniformidade do espírito humano em suas reações diante da natureza. Tais reações, diz Eliade, "são condicionadas muitas vezes pela cultura, portanto, em última instância, pela história". Cf. *O sagrado e o profano*. Lisboa, Ed. Livros do Brasil, s/d, pp. 29-30.

(2) *Denunciações*, pp. 453-5.

(3) ANTT, IL, proc. 17 065, pp. 188-95.

(4) *Denunciações*, pp. 547-8.

(5) *Confissões*, pp. 64-5.

(6) *Singularidades da França antártica*, p. 162.

(7) ANTT, IL, proc. 17 065, pp. 188-95; *Denunciações*, p. 567.

(8) Wachtel, Nathan. "A aculturação". *In*: Le Goff, J. e Nora, P. (orgs.). *História: novos problemas*. Rio de Janeiro, Francisco Alves, 1976, pp. 113-30.

(9) Holanda, S. B. de. *Visão do paraíso*, 3ª ed. São Paulo, Companhia Editora Nacional, 1977, pp. 144-238.

(10) Eliade, M. *Op. cit.*, p. 122.

(11) Baumann, Tereza. "A gesta de Anchieta. A construção do 'Outro' nas idéias e práticas dos jesuítas nos quinhentos". Dissertação de mestrado apresentada à UFF. Niterói, 1993, p. 162.

(12) "Carta aos padres e irmãos de Portugal" (1559). *In*: *Cartas do Brasil*. Belo Horizonte/São Paulo, Itatiaia/Edusp, 1988, p. 181.

(13) *Confissões*, pp. 104-7.

(14) ANTT, IL, proc. 10 776. O nome também aparece grafado de outras maneiras na crônica quinhentista, além de Tamandaré: por exemplo, Tamanduare, Tamendonare. Para outras versões do dilúvio, cf. Métraux, Alfred, *A religião dos tupinambás*, 2ª ed. São Paulo, Companhia Editora Nacional, 1979, cap. 3, pp. 31-9, sobretudo nota (a) de Estêvão Pinto, p. 36.

(15) Cf. *Nova enciclopédia católica*. Rio de Janeiro, Editora Renes, 1969, vol. 5, verbete "Santo Antônio de Pádua", pp. 446-50.

(16) ANTT, IL, proc. 17 065, pp. 174-8.

(17) Devo a informação a Tereza Baumann, que a obteve da dra. Marília Facó, renomada tupinóloga e professora no PPGAS (Museu Nacional) da UFRJ.

(18) A expressão "guerra de imagens" é de Serge Gruzinski, aludindo aos embates da ocidentalização no México. Cf. "A guerra das imagens e a ocidentalização da América". *In*: Vainfas, R. (org.). *América em tempo de conquista*. Rio de Janeiro, Jorge Zahar Editor, 1992, pp. 198-208.

(19) Cf. *Duas viagens ao Brasil* (Staden), p. 175, e também Baumann, T. *Op. cit.*, p. 170.

(20) Baumann, T. *Op. cit.*, pp. 155 e segs.

(21) Bosi, Alfredo. *Dialética da colonização*. São Paulo, Companhia das Letras, 1992, p. 31.

(22) Calasans, José. *Fernão Cabral de Ataíde e a Santidade de Jaguaripe*. Bahia, s/ed, 1952, p. 12.

5. RITUAIS DO CATOLICISMO TUPINAMBÁ (pp. 119-37)

(1) Vainfas, Ronaldo. "Idolatrias e milenarismos: a resistência indígena nas Américas". *Estudos Históricos*, Rio de Janeiro, vol. 5, n? 9, 1992, pp. 38-9.

(2) Cohn, Norman, *Na senda do milénio. Milenaristas revolucionários e anarquistas místicos da Idade Média*. Lisboa, Editorial Presença, 1981, pp. 205 e segs.

(3) *Confissões*, pp. 104-7, 121-3, 167-73 etc.

(4) *Id.*, pp. 121-3.

(5) ANTT, IL, proc. 11 036.

(6) *Denunciações*, p. 346.

(7) ANTT, IL, proc. 17 065, pp. 203-6.

(8) Bossy, John. *A cristandade no Ocidente (1400-1700)*. Lisboa, Edições 70, 1990, p. 29.

(9) A frase foi retirada das pregações de Yaguacaporo, líder de uma santidade na região do Paraná e Uruguai. Cf. Queiróz, Maria I. P. de. *O messianismo no Brasil e no mundo*. 2ª ed. São Paulo, Alfa-Ômega, 1977, p. 174.

(10) ANTT, IL, proc. 17 065, pp. 174-8.

(11) Bossy, J. *Op. cit.*, p. 32.

(12) Métraux, Alfred. *A religião dos tupinambás*. 2ª ed. São Paulo, Companhia Editora Nacional, 1979, p. 97.

(13) *Duas viagens ao Brasil*. Belo Horizonte/São Paulo, Itatiaia/Edusp, 1974, p. 172.

(14) Fernandes, Florestan. *A organização social dos tupinambá*. 2ª ed. São Paulo, Hucitec/UnB, 1989, p. 65.

(15) Métraux, A. *Op. cit.*, p. 97.

(16) Varnhagen, Francisco A. de. *História geral do Brasil*. 6ª ed. São Paulo, Melhoramentos, tomo I, p. 45. É curioso notar que Métraux não menciona o tijupá em livro muito específico: *La civilisation materièlle des tribus tupi-guarani*. Paris, Librairie Orientaliste Paul Geuthner, 1928, sobretudo o cap. 6 da segunda parte: "Habitation", pp. 47-57.

(17) Sampaio, Teodoro. *O tupi na geografia nacional*. 5ª ed. São Paulo, Companhia Editora Nacional, 1987, p. 328.

(18) Fernandes F. *Op. cit.*, p. 64.

(19) *Id. Ibid.*, p. 65.

(20) ANTT, IL, proc. 13 090.

(21) Eliade, Mircea. *O sagrado e o profano*. Lisboa, Ed. Livros do Brasil, s/d, p. 71.

(22) *Id. Ibid.*, pp. 39-40.

(23) *Confissões*, pp. 28-9, 78-9; *Denunciações*, pp. 340 e 381.

(24) Métraux, A. *Op. cit.*, p. 40.

(25) Eliade, Mircea. *Op. cit.*, p. 42.

(26) *Denunciações*, pp. 384-5.

(27) *Confissões*, pp. 121-3.

(28) *Tratados da terra e da gente do Brasil*. Belo Horizonte/São Paulo, Itatiaia/Edusp, 1980, p. 92.

(29) Varnhagem, F. A. de. *Op. cit.*, pp. 46-7.

(30) *Denunciações*, p. 346.

(31) Cardim, p. 92; Thévet, p. 110; Léry, p. 179; Métraux, p. 72.

(32) Mott, Luiz. "A maconha na história do Brasil". *In*: Henman, A. e Pessoa Jr., O. (orgs.). *Diamba Sarabamba: textos brasileiros sobre a maconha*. São Paulo, Ground, 1986, pp. 119-35.

(33) *Denunciações*, p. 567.

(34) *Confissões*, pp. 87-9.

(35) *Apud* Florestan, F. *Op. cit.*, p. 286.

(36) *Cultura e opulência do Brasil*. 2ª ed. São Paulo, Melhoramentos/INL, p. 156. Cf. também a interessante comunicação de Carneiro, Henrique S. "Sobre o empirismo renascentista e a regulamentação do uso de drogas no período colonial", XVII Simpósio Nacional da ANPUH, São Paulo, 1992.

6. *AMBIVALÊNCIAS E ADESÕES* (pp. 139-59)

(1) Haubert, Maxime. *A vida quotidiana no Paraguai no tempo dos jesuítas*. Lisboa, Edições Livros do Brasil, s/d, pp. 156-7.

(2) *Dicionário da língua portugueza*. Lisboa, Typographia Lacérdina, 1813, p. 254.

(3) Cahen, Claude. *El Islam — desde los orígenes hasta el comienzo del Imperio Otomano*. Madri, Siglo XXI, 1972, pp. 231 e 304-5.

(4) Holanda, S. Buarque de. "Índios e mamelucos". *In*: *Caminhos e fronteiras*. Rio de Janeiro, José Olympio, 1957, pp. 16-179. [Esta obra foi reeditada pela Companhia das Letras em 1994.]

(5) Calmon, Pedro. *A conquista: história das bandeiras baianas*. Rio de Janeiro, Imprensa Nacional, 1929, p. 42.

(6) Infelizmente, a documentação inquisitorial não apresenta qualquer tradução para o nome Tomacaúna, ao contrário do que ocorre com outros nomes indígenas atribuídos a mamelucos. E, como o tupi antigo é muito diferente do falado nos séculos XVIII e XIX (no qual se estriba a maioria dos dicionários), seria imprudente esboçar uma tradução. Lembro somente, com alguma segurança, que a terminação *caúna* (já composta) misturava *caá* (folha, erva) com *una* (coisa escura, preta, enegrecida). Cf. Sampaio, Teodoro. *O tupi na geografia nacional*. 5ª ed. São Paulo, Companhia Editora Nacional, 1987, pp. 210, 221 e 339. E muito interessante para o nosso tema é o cap. 3, "Das alterações fônicas no tupi sob a influência da língua portuguesa", pp. 122-71, cuja leitura me fez desistir de traduzir o que não aparece traduzido na documentação quinhentista.

(7) *Viagem à terra do Brasil*. Belo Horizonte/São Paulo, Itatiaia/Edusp, 1980, p. 200.

(8) *Tratados da terra e gente do Brasil*. Belo Horizonte/São Paulo, Itatiaia/Edusp, 1980, p. 100.

(9) Fernandes, Florestan. *A organização social dos tupinambá*. 2ª ed. São Paulo, Hucitec/UnB, 1989, p. 237.

(10) Abordei a fluidez da fronteira cultural expressa na figura do mameluco em "Os mamelucos e a fronteira: um conflito de lealdades". *D. O. Leitura*. São Paulo, 11 (125):12, 1992. Cf. também o artigo mais amplo de Schwartz, Stuart B. "Brazilian

ethnogenesis: mamelucos, mestiços e pardos". Comunicação apresentada no colóquio "Le Nouveaux Monde — Mondes Nouveaux", realizado na EHESC, 2 a 4 de junho de 1992, 37 pp. Sou grato a Frédérique Langue, do CERMACA (CNRS), pelo envio da cópia.

(11) ANTT, IL, proc. 17 809.

(12) *Id.*, proc. 12 927.

(13) Souza, Laura de M. e. *O Diabo e a Terra de Santa Cruz*, São Paulo, Companhia das Letras, 1986, pp. 100-36.

(14) Vainfas, Ronaldo. *Trópico dos pecados*. Rio de Janeiro, Campus, 1989, pp. 143-86 e 267-8.

(15) ANTT, IL, proc. 11 076.

(16) *Cartas do Brasil*. Belo Horizonte/São Paulo. Itatiaia/Edusp, 1988, p. 196.

(17) Léry, p. 201.

(18) Giucci, Guilhermo. "A colonização acidental". *Ciência Hoje*. Rio de Janeiro, vol. 15, n.º 86:19-23, 1992.

(19) Bennassar, Bartolomé. "Les inquisitions espagnole, portugaise et venitienne et la problématique des rénegats". *In*: Novinsky, A. e Carneiro, M. L. T. (orgs.). *Inquisição: ensaios sobre mentalidade, heresia e arte*. São Paulo, Expressão e Cultura/Edusp, 1992, pp. 785-93.

(20) ANTT, IL, proc. 10 776.

(21) *Id.,* proc. 17 809.

(22) "Ânua do provincial dos jesuítas" (Anchieta, 1584). Cópia manuscrita, traslado de 27 de setembro de 1880, p. 10, BNRJ, Seção de Manuscritos.

(23) Holanda, S. Buarque de. *Raízes do Brasil*. 9ª ed. Rio de Janeiro, José Olympio, 1976, p. 91.

(24) ANTT, IL, proc. 17 065, pp. 188-95.

(25) *Denunciações*, p. 276; *Confissões*, pp. 87-9.

(26) *Denunciações*, pp. 453-5; *Confissões*, pp. 87-9.

(27) *Denunciações*, p. 550.

(28) Roger Bastide viu nas "santidades" quinhentistas a raiz dos catimbós, culto afro-indígena, cuja transição seria "o culto indígena dos caboclos, mais ou menos cristianizados, do sertão". A descrição que faz Bastide de algumas cerimônias de catimbó no Nordeste lembra muito, de fato, alguns ritos das santidades, a exemplo do poder mágico da fumaça — aspecto central da cerimônia e do próprio nome do culto (catimbó, corruptela de cachimbo). E, após inventariar alguns traços africanos presentes no catimbó, Bastide afirma: "[...] o negro trouxe alguma contribuição para o catimbó. Mas, nesse encontro [...] é o elemento indígena que leva vantagem". Cf. *As religiões africanas no Brasil*. 2ª ed. São Paulo, Pioneira, 1985, pp. 243 e segs.

(29) *Confissões*, pp. 64-5.

(30) *Denunciações*, pp. 351, 276, 311, 327, 470 etc.

(31) *Id.*, p. 327.

(32) *Confissões*, pp. 78-9.

(33) *Denunciações*, pp. 384-5.

(34) *Confissões*, pp. 87-9.

(35) ANTT, IL, proc. 7950.

(36) Batisde, Roger. *Estudos afro-brasileiros*. São Paulo, Perspectiva, 1973,

p. XII. Ver também o ensaio "Contribuição ao estudo do sincretismo católico-fetichista", incluído na mesma obra, pp. 159 e segs.

(37) Ginzburg, Carlo, *História noturna*. São Paulo, Companhia das Letras, 1991, p. 22.

7. SANTIDADE: A HERESIA DO TRÓPICO (pp. 163-97)

(1) Resumi a controvérsia sobre a Visitação em *Trópico dos pecados*. Rio de Janeiro, Campus, 1989, pp. 217-8.

(2) *Denunciações*. Prefácio de Capistrano de Abreu, pp. 5-6.

(3) *História do Brasil*. 6ª ed. São Paulo, Melhoramentos, 1975, pp. 260-1.

(4) Raminelli, Ronald. "Tempo de Visitação. Cultura e sociedade em Pernambuco e na Bahia (1591-1620)". Dissertação de mestrado apresentada à USP, São Paulo, 1990. Cf. também *Confissões*, prefácio de Capistrano de Abreu.

(5) "Correspondência inédita do inquisidor geral e do Conselho Geral do Santo Ofício para o primeiro visitador da Inquisitação no Brasil", organizado por Antônio Baião. In: *Brasília*, Coimbra, 1942, vol. 1, pp. 544 e segs.

(6) *Confissões*, prefácio de C. de Abreu, pp. II e IV.

(7) *Confissões*, pp. 87-9.

(8) *Tratados da terra e da gente do Brasil*. Belo Horizonte/São Paulo, Itatiaia/Edusp, 1980, "Introdução" de Rodolfo Garcia, p. 14.

(9) *Diccionário da língua portugueza*. Lisboa, Typographia Lacérdina, 1813, pp. 17 e 731.

(10) *Id.*, p. 86.

(11) *Id.*, p. 314.

(12) *Id.*, p. 543.

(13) ANTT, IL, proc. 17 065, sentença.

(14) *Diccionário...*, p. 382.

(15) *Apud* Loureiro, Rui. "O encontro de Portugal com a Ásia no século XVI". *In*: Albuquerque, L. *et alii*. *O confronto do olhar. O encontro de povos na época das navegações portuguesas*. Lisboa, Ed. Caminho, 1991, p. 192.

(16) *Denunciações*, p. 276.

(17) ANTT, IL, proc. 16 697.

(18) Souza. Laura de M. e. *Inferno atlântico*. p. 48.

(19) "Correspondência inédita...", organizada por A. Baião, p. 547.

(20) ANTT, IL, proc. 17 089.

(21) *Id.*, proc. 11 068.

(22) Odre: vaso de pêlo curado de bode para guardar vinho e vinagre. Cf. *Diccionário...*, p. 300.

(23) ANTT, IL, proc. 10 776.

(24) *Id.*, proc. 13 090 e 12 229.

(25) *Id.*, proc. 17 809.

(26) *Id.*, proc. 17 065, pp. 172-3.

(27) *Id. Ibid.*, pp. 174-8.

(28) *Id. Ibid.*, pp. 221-4.

(29) É verdade que os próprios portugueses — e os europeus em geral — foram inicialmente chamados pelos tupinambá de caraíbas. Anchieta atribui esse costume ao fato de *caraíba* significar, na língua tupi, "cousa santa" ou sobrenatural, modo pelo qual os índios perceberam os europeus — gente que vinha de longe "por cima das águas". Os próprios jesuítas chegaram a ser assim nomeados — e devem ter feito alguma força para tanto. No entanto, afirma Viveiros de Castro que "os europeus, chamados de Karaíba [...] terminaram trazendo para os índios exatamente o oposto do que os Karaíba: em vez de errância migratória, aldeamento forçado, em lugar de longa vida e abundância, morte por epidemias e trabalho escravo; em lugar de vitória sobre os inimigos, proibição de guerra e canibalismo...". Cf. "O mármore e a murta: sobre a inconstância da alma selvagem". Rio de Janeiro, mimeo, 1992, pp. 11-2. Penso que, no final do século XVI, caraí e caraíba não mais eram usados para aludir aos europeus em geral, mas somente aos pajé-açu ou aos brancos que fizessem as vezes de pajés ou heróis míticos (como Fernão Cabral). Além do mais, Fernão Cabral não traduziu bem o *caraipocu* ao falar em "homem comprido". *Abapocu* seria homem comprido, assim como *abaeté* significava homem bravo e forte (abá = homem, macho).

(30) ANTT, IL, proc. 17 065, pp. 229-34.

(31) ANTT, IL, Auto n⁰ 2, maço 82, proc. 883.

(32) *Cartas, informações, fragmentos históricos e sermões.* Rio de Janeiro, Civilização Brasileira, 1933: "Carta ao capitão Miguel de Azevedo, na Bahia, a 1⁰ de dezembro de 1592", p. 283.

8. *RESSONÂNCIAS E PERSISTÊNCIAS* (pp. 199-223)

(1) A elaboração deste dificílimo item não se faria sem a ajuda de alguns amigos. Laura de Mello e Souza levantou a questão e acompanhou o mistério de perto. Jacqueline Hermann ajudou-me na pesquisa e foi quem primeiro me sugeriu o nome de Anchieta como possível autor da ânua. Edgar Ferreira Neto — a quem devo um agradecimento especialíssimo — abriu-me o caminho para descobrir Pierre du Jarric e a própria Ânua de 1585.

(2) Souza, Laura de M. e. "Por fora do Império: Giovanni Botero e o Brasil". *In: Inferno atlântico.* pp. 58-88.

(3) *Apud* Souza, L. de M. e. *Op. cit.*, p. 82.

(4) *Id.*, p. 83.

(5) *Histoire de choses plus memorables advenues tant en Indes Orientales que autres pais de la decouverte des Portugais.* Bordeaux, S. Millauges, Imprimeur ordinaire du Roy, 1610, 2ᵉᵐᵉ partie, pp. 319-23.

(6) *Annuae litterae Societatis Iesu.* Roma, Colegio eiusdem Societatis, 1567, pp. 133-6.

(7) O único infanticídio praticado pelos tupinambá dava-se com os filhos dos prisioneiros de guerra com mulheres da tribo. Eram considerados inimigos (filhos do pai) e, por isso, tão logo cresciam um pouco, eram devidamente devorados no repasto cerimonial coletivo. Cf. Fernandes, F. *A organização social dos tupinambá.* 2ª ed. São Paulo, Hucitec/UnB, 1989, pp. 146-7. Veja-se, portanto, que o infanticídio tupinambá não guarda qualquer relação com a santidade, nem se enterravam vivas as crianças.

(8) A única narrativa acerca de santidades quinhentistas relacionadas de algum modo a navios encontra-se em ABN, 19º, 108, resumido por Capistrano de Abreu: "Na capitana de Porto Seguro, em 1574, Antônio Dias Adorno e seus companheiros encontraram seis ídolos de madeira, de forma humana e tamanho natural; serviam de barreira para tiros [...] Viam-se dois paus de cinqüenta a sessenta palmos de altura, à maneira de mastro com duas gáveas. Mandara pintá-los o caraíba, que se dizia filho de Deus padre e da Virgem Maria, vindo de Portugal, fugido dos que o queriam crucificar; por um [mastro] subia ao céu, por outro descia; a gávea servia-lhe de púlpito se queria pregar". Cf. *Confissões*, prefácio, p. XXI. Trata-se de um caraíba do Espírito Santo — informa Capistrano —, antigo discípulo dos jesuítas, a exemplo de Antônio.

(9) Delumeau, Jean. *História do medo no Ocidente*. São Paulo, Companhia das Letras, 1989, pp. 47-50.

(10) Southey, Robert. *História do Brasil*. 4ª ed. São Paulo, Melhoramentos/INL, 1977, vol. I, pp. 252-4. Serafim Leite comenta Southey e suas fontes na clássica HCJB. Lisboa, Livraria Portugália, 1938, p. 24.

(11) Southey, R. *Op. cit.*, p. 253, nota nº 6.

(12) Não consegui localizar o teor exato da dita "Bula da Ceia", nome vulgar pelo qual referiu-se Heitor Furtado à decisão pontifícia. No entanto, a pena de excomunhão para esses casos era tão antiga quanto o III Concílio de Latrão (1179) realizado no tempo do papa Alexandre III (1159-81). Em seu 24º cânone, o Concílio previa a pena de excomunhão, confisco de bens e redução a cativeiro para todos os cristãos que mandassem armas, madeira para navios ou prestassem serviços aos sarracenos. Cf. Schomberg, Jean Louis. *Verdadeira história dos Concílios*. Lisboa, Europa-América, 1964. Sou grato a Rogério Ribas pela valiosa e precisa indicação.

(13) *Confissões*, prefácio de C. de Abreu, p. XXXVII.

(14) *Id.*, pp. XXXVII e XXXVIII.

(15) "Regimento de 8 de março de 1588 do governador geral do Brasil". *In*: *Documentos para a história do açúcar*. Instituto do Açúcar e do Álcool. Rio de Janeiro, 1954-63, vol. 1, p. 376.

(16) Agradeço a José Calasans por essa valiosa informação recolhida em suas pesquisas na Biblioteca do Itamaraty.

(17) Sobre o medo que o Santo Ofício causava, ver: Bennassar, Bartolomé. "Modelos de la mentalidad inquisitorial: métodos de su pedagogia del miedo". *In*: Alcalá, A. (org.). *Inquisición española y mentalidad inquisitorial*. Barcelona, Ed. Ariel, 1984, pp. 174-84.

(18) ANTT, IL, proc. 17 065.

(19) *Id.*, proc. 6345.

(20) *Id., Ibid.*

(21) *Denunciações*, p. 381.

(22) ANTT, IL, proc. 17 065, p. 171.

(23) "Regimento..." (Francisco Giraldes). *In*: *Documentos para a história do açúcar*, p. 359.

(24) Perrone-Moisés, Leyla. *Vinte luas. Viagem de Paulmier de Gonneville ao Brasil (1503-1505)*. São Paulo, Companhia das Letras, 1992, p. 168.

(25) *Apud* Calasans, J. *Fernão Cabral de Ataíde e a Santidade de Jaguaripe*. Bahia, 1952.

(26) Costa, Francisco P. da. *Anais pernambucanos (1493-1590)*. Recife, Arquivo Público Estadual, 1951, vo.. I, pp. 571-2.

(27) Cf. Os relatos de Du Jarric e da ânua nos anexos (cópias similares).

(28) *Singularidades da França antártica*, p. 118.

(29) ANTT, IL, proc. 17 065, p. 171.

(30) "Regimento..." (Francisco Giraldes). *In: Documentos para a história do açúcar*, p. 360.

(31) "Carta del-rey ao senhor Gaspar de Sousa em que lhe trata remedee com guerras que dê aos índios gentios que estão na sanctidade" (19 de janeiro de 1613)". *In: Cartas d'el Rey escritas aos senhores Álvaro de Sousa e Gaspar de Sousa*. Rio de Janeiro. Biblioteca do Itamaraty, 1989 (transcritas por Deoclécio Leite, professor de paleografia da Unirio e da UERJ), carta 71.

(32) "Carta d'el rey ao senhor Gaspar de Sousa sobre a aldea dos índios de Santo Antônio de Jaguaripe" (24 de maio de 1613). *In: Op. cit.*, carta 88.

FONTES E BIBLIOGRAFIA

FONTES

I. MANUSCRITAS

a) *Processos inquisitoriais*:

Arquivo Nacional da Torre do Tombo, Inquisição de Lisboa — números 885 (número 2, maço 82), 6345, 7950, 10 714, 10 776, 11 036, 11 061, 11 068, 11 072, 11 075, 11 632, 11 635, 12 229, 12 927, 13 090, 13 098, 13 196, 16 897, 17 065, 17 809, 17 813.

b) *Correspondência jesuítica*:

Arquivo Nacional da Torre do Tombo — Cartório Jesuítico, maço 89, n? 14.
Biblioteca Nacional do Rio de Janeiro. "Annua do Provincial dos Jesuítas — 1584".
Traslado de 27 setembro de 1880. Seção de Manuscritos, I, 31, 25, 14.

II. IMPRESSAS

a) *Fontes jesuíticas*:

Anchieta, José de. *Cartas, informações, fragmentos históricos e sermões*. Rio de Janeiro, Civilização Brasileira, 1933.
Annuae litterae Societatis Iesu. Roma, eiusdem Societatis, 1587.
Araújo, padre Antônio. *Catecismo na língua brasílica (1618)*. Rio de Janeiro, PUC, 1952.
Antonil, André João. *Cultura e opulência do Brasil por suas drogas e minas*. 2ª ed. São Paulo, Melhoramentos/INL, 1976.
Cardim, Fernão. *Tratados da terra e da gente do Brasil*. Belo Horizonte/São Paulo, Itatiaia/Edusp, 1980.
Cartas Avulsas (1550-1568). Coligidas e organizadas por Serafim Leite. Rio de Janeiro. Academia Brasileira de Letras, 1931.
Du Jarric, Pierre. *Histoire des choses plus memorables advenues tout en Indes Orien-*

249

tales que autres pais de la decouverte des Portugais. Bordeaux, S. Millanger, 1608-10, 3 vols.

Loyola, saint Ignace de. *Exercices spirituels. Texte définitif (1548)*. Paris, Seuil, 1982.

Nóbrega, Manuel da. *Cartas do Brasil (1549-1560)*. Rio de Janeiro, Imprensa Nacional, 1886.

Novas cartas jesuíticas (de Nóbrega a Vieira). Coligidas e organizadas por Serafim Leite. São Paulo, Companhia Editora Nacional, 1940.

Vasconcelos, Simão de. *Crônica da Companhia de Jesus (1660)*. 3ª edição, Petrópolis, Vozes, 1977.

b) *Fontes inquisitoriais*:

Eymerich, Nicolau. *Le manuel des inquisiteurs (XIVe siècle)*. Paris, Mouton Editeur, 1973.

Primeira Visitação do Santo Ofício às partes do Brasil. Denunciações da Bahia — 1591-1593. Introdução de Capistrano de Abreu. São Paulo, Paulo Prado, 1925.

Primeira Visitação do Santo Ofício às partes do Brasil. Confissões da Bahia — 1591-1592. Prefácio de Capistrano de Abreu. Rio de Janeiro, F. Briguiet, 1935.

"Correspondência inédita do inquisidor geral e do Conselho Geral do Santo Ofício para o primeiro visitador da Inquisição no Brasil". Organizado por Antônio Baião. *In*: *Brasília*. Coimbra, 1942, vol. 1.

c) *Fontes sobre a administração colonial*:

"Regimento de 8 de março de 1588 do governador geral do Brasil" (Francisco Giraldes). *In*: *Documentos para a história do açúcar*. Rio de Janeiro, IAA, 1954-63, vol. 1.

Cartas d'el rey escritas aos senhes. Álvaro de Sousa e Gaspar de Sousa. Transcritas pelo paleógrafo Deoclécio Leite. Rio de Janeiro. Biblioteca do Itamaraty, 1989.

d) *Histórias e crônicas de viagem — séculos XVI e XVII*:

Abbeville, Claude d'. *História da missão dos padres capuchinhos na ilha do Maranhão e suas circunvizinhanças*. São Luís, Typ. de Frias, 1874.

Evreux, Yves d'. *História da missão dos padres capuchinhos na ilha do Maranhão*. São Luís, Typ. de Frias, 1874.

Frei Vicente do Salvador: *História do Brasil (1500-1627)*. 6ª ed. São Paulo, Melhoramentos/INL, 1975.

Gandavo, Pero de Magalhães. *História da província de Santa Cruz*. Belo Horizonte/São Paulo, Itatiaia/Edusp, 1980.

Léry, Jean de. *Viagem à terra do Brasil*. Belo Horizonte/São Paulo, Itatiaia/Edusp, 1980.

Souza, Gabriel Soares de. *Tratado descritivo do Brasil em 1587*. 4ª ed. São Paulo, Companhia Editora Nacional, 1971.

Staden, Hans. *Duas viagens ao Brasil*. Belo Horizonte/São Paulo, Itatiaia/Edusp, 1974.

Thévet, André. *Singularidades da França antártica*. Belo Horizonte/São Paulo, Itatiaia/Edusp, 1978.

I. *OBRAS DE REFERÊNCIA*

Almeida, Fortunato de. *História da Igreja em Portugal*. Porto. Portucalense Editora, 1967, 4 vols.

Ayrosa, Plínio. *Diccionário Portuguez e Brasílliano (baseado no de frei Onofre, Lisboa, 1795)*. São Paulo, Imprensa Oficial do Estado, 1934.

Diccionário corográfico de Portugal continental e insular, Porto, Livraria Civilização, 1948, vol. XI.

Gayo, Manuel J. Filgueiras. *Nobiliário das famílias de Portugal*. Braga, Typ. Augusto Costa, 1938, tomo VIII.

Nova enciclopédia católica. Rio de Janeiro, Editora Renes, 1969, vol. 5.

Rodrigues, José Honório. *História da história do Brasil*. 2ª ed. São Paulo, Companhia Editora Nacional, 1979.

Silva, Antônio de Moraes. *Diccionário da língua portugueza*. Lisboa, Typ. Lacérdina, 1813.

Vocabulário tupi-guarani/português. 3ª ed. São Paulo, Brasilivros, 1984.

II. *LIVROS E ARTIGOS*

Abreu, J. Capistrano de. *Capítulos de história colonial*. 6ª ed. Rio de Janeiro, Civilização Brasileira, 1976.

―――――――. *Caminhos antigos e povoamento do Brasil*. Rio de Janeiro, Briguiet, 1960.

―――――――. *Um visitador do Santo Ofício à cidade de Salvador e ao Recôncavo da Bahia de Todos os Santos*. Rio de Janeiro, Jornal do Comércio, 1922.

Affergan, Francis. *Exotisme et alterité*. Paris, PUF, 1987.

Albuquerque, Luís de *et alii*. *O confronto do olhar — O encontro dos povos na época das navegações portuguesas*. Lisboa, Ed. Caminho, 1991.

Aldrin, Dauril e Miller, Joseph. "Unwanted cargoes: the origins and dissemination of Smallpox via the slave trade from Africa to Brazil, c. 1560-1830". *In*: Kiple, K. F. (ed.). *The African exchange*. Durham, Duke University Press, 1988, pp. 34-109.

Almeida, Geraldo G. de. *Heróis indígenas do Brasil. Memórias sinceras de uma raça*. Rio de Janeiro, Cátedra, 1988.

Amaral, Braz do. *Resenha histórica da Bahia: governadores e bispos do Brasil*. Bahia, Tipografia Naval, 1941.

Ansart, Pierre. *Ideologias, conflitos e poder*. Rio de Janeiro, Zahar, 1978.

Araújo, Emmanuel. *O teatro dos vícios. Transgressão e transigência na sociedade urbana colonial*. Rio de Janeiro, José Olympio, 1988.

Aufterheide, Patricia. "True confessions: the Inquisition and social attitudes in Brazil at the turn of the XVIIth century". *Luzo-Brazilian Review* (10/2):208-40, 1972-3.

Azevedo, João Lúcio de. "Os jesuítas e a Inquisição em conflito no século XVII". *Boletim de Segunda Classe da Academia de Ciências de Lisboa*, Lisboa, vol. 10: 1-29, 1916.

Bakhtin, Mikail. *Marxismo e filosofia da linguagem*. 2ª ed. São Paulo, Hucitec, 1981.

——————. *A cultura popular na Idade Média e no Renascimento — o contexto de François Rabelais*. São Paulo, Hucitec, 1987.

Bastide, Roger. *Estudos afro-brasileiros*. São Paulo, Pioneira, 1985.

——————. *As religiões africanas no Brasil*. 2ª ed. São Paulo, Pioneira, 1985.

Baumann, Tereza. "Imagens do Outro Mundo: o problema da alteridade na iconografia cristã ocidental". *In*: Vainfas, R. (org.). *América em tempo de conquista*. Rio de Janeiro, Jorge Zahar Editor, 1992, pp. 58-76.

——————. "A gesta de Anchieta. A construção do Outro nas idéias e práticas jesuíticas dos quinhentos". Dissertação de mestrado apresentada à UFF. Niterói, 1993.

Bennassar, Bartolomé. "Modelos de la mentalidad inquisitorial: métodos de su pedagogia del miedo". *In*: Alcalá, A. (org.). *Inquisición española y mentalidad inquisitorial*. Barcelona, Ariel, 1984, pp. 174-84.

——————. "Les inquisitions espagnole, portugaise et venitienne et la problématique des renégats". *In*: Novinsky, A. e Carneiro, M. L. T. (orgs.). *Inquisição: ensaios sobre mentalidade, heresia e arte*. São Paulo, Expressão e Cultura/Edusp, 1992, pp. 785-93.

Beozzo, J. Oscar. "A mulher indígena e a Igreja na situação escravista no Brasil colonial". *In*: Marcílio, Maria L. (org.). *A mulher pobre na história da Igreja*. São Paulo, Paulinas, 1984, pp. 70-93.

Bethencourt, Francisco. *O imaginário da magia — feiticeiras, salvadores e nigromantes no século XVI*. Lisboa, Projeto Universidade Aberta, 1987.

Bosi, Alfredo. *A dialética da colonização*. São Paulo, Companhia das Letras, 1992.

Bossy, John. *A cristandade ocidental (1400-1700)*. Lisboa, Ed. 70, 1990.

Boxer, Charles. *Relações raciais no império colonial português (1415-1825)*. Rio de Janeiro, Tempo Brasileiro, 1967.

——————. *A igreja e a expansão ibérica (1440-1770)*. Lisboa, Ed. 70, 1981.

——————. *O império colonial português (1415-1825)*. Lisboa, Ed. 70, 1981.

Bruit, Héctor. "O visível e o invisível na conquista hispânica da América". *In*: Vainfas, R. (org.). *América em tempo de conquista*. Rio de Janeiro, J. Zahar Ed., 1992, pp. 77-101.

Burke, Peter. *Popular culture in early Modern Europe*. Londres, Temple Smith, 1978.

Cahen, Claude. "Los mamelucos (mamluk)". *In*: *El Islam. Desde los orígenes hasta el comienzo del Imperio Otomano*. Madri, Siglo XXI, 1972, pp. 304-7.

Caillavet, Chantal. "Rituel espagnol, pratique indienne: l'occidentalisation du monde andin par le spetacle des institutions coloniales". *In*: Lavallé, B. *et alii*. *Structures et culture des societés ibéro-américaines*. Paris, Editions du CNRS, 1990, pp. 25-42.

Calainho, Daniela N. "Em nome do Santo Ofício. Familiares da Inquisição portuguesa no Brasil colonial". Dissertação de mestrado apresentada à UFRJ, Rio de Janeiro, 1992.

Calasans, José. *Fernão Cabral de Ataíde e a Santidade de Jaguaripe*. Salvador, s/ed., 1952.

Calmon, Pedro. *A Conquista: história das bandeiras baianas*. Rio de Janeiro, Imprensa Nacional, 1929.

Cardoso, Ciro. F. S. "As concepções acerca do sistema econômico mundial e do antigo sistema colonial: a preocupação obsessiva com a extração do excedente". *In*: Lapa, J. R. do A. (org.). *Modos de produção e realidade brasileira*. Petrópolis, Vozes, 1980, pp. 109-32.

Cascudo, L. da Câmara. *Geografia dos mitos brasileiros*. Belo Horizonte/São Paulo, Itatiaia/Edusp, 1983.

Castro, E. Viveiros de. "O mármore e a murta: sobre a inconstância da alma selvagem". Rio de Janeiro, mimeo, 1992.

_____. *Araweté — os deuses canibais*. Rio de Janeiro, J. Zahar Ed./ANPOCS, 1986.

Certeau, Michel de. "Travel narratives of the French to Brazil, sixteenth to eighteenth centuries". *Representations*. (*The New World*), n? 33:221-6, 1991.

Chandeigne, Michel. *Lisboa ultramarina — 1415-1580: a invenção do mundo pelos navegadores portugueses*. Rio de Janeiro, J. Zahar Ed., 1992.

Chartier, Roger. *A história cultural — entre práticas e representações*. Lisboa, Difel, 1990.

Clark, Stuart. "French historians and Early Modern popular culture". *Past and Present*, n? 100:62-99, 1983.

Clastres, Hélène. *Terra sem Mal*. São Paulo, Brasiliense, 1978.

Clastres, Pierre. *A sociedade contra o Estado*. 4ª ed. Rio de Janeiro, Francisco Alves, 1988.

_____. "Arqueologia da violência e a guerra nas sociedades primitivas". *In*: Gauchet, M. *et alii. Guerra, religião, poder*. Lisboa, Ed. 70, 1980, pp. 9-48.

Clendinnen, Inga. *Ambivalent conquests — Maya and Spaniard in Yucatán, 1517-1570*. Cambridge Univ. Press, 1987.

Cohn, Norman. *Na senda do milénio. Milenaristas revolucionários e anarquistas místicos da Idade Média*. Lisboa, Ed. Presença, 1981.

Costa, Emília V. da. *Da senzala à colônia*. 2ª ed. São Paulo. Ciências Humanas, 1979.

Costa, Francisco A. P. da. *Anais pernambucanos*. Recife, Arquivo Público Estadual, 1951, vol. 1.

Cunha, Manuela C. da. "Imagens de índios do Brasil: o século XVI". *Estudos Avançados*, São Paulo, 4(10):91-110, 1991.

_____. *Antropologia do Brasil — mito, história e etnicidade*. São Paulo, Brasiliense/Edusp, 1986.

_____. (org.). *História de índios no Brasil*. São Paulo, Companhia das Letras — FAPESP/SMC, 1992.

Curatola, Marco. "Mito y milenarismo en los Andes: del Taki Ongoy a Inkarri". *Allpanchis*, vol. x:65-92, 1977.

Davidoff, Clóvis. *Bandeirantismo: verso e reverso*. São Paulo, Brasiliense, 1982.

Davis, David Brion. *El problema de la esclavitud en la cultura occidental*. Buenos Aires, Ed. Paidós, 1968.

Delumeau, Jean. *El catolicismo de Lutero a Voltaire*. Barcelona, Ed. Labor, 1973.

_____. *História do medo no Ocidente (1300-1800)*. São Paulo, Companhia das Letras, 1989.

Dean, Warren. "Las problaciones indígenas del litoral brasileño de São Paulo a Rio de Janeiro. Comércio, esclavitud, reducción, extinción". *In*: Sanchez Albornoz, N. (org.). *Población y mano de obra en América Latina*. Madri, Alianza Ed., 1985, pp. 25-51.

Deyon, Pierre. "Sur certaines formes de la propagande religieuse au XVIᵉ siècle". *Annales E. S. C.*, Paris, nº 1:16-22, 1981.

Durkheim, Émile. *Les formes élémentaires de la vie réligieuse*. Paris, PUF, 1968.

Duviols, Pireer. "Religion y repressión en los Andes en los siglos XVI y XVII". *In*: Jaulin, R. (org.). *El etnocídio atraves de las Américas*. México, Siglo XXI, pp. 84-94.

Eliade, Mircea. *Aspectos do mito*. Lisboa, Ed. 70, 1986.

_____. *O sagrado e o profano — a essência das religiões*. Lisboa, Ed. Livros do Brasil, s/d.

Evans Pritchard, Edward. *Bruxaria, oráculos e magia entre os Azande* (edição resumida). Rio de Janeiro, Zahar, 1978.

Falcon, Francisco J. C. *A época pombalina — política econômica e monarquia ilustrada*. São Paulo, Ática, 1982.

_____. *A história cultural*. Rio de Janeiro, PUC (Rascunhos de História), 1991.

Faoro, Raymundo. *Os donos do poder: formação do patronato político brasileiro*. 2ª ed. Porto Alegre/São Paulo, Ed. Globo/Edusp, 1975, vol. 1.

Fausto, Carlos. "Fragmentos da história e cultura tupinambá: da etnologia como instrumento crítico do conhecimento etno-histórico". *In*: Cunha, M. C. da. *História dos índios no Brasil*. São Paulo, Companhia das Letras/FAPESP-SMC, 1992, pp. 381-96.

Febvre, Lucien. *Combates pela história*. Lisboa, Ed. Presença, 1977, 2 vols.

_____. *Au coeur religieuse du XVIᵉ siècle*. 12ª ed. Paris, SEVPEN, 1968.

Fernandes, Florestan. *A organização social dos tupinambá*. 2ª ed., São Paulo, Hucitec/UnB, 1989.

_____. *A função social da guerra na sociedade tupinambá*. 2ª ed. São Paulo, Pioneira/Edusp, 1970.

Foucault, Michel. *Vigiar e punir. História da violência nas prisões*. Petrópolis, Vozes, 1977.

Freyre, Gilberto. *Casa-grande e senzala*. 16ª ed., Rio de Janeiro, José Olympio, 1973.

Furtado, Celso. *Formação econômica do Brasil*. 12ª ed., São Paulo, Companhia Editora Nacional, 1974.

Gadelha, Regina M. A. F. *As missões jesuíticas do Itatim. Um estudo das estruturas sócio-econômicas coloniais do Paraguai (sécs. XVI e XVII)*. Rio de Janeiro, Paz e Terra, 1980.

Geertz, Clifford. *A interpretação das culturas*. Rio de Janeiro, Zahar, 1978.

Genovese, Eugene. *O mundo dos senhores de escravos*. Rio de Janeiro. Paz e Terra, 1979.

_____. *A terra prometida: o mundo que os escravos criaram*. Rio de Janeiro, Paz e Terra, 1988.

Ginzburg, Carlo. *Os andarilhos do bem*. São Paulo, Companhia das Letras, 1987.
_____. *O queijo e os vermes*. São Paulo, Companhia das Letras, 1986.
_____. *Mitos, emblemas, sinais. Morfologia e história*. São Paulo, Companhia das Letras, 1990.
_____. *A micro-história e outros ensaios*. Lisboa, Martins Fontes, 1992.
_____. *História noturna. Decifrando o sabá*. São Paulo, Companhia das Letras, 1991.
Giucci, Guillermo. *Viajantes do maravilhoso*. São Paulo, Companhia das Letras, 1992.
_____. "A colonização acidental". *Ciência Hoje*, Rio de Janeiro, vol. 15, n? 86:19-23, 1992.
Godinho, Vitorino de M. *A economia dos descobrimentos henriquinos*. Lisboa, Sá da Costa, 1962.
_____. *A estrutura na antiga sociedade portuguesa*. Lisboa, Arcádia, 1971.
Góes, José R. P. de. "O cativeiro imperfeito". Dissertação de mestrado apresentada à UFF, Niterói, 1992.
Goldmann, Lucien. *Ciências humanas e filosofia*. 6ª ed., São Paulo, Difel, 1978.
Gomes, Plínio F. "O ciclo dos meninos cantores, 1550-1552: música e aculturação nos primórdios da colônia". *Revista Brasileira de História*. São Paulo, n? 21:187-98, 1992.
Gomez-Muller, Alfredo. *Penser la rencontre de deux mondes*. Paris, PUF, 1993.
Gorender, Jacob. *O escravismo colonial*. São Paulo, Ática, 1978.
Greenleaf, Richard E. *Zumárraga y la Inquisición mexicana, 1536-1543*, México, FCE, 1988.
Gruzinski, Serge. *La colonisation de l'imaginaire. Societés indigénes et occidentalisation dans le Mexique espagnol* (XVI-XVIII *siècle*). Paris, Gallimard, 1988.
_____. *Man-Gods in the Mexico Highlands*. Stanford, Stanford Univ. Press, 1989.
_____. "A guerra das imagens e a ocidentalização da América". *In*: Vainfas, R. (org.). *América em tempo de conquista*. Rio de Janeiro, J. Zahar Ed., 1992, pp. 198-208.

Hanke, Lewis. *Aristóteles e os índios americanos*. São Paulo, Livraria Martins Ed., s/d.
Haubert, Maxime. *A vida quotidiana no Paraguai no tempo dos jesuítas*. Lisboa, Ed. Livros do Brasil, s/d.
Holanda, Sérgio B. de. *Visão do paraíso*. 3ª ed. São Paulo, Companhia Ed. Nacional, 1977.
_____. *Raízes do Brasil*. 9ª ed. Rio de Janeiro, José Olympio, 1976.
_____. "Índios e mamelucos". *In*: *Caminhos e fronteiras*. Rio de Janeiro, José Olympio, 1957, pp. 16-179.
_____. *História geral da civilização brasileira*. São Paulo, Difel, 1977, vols. 1 e 2.
Haoornaert, Eduardo *et alii*. *História da Igreja no Brasil*. 2ª ed. Petrópolis, Vozes, 1979.
Hunt, Lynn (org.). *A nova história cultural*. São Paulo, Martins Fontes, 1992.

anni, Octávio. *Escravidão e racismo*. São Paulo, Hucitec, 1978.

Jacobs, Wilbor R. *El expolio del índio norteamericano: índios y blancos en la fronte-ra colonial*. Madri, Alianza Ed., 1984.

Jones, W. R. "The image of the barbarian in Medieval Europe". *Comparative Studies in Society and History*, 13:376-407, 1971.

Kern, Arno A. *Missões: uma utopia política*. Porto Alegre, Mercado Aberto, 1982.

Klor de Alba, J. "Martín Ocelotl: dirigente del culto clandestino — Nueva España, siglo XVI". *In*: Sweet, D. e Nash, G. (orgs.). *Lucha por la supervivencia en la América colonial*. México, FCE, 1987, pp. 135-46.

Knauss, Paulo. *O Rio de Janeiro da pacificação. Franceses e portugueses na disputa colonial*. Rio de Janeiro, Prefeitura Municipal, 1991.

Lafaye, Jacques. *Quetzalcoalt y Guadalupe*. México, FCE, 1977.

Lanciani, Giulia. "O maravilhoso como critério de diferenciação entre sistemas culturais". *Revista Brasileira de História*, São Paulo, n? 21:21-7, 1992.

Lapa, J. R. do Amaral. *Economia colonial*. São Paulo, Perspectiva, 1977.

Leach, Edmund. *A diversidade da antropologia*. Lisboa, Ed. 70, 1989.

Leite, Serafim. *História da Companhia de Jesus no Brasil*. Lisboa, Portugália, 1938, tomos I e II.

Le Goff, Jacques. *Para um novo conceito de Idade Média*. Lisboa, Ed. Estampa, 1980.

——————. *Os intelectuais da Idade Média*. Lisboa, Estúdios Cor, 1973.

Lestringant, Frank. *L'huguenot et le sauvage. L'Amerique et la controverse coloniale en France au temps des guerres de religion*. Paris, Aux amateurs de livres, 1990.

Lévi-Strauss, Claude. *Mito e significado*. Lisboa, Ed. 70, 1989.

——————. *Tristes tropiques*. Paris, Plon, 1955.

Linhares, Maria Yedda. *História do abastecimento: uma problemática em questão (1530-1918)*. Brasília, Binagre, 1979.

Lobo, Eulália L. "Bartolomé de Las Casas e a Lenda Negra". *In*: Vainfas, R. (org.) *América em tempo de conquista*. Rio de Janeiro, J. Zahar Ed., 1992, pp. 102-17.

——————. *Administração luso-espanhola nas Américas*. Rio de Janeiro, Companhia das Artes Gráficas, 1952.

Lugon, Clóvis. *A república comunista cristã dos guaranis (1610-1768)*. 3ª ed. Rio de Janeiro, Paz e Terra, 1977.

Maccormack, Sabine. "The heart has its reasons: predicaments of missionary christianity in early colonial Peru". HAHR, v. 65 (n? 3):443-66, 1985.

Machado, Alcântara. *Vida e morte do bandeirante*. Belo Horizonte/São Paulo, Itatiaia/Edusp, 1980.

Machado, J. J. de Oliveira. "Qual era a condição social do sexo feminino entre os indígenas do Brasil". RIGHB, vol. 4:168-201, 1842.

Maestri, Mário. "A terra dos males sem fim — agonia tupinambá no litoral brasileiro". Porto Alegre/Bruxelas, mimeo, 1990-1.

——————. "No tempo do pau-brasil". *D. O. Leitura*. São Paulo, 9 (105):2-3, 1991.

Maia, Ângela. "À sombra do medo. Relações sociais entre cristãos-velhos e cristãos-novos nas capitanias do açúcar (séc. XVI). Dissertação de mestrado apresentada à UFRJ, Rio de Janeiro, 1988.

Malheiro, Perdigão. *A escravidão no Brasil — ensaio histórico, jurídico, social*. 3ª ed., Petrópolis, Vozes, 1976.

Mandrou, Robert. *Magistrados e feiticeiros na França do século XVII*. São Paulo, Perspectiva, 1979.

Mannhein, Karl. *Ideologia e utopia*. 3ª ed. Rio de Janeiro, Zahar, 1976.

Marchant, Alexander. *Do escambo à escravidão. Relações econômicas de portugueses e índios na colonização do Brasil (1500-1580)*. 2ª ed., São Paulo, Companhia Editora Nacional, 1980.

Marcílio, M. Luíza. "O povo na Igreja do Brasil tradicional: indicações documentais para uma história do catolicismo popular brasileiro, da Colônia aos meados do século XIX". *In*: Vários. *Para uma história da Igreja na América Latina*. Petrópolis, Vozes, 1986, pp. 109-22.

Mariel de Ibañez, Yolanda. *El Tribunal de la Inquisición en México (siglo XVI)*. 2ª ed., México, UNAM, 1978.

Martins, Wilson. *História da inteligência brasileira*. São Paulo, Cultrix, 1978, vol. 1 (1550-1794).

Marx, Karl e Engels, F. *A ideologia alemã*. São Paulo, Ciências Humanas, 1979.

Mattoso, Kátia. *Ser escravo no Brasil*. São Paulo, Brasiliense, 1982.

Mauss, Marcel. *Ensaio sobre a dádiva*. Lisboa, Ed. 70, 1968.

Max, Fréderic, *Prisioneiros da Inquisição*. Porto Alegre, L&PM, 1992.

Mazzoleni, Gilberto: *O planeta cultural: para uma antropologia histórica*. São Paulo, Edusp/Instituto Cultural Ítalo-Brasileiro, 1992.

Mellati, J. Cezar. *Índios do Brasil*. 2ª ed. Brasília, Coordenada, 1972.

Mello, Evaldo C. de *O nome e o sangue. Uma fraude genealógica no Pernambuco colonial*. São Paulo, Companhia das Letras, 1989.

Merquior, J. Guilherme, *De Anchieta a Euclides: breve história da literatura brasileira*. 2ª ed. Rio de Janeiro, José Olympio, 1979.

Meslin, Michel. "La historia de las religiones". *In*: Puech, H. Ch. (org.). *Movimientos religiosos derivados de la aculturación*. Madri, Siglo XXI, 1982.

Métraux, Alfred. *A religião dos tupinambás*. 2ª ed. São Paulo, Companhia Editora Nacional, 1979.

———————. *La civilization matérielle des tribus tupi-guarani*. Paris, Librairie Orientaliste Paul-Geuthner, 1928.

Mignolo, Walter D. "On the colonization of American languages and memories: Renaissance theories of writings and the discontinuity of the Classical Tradition". *Comparative Studies in Society and History*, v. 34(2):301-30, 1992.

Millones, Luis. "Un movimiento nativista del siglo XVI: el Taqui Ongoy.". *Revista Peruana de Cultura*, Lima, nº 3:134-40, 1964.

Mintz, Sidney (ed.). *Esclave — facteur de producction: l'economie politique de Mesclavage*. Paris, Dunod, 1981.

Monteiro John. "Crises and transformations of invaded societies: coastal Brazil in the sixteenth century". São Paulo, mimeo, 1992 (a ser incluído na *Cambridge history of the native peoples of the American*, capítulo 10).

Moog, Vianna. *Bandeirantes e pioneiros*. 12ª ed. Rio de Janeiro, Civilização Brasileira, 1978.

Morse, Richard. *O espelho do próspero*. São Paulo, Companhia das Letras, 1991.

Mota, C. Guilherme. *Atitudes de inovação no Brasil (1789-1801)*. Lisboa, Livros Horizonte, s/d.

Mott, Luiz. "Terror na Casa da Torre: tortura de escravos na Bahia colonial". *In*: Reis, J. J. (org.). *Escravidão e invenção da liberdade*. São Paulo, Brasiliense, 1988.

_____. "A maconha na história do Brasil". *In*: Hennan, A. e Pessoa Jr., O. (orgs.). *Diamba Sarabamba: textos brasileiros sobre a maconha*. São Paulo, Ground, 1986, pp. 119-35.

_____. *Rosa Egipcíaca: uma santa africana no Brasil*. Rio de Janeiro, Bertrand, 1993.

_____. "Santos e santas no Brasil colonial". Comunicação apresentada no XVI Simpósio Nacional da ANPUH. Rio de Janeiro, UERJ, 1991.

Mullet, Michael. *A Contra-Reforma*. Lisboa, Gradiva, 1985.

Muchembled, Robert. "L'autre côté du miroir: mythes sataniques et realités culturelles aux XVIᵉ et XVIIᵉ siècles". *Annales, E. S. C.,* n.º 2:288-306, 1985.

Neves, L. F. Baêta. *O combate dos soldados de Cristo na terra dos papagaios. Colonialismo e repressão cultural*. Rio de Janeiro, Forense-Universitária, 1978.

Nimuendaju, Kurt. *Leyenda de la creación y juicio final del mundo como fundamento de la religion de los apapokuva guarani*. São Paulo, Ed. de Juan Francisco Recalde, 1944.

Novais, Fernando A. *Portugal e Brasil na crise do antigo sistema colonial (1777-1809)*. São Paulo, Hucitec, 1979.

Novinsky, Anita. *Cristãos-novos na Bahia*. São Paulo, Perspectiva, 1972.

Oliva de Coll, Josefina. *La resistência indígena ante la conquista*. México, Siglo XXI, 1974.

Pacheco Filho, Clóvis. "Tomacaúna: um homem dividido". Comunicação apresentada no Encontro Nacional da ANPOCS, mimeo, 1992.

Paiva, J. Maria de. *Colonização e catequese (1549-1600)*. São Paulo, Ed. Cortez, 1982.

Pedreira, P. T. *Os quilombos brasileiros*. Salvador, Prefeitura Municipal, 1973.

Pellegrin, N. "Vêtements de peau(x) et de plumes: la nudité des indiens et la diversité du monde au XVIᵉ siècle". *In*: Céard, J. e Marcolin, J. (orgs.). *Voyage à la Renaissance*. Paris, Maison Neuve, 1987.

Perrone-Moisés, Leyla. *Vinte luas. Viagem de Paulmier de Gonneville ao Brasil (1503-1505)*. São Paulo, Companhia das Letras, 1992.

Pinho, Wanderley. *Aspectos da história social da cidade de Salvador (1549-1650)*. Salvador, s/ed., 1963.

Pires, Maria Idalina da C. *Guerra dos bárbaros — resistência indígena e conflitos no nordeste colonial*. Recife, Governo do Estado de Pernambuco, 1990.

Prado Jr., Caio. *Formação do Brasil contemporâneo*. 15ª ed. São Paulo, Brasiliense, 1980.

Prado, J. F. de Almeida. *Primeiros povoadores do Brasil (1500-1530)*. 4ª ed. São Paulo, Companhia Editora Nacional, 1966.

Priore, Mary del. "O papel branco, a infância e os jesuítas na Colônia". *In:* _____. (org.). *História da criança no Brasil*, São Paulo, Contexto/ CEDHAL, 1991, pp. 10-27.

_____. "Retrato da América quando jovem". *Estudos Históricos*. Rio de Janeiro, vol. 5 (9):3-13, 1992.

_____. "América: leituras e leitores na França moderna". *Tempo Brasileiro*, Rio de Janeiro, 110:117-30, 1992.

Queiróz, Maria Isauda P. de *O messianismo no Brasil e no mundo*. 2ª ed. São Paulo, Alfa-Ômega, 1977.

Raminelli, Ronald. "Tempo de Visitação. Cultura e sociedade em Pernambuco e na Bahia (1591-1620)". Dissertação de mestrado apresentada à USP. São Paulo, 1990.

Rapp, Francis. *La Iglesia y la vida religiosa en Occidente a fines de la Edad Media*. Barcelona, Ed. Labor, 1973.

Reichel-Dolmatoff, G. "O contexto cultural de um alucinógeno aborígene". *In*: Coelho, Vera P. (org.). *Os alucinógenos e o mundo simbólico*. São Paulo, Edusp, 1976.

Reis, João J. *Rebelião escrava no Brasil. A história do levante dos malês (1835)*. São Paulo, Brasiliense, 1986.

Reis Filho, N. G. *Evolução urbana do Brasil (1500-1720)*. São Paulo, Pioneira/Edusp, 1968.

Ribeiro, Darcy. *Uirá sai à procura de Deus: ensaios de etnologia e indigenismo*. Rio de Janeiro, Paz e Terra, 1974.

Robin, Régine. *História e lingüística*. São Paulo, Cultrix, 1977.

Rohrig Assunção, Mathias *et alii*. "Os tupinambá: realidade e ficção nos relatos quinhentistas". *Revista Brasileira, de História*. São Paulo, 21:125-46, 1992.

Romano, Ruggiero e Tenenti, Alberto. *Los fundamentos del mundo moderno*. 11ª ed. Madri, Siglo XXI, 1967.

Ryan, Michel R. "Assimilating New Worlds in the sixteenth and seventeenth centuries". *Comparative Studies in Society and History*, 23:519-38, 1981.

Sahlins, Marshal. *Ilhas de história*. Rio de Janeiro, J. Zahar Ed., 1990.

Salvador, José G. *Cristãos-novos, jesuítas e Inquisição*. São Paulo, Pioneira, 1969.

Sampaio, Teodoro. *O tupi na geografia nacional*. 5ª ed. São Paulo, Companhia Editora Nacional/INL, 1987.

Santos, Afonso C. M. dos. "De rebelde invisível a súdito do Império". *In: No rascunho da nação: Inconfidência no Rio de Janeiro*. Rio de Janeiro, Prefeitura Municipal, 1992, pp. 112-40.

Saraiva, A., José. *Gil Vicente e o fim do teatro medieval*. 3ª ed. Lisboa, Bertrand, 1981.

Schaden, Egon. "Ensaio etnossociológico sobre a mitologia heróica de algumas tribos indígenas do Brasil". *Sociologia*, São Paulo, n° 4, 1945.

_____. "El mesianismo en América del Sur". *In*: Puech, H. Ch. (org.). *Movimientos religiosos derivados de la aculturacion*. Madri, Siglo XXI, 1982, pp. 80-151.

Shomberg, Jean Louis. *Verdadeira história dos concílios*. Lisboa, Europa-América. 1964.

Schwartz, Stuart B. "Colonial Brazil: the role of the State in a slave social formation". *In*: Spalding, K. (ed.). *Essays in the political, economical and social history of Latin America*. Newark, Univ. of Delaware, 1981, pp. 1-23.

—————. *Segredos internos. Engenhos e escravos na sociedade colonial (1500-1835)*. São Paulo, Companhia das Letras, 1988.

—————. "Brazilian ethnogenesis: mamelucos, mestiços e pardos". Comunicação apresentada no colóquio "Le Nouveau Monde — Mondes Nouveaux", Paris, EHESC, 1992.

Sebe, José C. *Os jesuítas*. São Paulo, Brasiliense, 1982.

Sérgio, Antônio. *Breve interpreação de história de Portugal*. 11ª ed. Lisboa, Sá da Costa, 1983.

Silva, Janice T. da. *América barroca*. Rio de Janeiro/São Paulo, Nova Fronteira/Edusp, 1992.

Siqueira, Sônia. *A Inquisição portuguesa e a sociedade colonial*. São Paulo, Ática, 1978.

—————. "A elaboração da espiritualidade no Brasil Colônia: o problema do sincretismo". *Anais do Museu Paulista*. São Paulo, 26/207-28, 1975.

Sodré, Nelson W. *Formação histórica do Brasil*. 8ª ed. São Paulo, Brasiliense, 1973.

Soihet, Rachel. "O drama da conquista na festa: reflexões sobre resistência indígena e circularidade cultural". *Estudos Históricos*, Rio de Janeiro, vol. 5 (9):44-59, 1992.

Southey, Robert. *História do Brasil*. 4ª ed. São Paulo, Melhoramentos/INL, 1977, vol. I.

Souza, Antonio Candido de M. e. *Literatura e sociedade*. 5ª ed. São Paulo, Companhia das Letras, 1986.

Souza, Laura de Mello e. *O Diabo e a Terra de Santa Cruz*. São Paulo, Companhia das Letras, 1986.

—————. *Inferno atlântico. Demonologia e colonização — séculos XVI-XVIII*. São Paulo, Companhia das Letras, 1993.

Spence, Jonathan. *O palácio da memória de Matteo Ricci. A história de uma viagem — da Europa da Contra-Reforma à China da dinastia Ming*. São Paulo, Companhia das Letras, 1986.

Tavares, Luiz H. Dias. *História da Bahia*. 6ª ed. São Paulo, Ática/INL, 1979.

Thomas, Keith. *A religião e o declínio da magia*. São Paulo, Companhia das Letras, 1991.

Todorov, Tzvétan. *A conquista da América — a questão do Outro*. São Paulo, Martins Fontes, 1983.

—————. *As morais da história*. Lisboa, Europa-América, 1991.

Vainfas, Ronaldo. *Ideologia e escravidão. Os letrados e a sociedade escravista no Brasil colonial*. Petrópolis, Vozes, 1986.

—————. *Trópicos dos pecados. Moral, sexualidade e Inquisição no Brasil colonial*. Rio de Janeiro, Campus, 1989.

Vainfas, Ronaldo. "Idolatrias luso-brasileiras: as santidades ameríndias". *In*: _____
(org.). *América em tempo de conquista*. Rio de Janeiro, J. Zahar Ed., 1992, pp.
176-97.

_____. "Colonialismo e idolatrias: cultura e resistência indígena no mundo
colonial ibérico". *Revista Brasileira de História*. São Paulo, n? 21:101-24, 1992.

_____. "Idolatrias e milenarismos: a resistência indígena nas Américas". *Estudos históricos*. Rio de Janeiro, vol. 5 (9):29-43, 1992.

_____. "Os órfãos do Sol: notas sobre o Taqui Ongoy peruano, século XVI".
Tempo Brasileiro. Rio de Janeiro, 110:101-14, 1992.

_____. "Os mamelucos e a fronteira: um conflito de lealdades". *D. O. Leitura*. São Paulo, 11(125):12, 1992.

Varnhagen, Francisco A. de. *História geral do Brasil*. São Paulo, Melhoramentos/INL,
1959, tomo I.

_____. "Ethnografia indígena, línguas, emigrações e archeologia — padrões
de mármore dos primeiros descobridores". RIHGB, tomo XII, n? 14:366-76, 1849.

Vauchez, André. "Santidade". *In*: *Enciclopedia Einaudi* (Mythos/Logos — Sagrado/Profano). Lisboa, Imprensa Nacional/Casa da Moeda, vol. 12, pp. 287-300.

Velho, Gilberto. "Indivíduo e religião na cultura brasileira — sistemas cognitivos e
sistemas de crenças". *Novos Estudos Cebrap*, n? 31:121-9, 1991.

Vendrame, Calisto. *A escravidão na Bíblia*. São Paulo, Ática, 1981.

Vovelle, Michel. *Ideologias e mentalidades*. São Paulo, Brasiliense, 1987.

Wachtel, Nathan. "Aculturação". *In*: Le Goff, J. e Nora, P. (orgs.). *História: novos
problemas*. Rio de Janeiro, F. Alves, 1976, pp. 113-30.

_____. *Los vencidos: los índios del Perú frente a la conquista española
(1530-1570)*. Madri, Alianza Ed., 1976.

Weber, Max. "Tipos de comunidad religiosa (sociología de la religión)". *In*: *Economia y sociedad*. México, FCE, vol. I, pp. 328-492.

Zavala, Silvio. "Indigènes et colonisateurs dans l'histoire d'Amérique Latine". *Cahiers de l'Institut des Hautes Études de l'Amérique Latine*, n? 6:7-25, 1964.

ÍNDICE REMISSIVO

(FC: Fernão Cabral; SJ: Santidade de Jaguaripe)

ESTA OBRA FOI COMPOSTA PELA TYPE-
LASER DESENVOLVIMENTO EDITORIAL
EM ENGLISH TIMES E IMPRESSA PELA
GEOGRÁFICA EM OFF-SET SOBRE PAPEL
PRINT-MAX DA VOTORANTIM PARA A EDI-
TORA SCHWARCZ EM NOVEMBRO DE 1999.